프로이트 심리학 비판

Criticism Freud Psychology

H. 마르쿠제 / E. 프롬 지음 | 오태환 옮김

도서출판 선영사

H. 마르쿠제의 모습

현대의 위대한 사상가로 꼽히는
E. 프롬(1900~1979)

그는 인간의 무의식세계를 파헤쳐
정신과학의 대단원의 막을 올렸다

오스카 네몽(Oscar Nemon)이 프로이트의 흉상을 뜨고 있다.

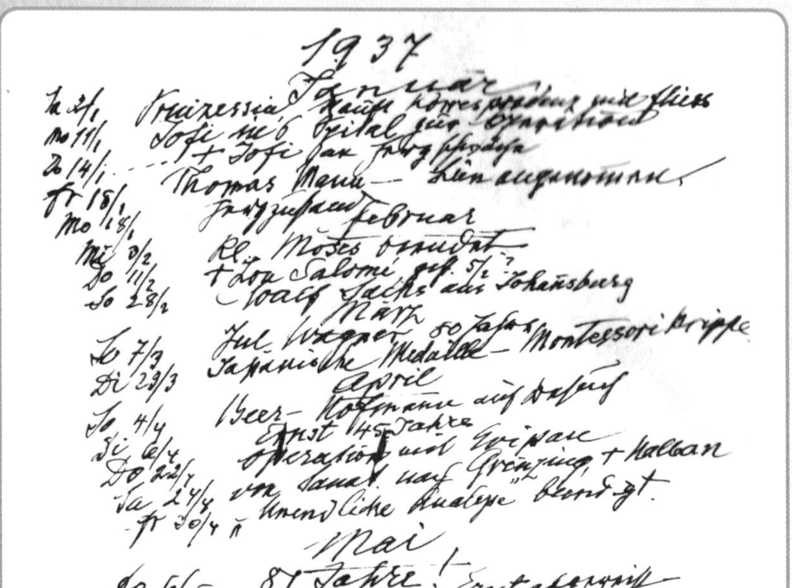

프로이트의 자필 비망록

프로이트의 《정신분석개요》 책표지

Prologue
정신세계의 탐색을 위해서

　프로이트는 인간의 무의식세계에 대한 집중적인 연구로 심리학사상 커다란 업적과 성공을 거둔 사람이다. 그가 구축해 놓은 이론 체계는 심리학사상 위대한 대들보로 자리잡고 있으며, 우리는 그의 이론 체계를 통해 정신세계의 심저를 탐색할 수 있고, 거기에 숨겨진 무의식의 영롱한 빛과 만나게 된다. 인간의 의식을 조정하고 통제하고 이끌어 주는 강력한 힘의 원천을 파헤쳐 냄으로써 우리는 비로소 인간 생활의 근간을 이해할 수 있게 될 것이다.

　사실 심도 깊은 프로이트 이론의 요체를 파악하고 이해하는 바람직한 방법은 그 자신의 수많은 논문과 저술의 직접적인 만남을 통해서이다. 그러나 우리의 심리학은 비단 학문적 연구의 범주라기보다 인간과 그 심리세계의 탐구를 위해서, 또는 마음의 문제를 안고 있는 이들이나 그의 치료자들에게 있어서 실질적인 이해와 도움의 길잡이로서의 역할을 하고 있다는 점을 감안할 때, 프로이트 심리학이론의 전체적인 흐름이나 변화 체계에 대한 명암明暗을 명백하게 밝혀 주는 책이 국내 여러 층의 독자들을 위해 진작 있어야 했다고 여겨진다.

　뒤늦은 감이 없지 않으나, 편역자 나름의 연구 기획 끝에 프로이트 이론의 비판서로서 이 책이 엮어지게 되었다. 이 책을 엮는 데 종합된 텍스트는 다음과 같다.

제1부 : 《Five Lectures》, Herbert Marcuse
제2부 : 《Eros & Civilization》, Herbert Marcuse
제3부 : 《Greatness & Limitation of Freud's Thought》, Erich
　　　　Fromm

프로이트 심리학을 보다 쉽게 풀어서 해석하고 새롭게 조명해 주는 정통 비판서로서 의의가 있다. 그리고 국내 처음으로 시도되는 프로이트의 비판서라고 여겨지는 이 책이 아무쪼록 심리학에 관심을 갖고 있는 일반인들과 심리학도, 그리고 연구진들에게 미력하나마 도움이 되었으면 한다.

덧붙여 이 책은 비판서인만큼 S. 프로이트의 심리학이론을 두루 알고 이해한 연후에 읽어야 보다 이해가 쉬울 것이므로 도서출판 선영사에서 이미 간행된 《프로이트 심리학 해설》을 우선적으로 참고해 주었으면 좋겠다. 다시 한 번 이 책의 기획에 심혈을 기울여 주신 도서출판 선영사 편집진들에게 깊은 감사의 마음을 표한다.

1987년 봄
편역자 씀

Contents

제1부
사회·인간, 그리고
프로이트 이론

Herbert Marcuse

H. 마르쿠제

제 **1** 장

자유와 프로이트의 본능이론

정치학적 관점이나 철학적 관점에서 볼 때, 프로이트 이론에 대한 논의에는 약간의 정의가 요구된다. 부분적으로 그 이유는 이렇다. 어떤 점에서 프로이트 자신이 그의 연구 작업에 대해 과학적이고 실험적이라는 특성을 거듭 강조했기 때문이다. 그 정의는 두 가지로 전개시킬 수 있다.

첫째로, 그것은 프로이트 이론의 구조가 개방적이며 정치적인 면에서의 고려를 장려하고 있다는 사실과 더불어, 이 이론이 순전히 생물학적으로 보이지만 기본적으로 사회적이고 역사적이라는 사실을 밝혀야 한다.

둘째로, 오늘날 심리학이 어디까지 정치학의 본질을 이루며, 프로이트의 본능이론이 어디까지 현대 정치학에 있어서 어떤 결정적인 경향의 숨은 본질을 이해할 수 있도록 하는지 밝혀야 한다.

그럼 그 정의의 둘째 측면에서부터 이해해 보기로 하자. 우리들의 관심은 심리학적 개념을 정치학에 도입시킨다거나 심리학적 측면에서 정치학적 과정을 설명하는 데 있지 않다. 그것은 그 정의에 기초하고 있는 측면에서 기본적인 것이 무엇인가를 설명하고자 하는 것을 뜻한다. 다시 말하면 심리학이 그 내부 구조에 있어서 정신적이라는 것을 나타내야 한다.

정신Phyche은 사회적 전체성의 일부로 나타나게 되고, 개성화는 무관심과 ─ 심지어는 죄악과 ─ 거의 동의어가 된다. 또한 부정의 원칙이나 있을 법한 혁명의 원칙과 동의어를 이루기도 한다. 게다가 정신이 그 일부를 이루고 있는 전체성이 하는 것은 '정치'라는 면보다 '사회'라는 면에서 위축되게 한다. 즉, 사회는 지배의 제물로 전락하여 지배와 동일화된다.

이제 지배라는 것이 무엇을 뜻하는지 살펴보자. 왜냐하면 이 관념의 내용이 프로이트 본능이론의 중심을 이루기 때문이다. 지배란 개인의 목표와 성취 수단이 그 개인에게 처방되어 있고, 처방된 것이 개인에 의해 실행될 때는 언제나 지배의 효과를 지니게 된다. 지배는 인간과 자연과 사물에 의해 행사될 수 있으며, 내면세계에 있어서는 개인이 스스로에게 행사함으로써 자율성을 보일 수도 있다. 이러한 자율의 형식이 프로이트의 본능이론에서 결정적인 역할을 하게 한다. 즉, 초자아는 권위주의적 모형인 아버지 및 그 대신체를 수용하여 그들의 명령과 금지를 그 자체의 법칙과 개인적 양심으로 삼는다. 충동의 통제는 개개인 자신의 성취, 곧 자율이 된다.

그러나 이러한 사정 속에서 자유라는 개념은 불가능해 보인다. 그것은 어떤 방식으로든 개개인에게 처방되기 마련이다. 만일 지금까지의 역사가 자유를 정의하는 데 지침을 마련해 줄 수 있었다면 그것은 지배의 영역 안에서만 정의될 수 있다. 다시 말하면, 자유는 지배의 형식이다. 이러한 형식은 불쾌감이나 자신의 외적 형성을 최소화해 개개인의 욕구를 충족시켜 주고자 부여된 수단의 일종이다. 이러한 뜻에서 볼 때 자유는 완전히 역사적으로 결정될 수 있다. 이를테면 외적 형성과 역량, 욕구는 문화발전의 단계에 따라 다르다.

또한 이것들은 객관적 조건 ― 역사적 조건 ― 에 의하여 지배된다. 그러나 항상 주관적인 어떤 가치평가를 극복할 수 있도록 하는 것이 자유와 지배 간의 구별을 객관적이면서 역사적으로 조건화하고 있다는 사실이다. 즉, 인간적인 욕구나 능력처럼 어떤 문화 수준에서 생겨난 욕구 충족 수단은 물질적이거나 정신적인 생산력과 그 이용 가능성 속에 있으며, 사회적으로 주어진 것이다. 문명은 이러한 가능성을 개인적인 욕구 충족을 위해 사용할 수 있으며, 자유스러운 상황 속에서 이루어진다.

최선의 조건 속에서 지배는 노동과 경험의 합리적인 분화로 바뀌고, 자유와 행복은 하나의 방향을 이루게 된다. 한편, 개인적 충족은 이러한 가능성을 제한하며 변화시키는 사회적 욕구에 종속된다. 그렇게 되면 사회적 욕구와 개인적 욕구는 별개의 것이 되고, 문명은 지배를 통해 움직인다.

현존하는 문화는 사회적 욕구가 당대의 지배계급의 이해관계에 의해 결정되고, 이러한 이해 관계가 다른 집단의 욕구와 그 충족 수단 및 그 한계를 결정해 왔기 때문에 지배의 형태로 조직되어 왔다. 오늘날의 문명은 사회적인 부를 개인이 짊어지도록 한 외화의 부담이 더 불필요하고 더 불합리하게 보이는 단계까지 왔다.

부자유의 불합리성은 생산과 분배의 거대한 기구나 자유시간의 탈사유화나 건설적인 노동과 파괴적인 노동을 거의 구별할 수 없을 정도로 혼란스러운 가운데서 미미하게 나타났다. 많은 개개인을 더욱 편하게 살도록 해 주고 있으며, 끊임없이 향상되는 생산성과 자연에 대한 지배의 조건을 형성하고 있는 것은 바로 앞에서 언급한 '혼란스러움'이다. 그러므로 합리적이지 못한 것이 사회적 이성의 형식이 되고 합리화하여 보편적인 것이 된다.

여기에서 우리의 관심을 끌고 있는 심리학적 측면에서 볼 때, 지배와 자유 사이의 상위성은 점점 좁혀지고 있다. 개개인이 심원한 경지에서, 즉 개개인의 본능적 구조 속에서 지배유지에 이바지하는 가치와 행동 양식을 되풀이하고 있는 동안에 지배는 점점 자율성과 인격을 상실하면서 보다 객관적이고 보편적으로 되어 간다. 실제로 개인을 지배하고 있는 것은 사회 노동에 의해 이루어진 떼려야 뗄 수 없는 단위가 되어 버린 경제적·정치적·문화적 기구이다.

개개인은 항상 자기 자신의 내부로부터 지배를 되풀이해 왔으며, 지배가 이것을 발달시킨 한도까지 이 반복 과정은 합리적인 자기보존과 자기발전에 도움이 되어 왔다. 유사 이래 전체는 대다수 인류의 행복과 자유의 희생 위에서 항상 자신을 세워 왔기 때문에 여기에는 항상 자기모순이 내재되어 있었다. 그러한 자기모순은 서로 다른 형식의 삶을 추구하는 정치적 혹은 정신적 집단 속에서 드러났다. 이 단계에서 특이한 것은 이러한 모순의 중립화이다. 그것은 주어진 형식의 삶과 거기에 대한 부정, 즉 역사적으로 가능한 자유라는 이름에 따른 거부 사이의 긴장 통제라 할 수 있다.

오늘날 이러한 모순의 중립화가 선진국에서도 역사적으로 가능한 것은 아직까지 알려지거나 요구되지 않고 있다. 특히 스스로의 인식과 의지에 의해 그 실현이 좌우되는 사람들이나, 이를 현실적으로 가능하게 할 수 있는 사람들에게 있어서 그러하다. 현대 문명세계에서 기술적으로 선진 중심 지역이 되는 곳에서 사회는 옛날과는 전혀 다른 하나의 단위로 강제 통합되어 왔다. 그래서 역사적으로 가능한 것은 이러한 통합을 초래하게 한 특정 집단에 의해서 정의되며 실현되었다. 인류의 미래는 그러한 특정 집단의 소유가 될 것이고, 개개인은 그러한 미래를 '자유로움' 속에서 구현해 가고자 할 것이다.

이러한 자유로움에는 제약에 대하여 저항을 나타낼 수 있다는 모순이 전제되어 있다. 전체주의 국가 상태라는 것은 자유와의 역사적 가능성에 대해 맞서 일어나는 별로 쓸모없는 투쟁 형식 중의 하나에 불과하다. 이와 비교하여 민주적 형식은 폭력행사 없이도 자기보존과 자기 재생산이 충분할 정도로 강력하고 부유하기 때문에 폭력을 거부한다. 사실상 대부분의 개인은 민주적 형식 속에서 더 행복하다. 그러나 이러한 형식들의 역사적 진로를 좌우하는 것은 이러한 사실 자체가 아니라, 이러한 형식이 생산 집단을 임의로 조직하고 이끌어 가는 방식이다.

이것 역시 모든 기술적 진보에도 불구하고 이미 도달한 수준의 사회에 머물게 된다. 또한 역사적으로 가능한 새로운 형식의 자유에 반대하게 된다. 이런 의미에서 비록 고통이 더 적고 편리한 방법과 수단을 가지고 어떤 형식이 전개되어 간다고 해도 이러한 형식의 합리성 역시 퇴행적이다. 그러나 이러한 사실이, 민주적 형식에서의 자유가 이 형식의 완전한 실현과 반대되며 현실적 가능성과 상치된다는 생각을 억압해서는 안 된다.

잠재적인 자유와 현존하는 자유를 비교하고, 후자를 전자에 비추어 보기 위해서는 지금의 문명 단계에서 인간에게 주어진 고난이나 외적 형성이나 규칙 가운데 상당 부분이 더 이상 결핍·생존경쟁·빈곤, 그리고 취약성에 비교되어 정당화될 수 없다는 것이 전제된다. 사회는 이미 성취한 것을 잃어버리거나 사회의 진보를 중단시키지 않고서도 높은 단계의 본능적 자유화를 수용할 수 있다.

프로이트 이론으로 지적된 것처럼 그러한 자유화의 기본적인 흐름은 소외된 노동으로 잘못 사용된 대부분의 본능적 에너지의 회복과 개인적 욕구의 자율적인 발달을 위한 방향으로 회복된 에너지의 방출이 된다. 이는 사실 '탈승화' — 승화에서 벗어나는 것, 즉 사회적으로 미화되고 순화된 리비도로부터의 이탈 — 이기도 하지만, 그것은 인간 에너지의 '정신화된' 표현을 파괴하는 것이 아니다. 그것은 오히려 이러한 표현을 행복한 만족을 위한 계획 및 그러한 가능성으로 보는 탈승화를 말한다.

그 결과는 선사시대 문명으로의 역전이 아니라, 문명의 내용과 목표 및 진보원리에 있어서의 근본적인 변혁이다. 이 문제는 뒤에서 다시 설명하기로 하고 여기서는 이러한 가능성의 실현에 근본적으로 변화된 사회 및 문화적 제도가 전제된다는 것을 지적해 두기로 한다. 그런데 오늘날의 문화는 그러한 진보를 문화의 단절로 보고 있으며, 진보에 대항하는 투쟁을 필연적인 것으로 생각한 결과 위와 같은 진보를 추구하는 힘을 억제시키려 하고 있다.

프로이트의 본능이론은 이러한 자유역할의 중립화를 심리학의 입장에서 밝혀 주고 있으며, 프로이트는 자유역할의 중립화의 필연성과 개인에 대한 결과 및 그 한계를 분명하게 했다. 우리는 이러한 차원을, 프로이트 본능이론의 모든 개념을 이용하는 동시에 명제의 형식으로 공식화하려 한다.

역사적 현실이 되어 버린 문명의 테두리 안에서 자유는 자유가 아닌 부자유의 바탕, 즉 본능적 억압의 바탕 위에 있다. 본능적 구조인 유기체는 쾌락의 획득을 위하여 자극을 받고 있으며, 본능은 만족스런 긴장의 해소와 고통 없는 욕구 충족을 바란다. 본능은 만족의 지연, 쾌락의 제한과 승화, 비리 비도덕적인 활동에 저항한다.

그러나 문화는 승화에서 비롯된다. 이를테면 불행을 전제 조건으로 하는, 지연되고 조직적으로 통제된 만족이다. 생존을 위한 투쟁·결핍·협력은 모두가 안전·질서 및 공존을 위하여 외적 형성과 억압을 행사한다. 문화진보는 기술적·물질적·지적인 진보의 조건을 더욱더 많이 의식적으로 생산하는 데 있다. 일 그 자체는 충족의 수단으로서 만족스럽지 못하다.

문명에 있어서의 자유는 유기체 안에서 노동력의 보존과 획득의 필요성과 유기체를 쾌락의 주체와 객체로부터 일의 주체와 객체로 변화시킬 필요성 때문에 그 내적인 한계를 지니고 있다. 이것이 아주 어릴 때부터 심리 과정의 지배 원칙인 현실원리를 통해 쾌락원리를 극복하는 사회적 내용이다. 인간에게 돌이킬 수 없는 상처를 남기는 이런 변화된 모습만이 인간들을 사회에 적합하게 한다. 따라서 삶에 부합되게 해 준다.

확실한 협력 없이는 적의에 가득 차 있는 인색한 사회 환경 속에서 살아 남을 수 없다. 인간에게 향락을 누릴 수 있게 해 주는 것은 진정한 의미에서 자연으로부터의 인간 소외와 자기 자신의 본성으로부터 소외, 즉 그렇게 상처받은 변모이다. 억제되어 온 본능만이 순전히 자연적인 욕구 충족을 경험하여 이미 알고 있는 쾌락을 이끌어 준다.

그러나 그때부터 모든 행복은 사회적 제약과 조화를 이루는 행복이 될 뿐이다. 따라서 늘어나고 있는 인간의 자유는 부자유에 바탕을 두게 된다. 프로이트의 이론에 따르면 이처럼 자유와 부자유가 얽히게 되는 것은 피할 수도 나누어질 수도 없다.

이것을 이해하기 위하여 우리는 그의 본능이론을 좀더 깊이 이해할 필요가 있다. 그러기 위하여 1920년 이후에 발전된 만년의 그의 이론에서 출발하기로 한다. 그것은 초심리학적 내지는 형이상학적 이론이지만, 아마도 그 이론은 그렇기 때문에 프로이트 이론의 가장 심원하고도 혁명적인 핵심을 담고 있는 것이기도 하다. 유기체는 두 가지 원초적인 기본적 본능 — 삶의 본능통칭 에로스과 죽음의 본능 — 의 작용을 통하여 발달한다. 삶의 본능이 살아 있는 실체를 더 크고 영원한 단위로 결합시키려고 하는 반면, 죽음의 본능은 욕구가 없는, 따라서 고통도 없는 출생 이전의 상태로의 퇴행을 열망한다. 이것은 생명의 단절, 즉 무기물로 되돌아감을 의미한다.

이러한 적대적인 본능 구조를 갖춘 유기체는 삶의 본능의 직접적인 충족에 대하여 정말 빈곤하고 적의에 가득 찬 사회 환경 속에 있게 된다. 에로스는 쾌락원리에 따른 삶을 바란다. 그러나 환경은 이 목표 달성에 방해물이 된다. 따라서 에로스는 삶의 본능과 동시적인 종속이 이루어지며, 환경은 본능에 대한 결정적인 수정을 행사한다.

부분적으로 본능은 원래의 목표로부터 벗어나 다른 곳에 사용되거나 목표로 가는 도중에 방해받으며, 부분적으로는 본능의 활동 영역이 제한받게 되어 그들의 방향이 역전된다. 이러한 수정의 결과는 방해받고 지연되는 변덕스러운 충족인 동시에 확실하고 쓸모 있으며 상대적으로 지속적인 충족이기도 하다.

따라서 심리적 힘의 관계는 세 가지의 기본적인 힘, 즉 에로스와 죽음의 본능과 외부의 끊임없는 투쟁의 형식이 그것이다. 이들 세 가지 힘에 따라 프로이트가 심리기구의 기능을 결정한다고 한다. 이 세 가지 기본원리인 쾌락원리·열반원리·현실원리가 삶의 본능의 끝없는 전개를 나타내고, 이 가운데 열반원리가 출생 이전의 고통 없는 상태로 되돌아감을 뜻한다고 할 때 현실원리는 외부세계에 의해 강제된 이들 본능의 수정체계를 뜻한다. 다시 말해 현실 그 자체로서의 '이성'을 의미한다.

세 가지로 구별하는 방식의 뒤에는 두 가지로 구별하는 방식이 숨겨져 있다. 삶에 있어서는 불쾌·긴장·욕구가 우세하기 때문에 죽음의 본능이 그 생명의 절멸을 밀고 나온다면 열반원리도 쾌락원리의 형식을 띠고, 죽음의 본능은 위험하게도 에로스에 가까워진다. 또한 에로스 자체가 죽음의 본능을 띠고 있는 것 같기도 하다.

다시 말해서 안락의 추구나 쾌락을 영원히 누리고자 하는 노력은 에로스에 있어서도 역시 끊임없는 긴장의 출현이나 한번 도달한 유쾌한 안락의 포기에 대한 본능적인 저항을 보여준다. 프로이트는 두 가지 대립되는 본능에 있어서 원초적인 통일을 이루었다.

그는 이 두 가지의 본능에 공통되는 보수적 본성과 모든 생명의 내적 비중과 타성에 관해 말했다. 그가 여러 차례 강조한 유기체 안에서 본래 리비도적인 것 이외의 어떤 충동을 드러내 보이기는 어렵다는 점에도 불구하고 에로스와 죽음의 본능, 쾌락원리와 열반원리의 이중성을 주장했다.

삶을 결정짓는 것은 근본적인 두 본능의 효과적인 '혼합'이다. 인간은 에로스에 봉사할 수밖에 없지만, 죽음의 본능은 그 자신의 고유한 에너지를 가지고 있다. 다만 예외적으로 이런 파괴적인 에너지가 유기체로부터 달리 사용될 때는 예외적으로 쓸모 있는 공격성의 형태로 외부세계나 자연에 공인된 것을 향한다. 또한 에너지는 양심이나 도덕의 형태로 초자아에 의해 자기 자신의 충동에 대해 사회적으로 유용한 통제와 조정에 이용되는 경우가 있다.

파괴본능은 이런 형태로 삶의 본능에 봉사하게 된다. 그러나 이것은 삶의 본능이 결정적으로 변화되었을 따름이다. 프로이트는 대부분 자신의 연구에 있어서 에로스의 여러 가지 변모를 분석하는 데 집중했다. 그러나 여기서는 자유의 운명에 결정적인 것만 강조하기로 한다.

삶의 본능으로서의 에로스는 성적 욕구이다. 그리고 성욕의 본래 기능은 다름 아닌 '육체 영역으로부터 쾌락을 끌어내는 것'이다. 프로이트는 이와 함께 성욕을 '나중에 가서야 재생산에 기여하게 되는 쾌락'이라고 강조했다. 이것은 성욕의 여러 가지 변태성을 가리킨다. 그 대상면에서 볼 때 본능은 자신의 육체이든 아니면 타인의 육체이든가에 전혀 차별이 없다.

또 무엇보다도 육체의 부의에 위치하고 있거나 특별한 기능에 한정되어 있지 않다. 성욕과 생식의 우위성은 일부일처제 결혼에 있어서는 재생산이 되지만 어느 정도까지는 다음과 같은 발전에 있다.

현실원리가 최근에 얻은 성과, 즉 사회와 양립할 수 없는 쾌락원리에 대항한 필연적인 투쟁에 있어서 인간사회가 얻은 역사적 성과이다. 원초적으로[1] 그 총체성과 모든 활동과의 상관관계에 있어서 유기체는 잠재적인 영역이다. 바로 이런 까닭에 불쾌한 작업을 수행하기 위하여, 아니 불쾌한 작업에 관련되어 살아가기 위해서는 탈성욕

---

1) 프로이트의 경우 '원초적'이라는 말은 동시에 구조적·기능적·일시적·개체발생적·계통발생적 의미로 사용된다.

화되어야 한다.

여기서 프로이트가 서술한 탈성욕화 과정 중 두 가지의 가장 중요한 상황을 예시해 볼 수 있다.

첫째, 이른바 '부분적 본능', 즉 전체적인 성감대로서의 육체에서 발생되는 전前성욕과 비성욕의 차단이다. 부분적 본능이 독립성을 잃고 예비적 단계로 머무르게 됨에 따라 생식에 종속되거나 승화된다. 만약 그것에 저항이 있다면 억압되고 변태적인 것으로 금기시된다.

둘째, 성욕과 성의 대상은 '사랑' 속에서 에로스의 윤리적인 순화와 억제적인 탈관능화가 가능해진다. 이것은 문명의 가장 위대한 성과 중의 하나이며, 또 가장 최근의 것 중의 하나이다. 이것만이 가부장적 일부일처제 가족을 사회의 건강한 '핵심단위'으로 만들 수 있다.

오이디푸스 콤플렉스의 극복이 이것을 위한 전제조건이 된다. 이과정에서 원초적으로 모든 것을 포함하고 있던 에로스는 성욕의 특수한 기능과 이 기능의 부산물로 변해 버린다. 성욕은 사회적으로 인정될 수 있는 최소한의 단계로 한정된다. 이제 에로스는 더 이상 모든 유기체를 다스리고 인간과 자연 환경을 형성하는 원리로서 노력하는 삶의 본능이 아니다. 그것은 인간의 필연적인 사회관계와 노동관계 속에 시간도 위치도 없는 개인적인 문제가 된다. 다만 생식 기능으로만 일반적인 것이 된다.

문명사회에서는 본능의 억압이 삶의 기본 조건이 되어 버렸다. 그것은 승화 역시 억압이기 때문이다. 이러한 생물학적 심리학적 변모가 인간이라는 존재의 근본적인 경험세계와 인간생활의 목표를 결정한다. 삶은 인간의 자기 및 환경과의 투쟁으로 경험된다. 삶은 정복에 의해 고통받기도 하고 획득되기도 한다. 삶의 실제 모습은 불쾌이지 쾌락이 아니다.

행복은 보상이며 완화이며 우연의 일치이며 순간이다. 행복은 존재의 목표가 아니다. 그 목표는 오히려 노동이다. 이 노동은 본질적으로 '소외된 노동'이다. 오직 특권적 상황에서만 인간은 자기의 지위에서 자신의 욕구, 즉 승화된 욕구와 승화되지 못한 욕구를 충족시킨다. 보통 인간은 처방된 사회적 기능의 실행으로 여유가 없다. 설사 조금의 여유가 있다고 해도 자기실현과는 별도로 짧은 자유시간으로 한정된다.

시간의 사회적 구조는 어릴 때 이미 완성된 본능구조를 바탕으로 해서 형성된다. 오직 에로스의 제한만이 쉴 새 없는 노동으로부터 빼낸 자유로움, 즉 유쾌한 시간의 제한을 최소화할 수 있다. 존재 그 자체와 마찬가지로 시간도 일차적인 내용인 '소외된 노동'과 이차적인 내용인 '비노동'으로 나누어진다.

그러나 쾌락의 원리를 우월한 위치에서 몰아내는 본능구조는 또 서구문명의 발전에 더욱더 영향을 끼쳐 온 윤리를 가능하게 한다. 개인은 '본능적으로' 쾌락원리, 외적 형성, 노동의 파토스Pathos에 대한 문화적 거부를 재생산한다. 그래서 억압적으로 수정된 본능 속에서 사회적 법규는 개인 자신의 법규가 되고, 필연적인 부자유가 개인의 자율 행위로 나타나기 때문에 자유로 보이게 된다.

만일 프로이트의 본능이론이 여기서 멈추어 버렸다면 그것은 자유의 이상주의적 개념에 대한 심리학적 기반에 지나지 않게 되었을 것이다. 그러나 그것은 문화적 지배라는 사실에 대하여 철학적 기초를 제공했다. 이런 철학적 개념이 쾌락에 반대하는 자유를 정의함으로써 본능적으로 관능적인 목표의 통제, 심지어는 본능의 억압이 자유의 가능성을 위한 조건처럼 보이게 한다.

칸트에게 있어서 자유라고 하는 것은 본질적으로 도덕적인 — 내적이고 지적인 — 자유이다. 그러한 의미에서의 자유는 강제이다. 인간이 물리적으로는 점점 강제를 덜 받게 되더라도 도덕적으로 강제받게 되면 될수록 그는 더욱더 자유로워진다. 필연의 세계로부터 자유의 세계로 가는 걸음이 여기서는 물리적인 강제에서 정신적인 강제로의 진보이지만, 강제하는 대상은 여전히 똑같은 '감각세계'의 구성 원인 인간이다.

도덕적 강제라는 것은 도덕적일 뿐만 아니라 그 자체의 물리적 제도도 가지고 있다. 가정에서 공장과 군대에 이르기까지 도덕적 강제라는 것은 현실원리의 효과적인 실현체인 개인을 둘러싸고 발생한다. 정치적 자유는 도덕적 강제의 이러한 이중적 기반 위에서 발전된다. 피로 덮인 시가전과 전쟁 속에서 절대주의로부터 쟁취한 이 자유는 개인의 자기규율과 자기형성 속에서 세워지고 보장되고 중립화된다.

개개인은 자기들의 필요불가결한 자유가 바로 본능적 충동의 억압된 의무를 조건으로 한다는 것을 알게 되었다. 도덕적 강제와 물리적 강제는 공통적인 원리, 다시 말해 '지배'를 가지고 있다. 지배라는 것은 문명 발달의 내적인 논리이다. 이를 인정하면서 프로이트는 이상주의적 윤리학 및 자유주의적 부르주아 정치학에 대해서도 같은 입장을 취했다.

자유에는 강제가 포함되어야 한다. 이것은 결핍과 생존 투쟁, 그리고 본능의 초도덕성 때문에 본능 충동의 억압이 불가피하다. 그 선택은 진보 또는 미개이다. 프로이트에 있어서 본능의 억압이 필요하다고 생각되는 가장 근본적인 논리는 쾌락 원리의 본질적인 요구, 즉 유기체가 그 성질상 수행·만족·평정을 통해 평온의 지속을 바라고 있다는 사실이 다시 강조되어야 한다.

이러한 본능의 보수성 때문에 이들 본능은 진정한 의미에서 생산적이 아니라 오히려 비생산적이다. 본능은 문화적 진보의 원동력인 소외된 생산력에 비하여 비생산적이다. 자기보존이 불쾌의 우위를 나타내는 한 유기체의 자기보존까지도 원초적 목표가 아니라고 할 정도까지 비생산적이다.

만년의 프로이트 본능이론에는 더 이상 자기보존이라는 독립된 충동이 없다. 즉, 이것은 에로스 또는 공격성의 표현이다. 이런 이유에서 종種이 문명화된 공동체 생활로 발전되기 위해서는 본능의 비생산성과 보수성이 극복되어야 한다. 평온과 평화와 쾌락원리는 생존경쟁에 있어서 전혀 가치가 없다.

"쾌락원리가 우리를 억압하는 한 행복 지향의 계획은 결코 성취될 수 없다"[2]

억압적인 본능의 변모는 유기체의 생물학적 구성원리가 된다. 역사는 본능적 구조 속에서도 지배하고, 개인의 그의 본능을 통하여 자기 안으로부터 현실원리를 확인하고, 이러한 원리를 되풀이하여 생산하는 것을 배우게 되자마자 문화는 자연히 이룩된다. 에로스를 성욕의 부분적 기능에 한정시키고 파괴적 본능을 유용하게 하는 데 있어서 개인은 그의 타고난 본성에 있어서 사회적으로 유용한 노동의 주체, 그리고 인간과 자연에 대한 지배의 주체가 된다.

기술도 역시 억압에서 비롯된다. 그래서 인간 실존의 부담을 감소시키기 위한 최고의 성과까지도 그 기원이 자연에 대한 겁탈과 인간

---

2) 《문명과 그의 불만 : Civilization & its Discontents》S. 프로이트

본성의 말살에 있다는 것을 보여주고 있다. "개인의 자유라는 것은 문명의 산물이 아니다."3) 문명화된 사회가 자립하자마자, 본능의 억압적인 변모는 '3중 지배'의 심리학적 기초가 된다.

첫째는 자기와 자기 자신의 본성과 쾌락, 만족만을 바라는 감각적 충동에 대한 지배이며, 둘째는 규율에 따르고 통제되는 개인에 의해 얻어진 노동의 지배이며, 셋째는 외부세계의 자연·과학·기술의 지배이다. 이런 방법으로 나누어진 각각의 지배에는 이에 고유한 '3중 자유'가 속한다. '3중 자유'란 다음과 같은 것을 말한다.

첫째는 단순한 욕구 충족의 필요로부터의 자유, 즉 자기형성과 사회적으로 인정될 수 있는 쾌락을 위한 자유 — 도덕적 자유이다.

둘째는 제한받지 않는 폭력과 생존경쟁의 무질서로부터의 자유, 즉 노동 분화에 의해 특징지워지며 법적인 권리와 의무를 가진 사회적 자유 — 정치적 자유이다.

셋째는 자연의 힘으로부터의 자유, 즉 자연의 지배로부터의 자유, 인간의 이성을 통해 세계를 변화시킬 수 있는 자유 — 지적 자유이다.

이들 자유에서 세 가지 측면의 공통되는 정신적 실제 모습은 '부자유'이다. 즉, 본능에 대한 지배, 사회가 제2의 천성으로 만드는 지배와 지배의 도구들을 영구화시키는 지배이다. 그러나 문명화된 부자유는 특별한 종류의 억압으로서 합리적 부자유인 동시에 합리적 지배이다. 인간 동물로부터 인간 존재로의 향상, 자연 상태로부터 문명 상태로의 향상을 가능케 한다는 점에서 문명화된 부자유는 합리적이다. 그러나 문명의 발달이 완성되었을 때에도 여전히 그것은 합리적일까?

---

3) Ibid., p.455

바로 이런 관점에서 프로이트의 본능이론은 문명의 발달을 문제삼는다. 이 문제는 프로이트에게 이론화의 길을 열어 준 정신분석 치료와 실제 임상 경험 과정 속에서 나타났다. 따라서 문명이 문제시된 것은 개인에게 있어서의 개인의 관점, 실제로는 환자나 신경증적인 개인의 관점에 있다. 그러나 정신분석에 있어서 개인적인 것은 일반적인 운명의 특수한 실례라는 사실과 본능의 억압적인 변화의 모습이 사람에게 미친 외상의 특수한 실제 본보기라는 사실이 저절로 밝혀진다.

그래서 문명이 인간을 어떻게 만들었는가라는 질문에 대해, 프로이트는 문명을 어떤 '자연 상태'가 아닌 역사적으로 끊임없이 발달되고 있는 개인의 요구 및 그의 실현 가능성과 대조시키고 있다. 프로이트의 대답은 이미 언급한 말 속에 나타나 있다. 즉, 문명이 진보하면 진보할수록, 그리고 사회적 욕구의 발전과 욕구 충족 기구가 강력해지면 강력해질수록 그 도구가 필요한 본능적 구조의 유지를 위해 인간에게 지워야 할 희생들은 점점 더 억압적으로 된다.

프로이트 이론에 포함된 명제는 억압되어야 할 공격성이 커지기 때문에 문명의 진보와 더불어 억압도 동시에 증가한다고 밝힌다. 그런데 그러한 주장은 그 명제를 현재의 자유와 비교해 볼 때 상당한 의문을 불러일으킨다. 성도덕은 19세기보다는 훨씬 더 완화되었다.

비록 파시즘 시대의 실제 모습이 되살아나고 침략성이 늘어나는 것을 증명할 필요는 없지만 확실히 서방세계의 정치적 자유는 예전보다 더욱 확대되었다. 그렇지만 일반 대중 및 개인의 도덕이 완화되었다는 점을 고려해 볼 때 프로이트에 의해 이러한 사실과 본능적 힘의 관계 사이에 내재하는 본질적인 상관성이 당장 뚜렷해지는 것은 결코 아니다.

그러나 프로이트적 범주를 보다 구체적으로 적용시켜 보면 오늘날의 상황은 서로 다른 모습으로 보이게 된다. 프로이트의 본능이론에 대한 이러한 고찰에는 두 갈래가 있다. 첫째는 '자아의 물상화物像化와 자동화'의 관점에서 비롯된다. 프로이트의 본능이 이론에 의하면 현실원리는 일차적으로 이들 자아·초자아, 즉 무의식세계와 의식세계, 그리고 외부세계 사이에서 일어나는 과정을 통해 작용한다.

자아 혹은 자아의 의식적인 부분은 두 개의 전선, 즉 이드와 외부세계에 맞서서 수시로 동맹을 바꾸어 가면서 전투를 벌인다. 본질적으로 이러한 투쟁은 허용되어야 할 본능적 자유와 실행되어야 할 수정과 승화 및 억압의 정도를 둘러싼 투쟁이다. 이 투쟁에서 주도적인 역할은 의식적 자아가 하게 된다.

결정은 실제로 '의식적 자아'의 결정이며, 의식적 자아는 적어도 성숙한 개개인의 일상적인 사례에 있어서 정신 작용의 주체적 지배자이다. 그러나 이 지배 형태는 중요한 변화를 겪어 왔다. 프란츠 알렉산더Franz Alexander는 자아가 이른바 '유형적'인 것이 되고 외부세계와 이드의 본능적 충동에 대한 자아의 반응은 점점 '자동화'가 되고 있다는 것을 지적했다.

대결에 대한 의식적 과정은 이해할 수 있는 의식과 사고, 심지어는 자신의 감정에 대한 이해가 아주 작은 역할밖에 하지 못하는, 즉각적이고 거의 물리적인 반작용에 의해 증가한 등급을 바꿔 놓는다. 비록 개체가 그의 정신적 과정을 마음대로 움직이게 하는 것은 자유로운 영역이라 해도 극히 일부에만 국한되어 왔다. 정신 자체의 요구와 발달이 증대됨에 따라 개인의 정신과 같은 것은 더 이상 가능하지 않다.

그 영역은 정치적·사회적 힘에 의해 점령된다. 이렇게 상대적으로 자율적인 자아의 변형은 경험적으로 사람들의 응결된 태도와 여가 활동의 증대로 인한 수동성에 있어서 눈에 띄게 나타난다. 비개인화되고 중심화되고 무분별이 보편화됨에 따라 그러한 것을 통제하는 것이 점점 더 불가피하게 된다. 이러한 과정은 정신이 사회의 압도적인 저항력, 비판의 중요성, 기술적인 융합, 공동체의 영구한 자동화와 관련이 있음을 나타낸다.

두 번째는 '가족 외의 힘을 강화시키는 권위'이다. 사회의 발달은 경제적 주체로서의 개체를 줄어들게 하고, 가족의 개인주의적 기능을 극도의 등급으로 줄어들게 하고, 가족의 개인주의적 기능을 극도의 등급으로 늘어나게 하여 좀더 효과적인 힘으로 발휘하게 한다. 젊은 세대는 현실원리를 가족들에게서보다 가족 밖의 사람들을 통해 배워왔다. 현실원리는 사회적으로 유용한 반작용과 가족의 개인적 영역에 반항하는 외적인 행동 양식을 터득시킨다.

오늘날의 아버지는 바람직한 현실원리의 표상이 아니며, 성윤리를 해이하게 하여 오이디푸스 콤플렉스의 극복을 더 어렵게 만든다. 아버지는 오이디푸스 콤플렉스의 심리학적 의의를 훨씬 더 상실케 하는 것에 반대하여 투쟁한다. 그러나 이것의 효과는 이론의 완벽함을 약화시키기보다는 오히려 강화시킨다. 엄밀한 의미에 있어서 가족인 한 어떠한 개인도 공권력에 맞서며 적어도 그것과는 구별된다. 그만큼 가족은 공권력에 의해 조정되고, 그만큼 그 본보기는 가족의 밖에서 나타난다.

또한 통합되고 방해받지 않는 가족은 그만큼 공권력의 중요성에 있어 공권력의 일부분으로서, 젊은 세대의 '사회화'를 야기시킨다. 이것은 권력에 의해 규제됨에 따라, 이를테면 모형과 그 예가 가족 밖에서 취해지면 질수록 젊은 세대의 '사회화'는 공적인 권력의 한 부분으로서 공적인 권력을 위하여 더욱더 통일되고 계속된다.

여기서도 독립과 개성이 나타날 수 있는 정신적 공간은 제한받고 박탈당하게 된다. 이런 정신적 변화의 기능을 창출하기 위해 현대의 정치적 구조와 연계시켜서 규명하도록 노력해야 한다. 현대의 정치적 구조의 분명한 특징은 '대중 민주주의'라고 지칭되어 왔다. 이 용어의 사용이 정당한가 그렇지 못한가 하는 것은 차치하고 대중 민주주의의 주된 구성 요소를 간략하게 살펴보기로 하자.

대중 민주주의는 정치의 실질적 요소가 확인 가능한 개인적 집단이 아니라 통일된 — 또는 정치적으로 통합된 — 전체이다. 여기에는 두 가지 지배적인 단위가 있다. 첫째는 현대 산업의 거대한 생산 및 분배 기구이고, 둘째는 이 기구에 봉사하는 대중이다. 기구의 조정 혹은 이 기구의 가장 중요한 위치인 통제는 대중 통제를 의미한다. 사실상 이러한 통제가 노동 분업으로 얻어진 결과와 그 기술적 결과, 그리고 모든 사회를 유지시켜 나가는 기능적인 기구의 존재 이유처럼 보인다.

이와 같이 지배는 기술적·관리적 성질을 띤 것으로 나타난다. 이 성질 때문에 그 기구 — 경제적·정치적·군사적 기구 — 에서 가장 중요한 위치를 차지하고 있는 서로 다른 집단이 전체를 대표하는 기술적·행정적 집단 속에 뒤섞이게 된다. 한편, 이 기구에 봉사하는 모든 집단은 기술상의 요구에 의해 대중으로, 국민으로 통합된다.

사람들은 그들이 속한 '독립국'에서조차 권력의 객체가 되고, 민주적으로 통제하고 자유롭게 권력을 행사하는 데 어려움을 느낀다. 기술적·행정적 집단화는 객관적인 논리의 표현, 즉 전체가 스스로를 확대 재생산해 가는 형식으로 보인다. 여기에서 모든 자유는 기술적·행정적 집단화에 의해 미리 결정되어 그 형식이 주어지고, 정치적인 세력이 되기보다는 오히려 이 기구의 합리적인 요구에 종속된다.

이 기구는 개개인, 즉 그 기구를 관할하는 사람이나, 관리받는 사람들의 공적이거나, 사적인 존재를 포괄한다. 물론 노동시간·자유시간, 근무와 휴식, 자연과 문화가 모두 포함된다. 그러나 이러한 과정에서 모든 기구는 인간 자신의 내적 영역, 즉 그의 본능 및 지성을 침범하게 되면 이 과정은 이전 단계의 발전과는 다르게 일어난다.

우선적으로 사건들은 외적·인격적·자연적 힘으로서 경쟁과 경제의 자유로운 작용으로서 나타나는 것이 아니라, 더욱 합리적이고 조직적으로 통제되고 합법화된 것으로 나타나는 완전히 객관화된 기술적인 이유로서 발생한다. 그러므로 대중은 단순히 지배받는 사람들이 아니라 '더 이상 반대적이지 않은' 사람들이다. 혹은 대중들의 반대 자체가 기구 안에서의 개선을 요구하는, 따라서 계산할 수 있고 조종될 수 있는 교정 수단으로서 긍정적인 전체 속으로 묶여 버려 통치받는 자들이다.

이전에는 정치의 주체였던 것이 객체로 바뀌어 버렸고 서로 화해할 수 없었던 대립되는 이익이 진정한 집단의 이익으로 변해 간 듯이 보인다. 그러나 이와 같은 정치적 판도는 대체로 변모되었다. 이제는 대상의 상대물인 자율적 주체, 이를테면 통치 중에 자신의 한정 가능한 이익과 목표를 바라는 주체가 더 이상 존재하지 않는다.

이렇게 변화되어 온 그 자체의 전체성 없이는 '지배는 중립적이고 교체시킬 수 있는 것'으로 되어 가는 경향을 보인다. 이제 지배는 오직 기구를 유지하고 확대시킬 수 있는 능력과 충동에만 의존한다. 이런 중립화의 정치적 표현 중의 하나, 서로 대립되던 정당의 전략 및 목표가 가장 발달된 선진국들 사이의 유사성처럼 점점 더 증가하고 있다. 또한 정치적 언어와 정치적 상징의 통일화가 증대하고, 또한 그것은 국가를 초월하고 심지어 대륙을 초월한 통합화에서도 볼 수 있다.

그런데 이러한 현상은 온갖 저항에도 불구하고 일어나고 있으며, 아주 다른 정치 체제를 가진 국가에서도 끊임없이 지속되고 있다. 모순의 중립화와 국제적인 유사성의 증가 양상이 결국에는 두 체제, 즉 동서양 세계의 관계를 결정하게 될 것인가? 거기엔 그러한 조짐이 보이고 있다.

이런 정치적인 일탈은 프로이트가 밝혀 낸 정신적 힘의 관계 기능 설명에 도움을 준다. 정치적 집단화는 정신 구조의 중립화 속에 그 모습을 나타낸다. 즉, 자아와 초자아의 통일 과정 중에 아버지의 권위에 대한 자아의 자유로운 투쟁이 사회적 이성에 의해 흡수된다. 지배의 '기술적·행정적' 성질과 자아의 '물상화 및 자동화'는 서로 잘 어울리게 된다.

그러나 자기의 본능을 조직할 독립된 힘을 초자아에게 빼앗긴 자아는 더욱더 파괴의 주체가 되고, 에로스의 주체로서 지위는 보다 더 감소된다. 왜냐 하면 초자아는 억압의 사회적 대행자이고, 정신 속에 내재되어 있으며, 사회적으로 유용한 파괴의 영역이기 때문이다. '그래서 현대사회의 정신적 원자 그 자체가 사회적 생산만큼이나 폭발적인 것처럼 보인다.'

통일의 기술적·행정적으로 합리적인 본질을 바탕으로 아직까지 통제 조정되지 않은 불합리성의 위험 — 프로이트식 표현으로는 현대 문명이 개인에게 요구해야 하는 가혹한 희생 ─ 이 나타난다. 생산성의 증가에 따라 사회적 생산성의 근간이 되는 본능적 금기는 더욱 커다란 불안 속에서 보호되어야 한다.

이러한 생산성의 증대를 프로이트의 이론을 넘어서서 자유와 행복 속에서 누리고 싶은 유혹이 점점 강해지며 더욱 합리적으로 되어 가기 때문이라고 말할 수 없을까? 어쨌든 프로이트는 문명의 진보 속에서 '죄의식의 강화'를 "개인이 참기 어려울 정도로 극단적인"[4] 것의 증가라고 말한다. 그는 이런 죄의식 속에서 "적대적인 두 감정의 갈등, 에로스와 파괴 혹은 죽음의 본능 사이의 영원한 투쟁의 표현"[5]을 살핀다.

이는 프로이트의 혁명적인 통찰력이다. 즉, 문명의 운명에 있어서의 결정적인 갈등은 억압의 현실과 그와 같은 정도의 현실적인 억압 배제의 가능성 사이에 있는 갈등, 그리고 문명에 필요한 에로스의 증가와 그와 같은 정도의 필연적인 쾌락욕구에 대한 억압 사이의 갈등이라고 할 수 있다. 사회적 부의 증가에 따라 더욱더 명료하게 예상될 수 있는 에로스의 해방이 확장되므로 그것의 억압은 더욱 치열해진다.

그래서 이러한 억압이 죽음의 본능을 구속하는 에로스의 힘을 약화시키듯이, 그것은 또한 파괴 에너지를 그것의 구속에서 풀어 놓으며 알려지지 않은 범위까지 집단을 자유롭게 한다. 또한 그것은 교대로 더욱더 강화된 통제와 조정으로 정치적 요구에 부응하게 된다.

이러한 과정은 문명의 운명적인 변증법으로서 프로이트에 따르면 에로스와 죽음의 본능 사이, 건설과 파괴 사이의 투쟁에 해소책이

---

4) Ibid., p.493
5) Ibid., p.492

없는 것과 마찬가지로 거기에도 해소책은 없다. 그러나 이런 갈등 속에서 사회적으로 필요한 억압과 그에 대한 극복의 역사적 가능성 사이의 모순을 볼 수 있게만 된다면 늘어나는 '죄의식'도 이와 똑같은 모순에 의해 특징 지어질 것이다.

그때의 죄악은 금지된 본능적 충동 — 아버지에 대한 적대감과 어머니에 대한 욕망 — 의 계속되는 존재뿐 아니라, 관용에 있어서 그리고 억압과의 공동 모의, 말하자면 가부장적 권위와 그러한 지배를 재정비하고 도전하는 가운데서도 존재한다.

원시적인 문화 수준에서는 종의 발전을 위하여 사회적·생물학적으로 필연적이던 것이, 가장 발달한 문명 단계에 이르러서는 평형을 유지하기 위한 사회적·정치적인 '요구'로 변모되었다. 근친상간의 금기는 가부장적 일부일처제 사회의 특징으로 금기와 억압의 모든 계통에 있어서 역사적이고 구조적인 '지름길'이기 때문이다. 스스로를 넘어서고, 스스로를 파괴하고, 에로스와 삶의 본능의 불구화를 이끌어가는 생산성을 충족시키는 종속은 이들 금기와 억업으로 영속된다.

그래서 자유에 대한 죄의식이 사라진다. 오히려 그 둘을 다 놓치고 배반당한다. 문명에 있어서의 갈등을 에로스와 죽음의 본능 사이의 영원한 투쟁으로 보는 프로이트의 정의는 그의 이론의 내적 모순을 암시하고 있다. 한편, 이 모순에는 그 자신 해소책의 가능성, 즉 정신분석학이 거의 푸대접해 온 가능성이 숨겨져 있다. "문명은 인간을 보다 긴밀하게 한데 묶는 대중으로 통합시키라고 지시하는 내면의 관능적 충동에 순종한다"[6]라고 프로이트는 강조했다.

이것이 사실이라면, 프로이트가 에로스의 초도덕적이고 초사회적

---

6) Ibid.

이며, 심지어 반도덕적이고 반사회적인 성질을 반복해서 강조했던 것이 동시에 '문명을 창조하는' 것이 어떻게 될 수 있겠는가? 그리고 어떻게 자기보존본능보다도 우세한 쾌락원리의 포괄적 요구와 성욕의 복합적인 변태성이 문명으로 향한 관능적 충동이 될 수 있을까?

거기에 대해서는 모순의 두 가지 측면을 두 가지 성공적인 발전 단계에 전가시킨다는 것이 별로 도움이 되지 않는다. 프로이트는 이 두 측면을 에로스의 원초적 성질로서 파악했다. 그 대신 우리는 모순 그 자체를 수긍하고 그 속에서 해결책을 찾아야 한다.

프로이트가 "유기체를 더욱 큰 단위로 통합"[7]하고 "더욱 큰 단위를 생산·보전"[8]하려는 목표를 성적 충동 때문이라고 파악할 때, 이러한 노력은 생식세포의 첫 결합에서부터 문화공동체 — 사회와 국가 — 의 형성에 이르기까지, 즉 생명을 보존하는 모든 과정 속에서 작용하는 것에 포함되어 있다. 이런 충동은 쾌락원리의 비호 아래 있다.

그것은 한정된 특별한 기능을 넘어서고, 보다 강력하고 확장된 쾌락의 획득을 지향하고 동료들과의 리비도적 연대의 형성과 행복한 여건을 지향하는 성욕의 복합적인 특징이다. 문명은 쾌락으로부터 비롯된다. 우리는 그 대단한 도발성에도 불구하고 이 명제를 고수해야 한다. 프로이트는 이렇게 쓰고 있다.

"정신분석적 연구로 개인적 리비도의 발전 과정에 관하여 알려진 과정이 인간의 사회적인 관계 속에도 똑같이 일어나고 있다. 리비도 자체는 생명의 주요한 욕구 충족에 관여하며 그의 첫 대상으로서의 리비도는 이 활동에 참여하는 사람들을 선택한다. 그리고 개인에게

---

7) 《쾌락원리의 피안 : Beyond the Pleasure Principle》S. 프로이트, p.45
8) 《정신분석 개요 : An Outline of Psychoanalysis》S. 프로이트, p.71

있어서와 마찬가지로 전체로서의 인류 발전에 있어서 사랑만이 이기주의에서 이타주의로의 전환이라는 의미로서 문명의 힘으로 작용해 왔다."[9]

승화된 에너지와 아직 승화되지 않은 에너지로 나누어지지 않았으며, 이런 효과가 맨 처음 출발되는 것은 에로스이지 아가페가 아니다. 그것은 충동이다. 동물로부터 비롯된 인간의 발전에 본질적으로 중대한 기여를 한 것^{작용}은 '원초적으로 리비도적인' 것이다. 프로이트는 승화된 사랑과 마찬가지로 사랑이 "공동체적 노동"[10]과 관계가 있다고 명백히 기술하고 있다.

인간은 일이 끝난 뒤뿐만 아니라 일하는 중에도 쾌락을 찾을 수 있다. 그것은 그의 능력 발휘와 삶의 수단이라기보다는 삶 자체로서의 욕구 충족 속에서 쾌락을 찾을 수 있기 때문에 일을 시작한다. 인간은 쾌락을 확보하고 지속시키기 위해 자연과 자기 자신의 계발 및 협력을 시작한다. 날카로운 식견으로서 이러한 명제를 제기하는 데 노력을 해 온 사람은 아마도 게자 로하임Géza Róheim일 것이다. 그것이 사실이라면 문명과 본능의 힘의 관계에 대한 프로이트적 개념을 결정적으로 수정할 필요가 있게 된다.

쾌락원리와 현실원리 사이의 갈등은 생물학적으로 필요하지도 않고 해소될 수 있는 것도 아니다. 단지 본능의 억압적인 전이에 의해 해소될 수 있다. 억압적인 해소는 역사로까지 확대되고 필요불가결한 생존경쟁과 취약성 및 적대감에 의하여 강요된 하나의 자연적인 과정이 아니다. 그것은 오히려 이미 자연의 일부분이 되어 버린 사회

---

9) 《집단심리학과 자아분석 : Group Psychology & the Analysis of the Ego》S. 프로이트, p.112
10) Ibid., p.113

역사적 과정으로 된다. 소외된 노동기구로서의 유기체 외상성 전이는 하나의 특정한 문명의 형태로서의 정신적 조건이 아니라 지배로서의 문명 조건일 따름이다. 조직적 부자유란 문명 속에서의 자유조건이 아니라 오늘날 문명인의 지배를 바탕으로 조직된 문명 내부의 자유 조건이다.

프로이트는 실제로 본능의 운명을 지배로부터 이끌어 냈다. 즉, 합리적 지배에 바탕을 둔 문명의 심리학적 기초가 되면서도 원초적인 지배 속에 내린 그 뿌리를 결코 단념할 수 없도록 본능의 발달을 결정짓는 것은 가부장의 독재라고 했다.

가장과 아버지의 권위의 재확립과 내재화에 대한 자식들과 형제들의 저항 때문에 지배와 종교·도덕은 서로 밀접한 관계를 이루었다. 종교와 도덕은 지배의 지속성과 합법화된 조직, 즉 논리에 심리학적 기초를 제공하는 동시에 지배가 보편화되었다. 모든 사람들이 죄악과 반항에 참여하듯이 모든 사람들은 현재 지배하고 있는 사람들을 포함하여 희생물이 되어야 한다. 노예들과 마찬가지로 주인들도 그들의 본능적 만족과 쾌락의 주어진 한계에 따른다.

그러나 본능의 억압이 모든 노예들로 하여금 자기 집에서 주인이 되게 하듯이, 억압은 모든 집을 지배하는 주인들을 재생산한다. 즉 본능적 억압을 통하여 사회적 지배는 보편적·일반적 논리로서의 자기 지위를 구축한다. 이런 과정이 '노동의 조직화' 속에서 일어난다. 노동의 조직화를 통한 지배의 발달 단계는 심리학보다는 오히려 정치경제학에 속하는 연구 과정이 된다.

그러나 프로이트가 밝혀 낸 이러한 발전의 육체적·정신적 전제 조건은 본능적 억압에 바탕을 둔 문명이 역사적으로 합리화되는 것과 역사적 이성의 재생을 지양한다는 가설적인 점을 지적할 수 있도록 한다. 이러한 지배의 발전이 가능하다는 것을 보여주기 위하여 노동의 조직화가 노동 과정에 대하여 매우 중요한 본능의 역할을 하게 되는 주요 요소를 다시 한 번 요약하면 다음과 같다.

첫째, 성욕의 억압적인 수정으로 유기체는 불쾌하면서도 사회적으로는 쓸모있는 노동 기구로서 자유롭게 쓰일 수 있게 된다.

둘째, 만약 이 노동이 평생의 직업이라면, 즉 보편적 생활 수단이라면 본능의 원초적 방향이 너무나 곡해되어서 생활 내용은 만족이 아니라 만족을 위한 수단이 되고 만다.

셋째, 이러한 방식으로 문명은 확대 재생산된다. 성욕과 승화된 것으로부터 얻어진 에너지는 끊임없이 노동의 생산성 증대를 위한 정신적 '투자 기금'을 증가시킨다.

넷째, 노동생산성의 증대로 인하여 향락의 가능성이 증가하고 노동과 향락 및 노동 시간과 여가 시간 사이에 있어서 사회적으로 강제된 관계가 역전될 가능성이 증대한다. 그러나 현존하는 여러 관계 속에서 재생산된 지배는 점증하는 규모로 승화를 또다시 재생산한다. 이를테면 향락을 위해 생산된 상품은 한낱 소모품에 불과하며, 이 향락에는 현존하는 여러 관계 안에서 더욱 더 노동이 전제된다. 그리고 만족이란 여전히 불만족스러운 노동의 부산물이다.

다섯째, 가장의 권위가 떨어진 이래 사회화된 개개인이 스스로 자신들에게 부과한 희생은 이성이 그 목적을 점점 더 분명하게 실행하고 욕구의 원초적 상태를 제거함으로써 더욱 불합리하게 된다.

그리고 아버지의 내재화 ─ 종교와 도덕 ─ 를 통해 속죄하고자 하는 죄는 속죄되지 않은 채 남게 된다. 그것은 합리적인 보편성의 형태이긴 하지만, 가부장적 권위의 재확립으로 그 소멸에 대한 소망이 살아 있기 때문이다. 실로 죄의식은 지배가 자유화를 위한 역사적 가능성의 서광 속에서 그 원형적 특징을 보이면서 정치 억압적으로 된 이런 발전 단계에서 부자유는 이성적 자유의 근본 조건이라기보다는 오히려 자유에 대한 제한으로 나타난다.

지배에 기초하고 있는 문명의 성과는 부자유의 필연성을 잠식해 왔다. 자연과 사회적 부의 지배 정도에 따라 만족스럽지 못한 노동을 최소화할 수 있게 되고, 양은 질로 변모될 수 있고, 여가 시간은 삶의 내용이 될 수 있고, 일은 인간 능력의 자유로운 활용이 될 수 있다.

이렇게 함으로써 본능의 억압적 구조는 폭발적으로 변모될 것이다. 만족스럽지 못한 노동에 더 이상 구속되지 않게 될 본능적 에너지는 자유롭게 될 것이고, 에로스와 같이 리비도적 관계의 보편화를 기하고 리비도적 문명의 발전을 기할 것이다.

그러나 이러한 가능성에 비추어 볼 때 본능적 억압의 필연성은 불합리하게 보이지만 이는 여전히 현존하는 사회의 사람들에게 사회적·생물학적인 필연성인 것이다. 그것은 본능의 억압이 개개인에게 있어서 자기형성을 재생산하고, 그들이 세운 욕구 충족의 기구가 개개인을 노동력의 형태로 재생산하기 때문이다.

우리는 이미 근본적인 개념에 있어서 프로이트 본능이론이 자유에 대한 윤리적·관념론적 개념의 심리학적 대상을 나타내고 있는 듯하다고 말해 왔다. 정신에 대한 프로이트의 기계론적·유물론적 관념에도 불구하고 자유에는 그 자체의 억압과 부자유가 포함되어 있다. 만일 이러한 부자유가 없다면 인간은 동물의 세계로 추락하고 말 것이기 때문이다. '개인적 자유는 문명의 산물이 아니다.'

관념론적 윤리학이 관능을 억압하는 이성의 자유를 존재론적 구조로 해석하고 있듯이 프로이트는 본능의 억압 속에서 문화적·자연적 필연성을 본다. 즉, 결핍과 생존경쟁, 본능의 무질서한 특성은 자유에 침범할 수 없는 제한을 가한다. 우리는 이런 비교를 더욱 진행해 갈 수 있다.

실존철학에서 가장 명백하게 표현된 자유에 대한 관념주의적 개념의 두 번째 본질적 계기는 초월이다. 인간의 자유는 현존의 주어진 모든 상황을 초월하고 부정할 가능성 내지는 필연성을 가지고 있다. 그것은 인간의 가능성과의 관계에 있어서 그 자체가 부정성이고 장애물이기 때문이다.

따라서 사르트르의 개념을 원용하면 인간의 존재는 결코 성취·절정·휴식에 이르지 못하는 영원한 '계획'으로 보인다. 본질적인 것과 독단적인 것 사이의 모순은 본질적이면서 독단적인 현실 속에서는 결코 해결될 수 없다. 자유에 대한 개념의 이러한 부정적 측면이 또한 프로이트의 본능이론 속에서 심리학적으로 공식화된다.

이것은 쾌락원리와 현실원리 사이의 평생 갈등을 낳는 본능의 보수성을 기억할 때 분명해진다. 원초적인 본능은 본질적으로 충족과 쾌락의 영구화를 기도한다. 그러나 이러한 노력의 충족은 인간의 죽음, 즉 인간의 자연적 죽음과 사회역사적인 죽음, 출생 이전 상태로의 자연적 죽음, 문명 이전 상태로의 역사적 죽음이 된다.

승화는 문명화된 자유가 존재하는 심리학적 초월이며, 그 자체가 여전히 부정적으로 남아 있다. 다시 말해서 그것은 관능의 억압일 뿐만 아니라 초월로서 끊임없이 스스로에게 자극을 가하는 외적 형성의 재생산으로 영속하기 때문에 부정성의 부정이다. 그러나 관념주의자들에게 있어서 윤리학은 존재론적 구조 속에, 그리고 인간성의 영광으로서 미화된 이러한 형태로 감추어져 있다. 그것이 프로이트에게 있어서는 외적인 상처, 즉 문화가 인간에게 끼친 병으로서 치료를 호소하는 질병이다.

점증하는 파괴, 압박으로 인해 자라나는 불안, 행복에 대한 소망의 억압, 행복의 가능성의 희생으로부터 자라나는 문명과의 불화, 이 모든 것은 문명화된 자유의 또 다른 측면이 아니라 그 내적인 논리이다. 진보하는 문명에서 행복의 실현 가능성이 점점 가까워지고 이상향적 환상이 과학과 지식에 의해 이끌어질 수 있는 과업으로 변화됨으로써 이 모든 것은 더욱더 통제되고 감독되어야 한다.

그래서 프로이트는 자유의 실제적인 부정성을 규명한다. 그리고 그것을 이상화하는 것을 거부한다. 그는 정치적 억압에 따라서 폐지될 본능의 억압이 제거된다는 것으로서 억압의 업적은 그대로 보존될 동안에 또 다른 가능한 자유의 관념을 견지한다. 프로이트에게 있어서 자연 혹은 자연적 인간으로 되돌아가는 것은 없다. 문명의 과정은 역전될 수 없다.

만약 본능적 억압이 노동과 향유의 현재적 관련이 역전될 수 있는 정도까지 제거될 수만 있다면 성적 에너지에 대한 원형적인 승화라는 것도 지양될 수 있다. 감성과 이성 및 행복과 자유에 대한 조화나 통일은 절대적인 욕구와 결핍이 적어도 기술적으로는 해소될 수 있는, 생존경쟁이 더 이상 생존 수단을 위한 투쟁이 될 필요가 없는 문명 발달의 절정기에서만 가능하다.

프로이트는 이러한 가능성에 대해서 매우 회의적이었다. 그것은 그가 원자탄과 수소폭탄이 나타나기 훨씬 이전에, 파시즘시대에 시작된 전체적 통합화가 아직 절정에 달하기 전에 이미 생산력의 증대와 파괴의 증대 사이에, 자연에 대한 지배의 증대와 인간에 대한 지배의 증대 사이에 있는 깊은 연관성을 깨달았기 때문이다.

그는 사회적인 부, 즉 조종되는 것이 아니라 늘어나는 요구를 자유롭게 충족시킬 수 있는 부가 더욱 증대됨에 따라 인간을 더욱 우수하고 효과적인 수단과 조화시켜야 한다고 봤다.

이것은 문명의 진보가 죄의식 — 거의 일생에 걸친 억압에도 불구하고 여전히 활동하는, 금지된 본능적 원망에 대한 죄의식 — 을 극도로 심화시켜 왔다는 프로이트의 주장에 대한 마지막 이유인지도 모른다.

또한 그는 금지되지만 살아 있는 본능적 충동이 궁극적으로는 아버지와 어머니에게로 향하게 된다고 주장했다. 그러나 그의 만년의 저술에서는 그러한 충동들이 최초의 생물학적·심리학적 형태와는 분명하게 구분되고 있다. 죄의식은 이제 "양가성의 갈등, 에로스와 파괴 혹은 죽음의 본능 사이의 영원한 투쟁의 표현"[11]이라고 정의된다.

그리고 다음과 같은 의아스러운 기술이 나온다.

"아버지와 더불어 시작된 것은 대중 속에서 완성된다."[12]

문명은 인간을 '친밀하게 관련된' 공동체로 통합시킬 때 '내적인 성적 충동'에 따르게 된다. 그러나 에로스는 죽음의 본능과 관련되어 있고, 쾌락원리는 열반원리와 관련되어 있다. 그러므로 이 갈등은 풀어져야 한다. 게다가 이 공동체가 오직 가족이라는 형태만을 알고 있는 한 이것은 오이디푸스 콤플렉스로 나타날 것이다.

---

11) 《문명과 그의 불만》, p.492
12) Ibid., p.492

프로이트의 개념을 완전히 이해하기 위해서는 이런 갈등 속에서의 힘이 배분되는 방식에 대해 유념해야 한다. 아버지는 아이들에게 그가 욕구하는 어머니를 금지시키는 가운데 죽음의 본능으로의 퇴행을 억제하는 에로스를 대표한다. 그리하여 쾌락원리를 생명 및 사회가 양립할 수 있는 쾌락에 제한하게 되고, 파괴적 에너지를 풀어 놓는 억압적 에로스가 된다. 아버지에 대한 관계는 사랑과 미움의 양가성이 공존하고 있다.

어머니는 에로스의 목표이자 죽음의 본능의 목표이다. 성적인 원망 뒤에는 출생 이전 상태로의 퇴행의 원망이 있고, 현실원리의 이러한 측면을 바탕으로 하는 쾌락원리와 열반원리의 차등 없는 통합과 양가성이 따르지 않는 순수한 리비도에 대한 원망이 있다.

문명에 대한 성적 충동은 가족의 범위 밖으로 확대되어 더욱 커다란 사회 집단에 참여하게 되고, 갈등은 '과거에 의존하는 형태 속에서' 심화된다. 아버지의 지배가 의기양양하게 확대됨으로써 그와 같은 양가성의 투쟁 또한 확대된다. 문명의 절정기에 이르면 이러한 갈등은 아버지를 자신들 속에 구체화시킨 대중에 맞서서 그 자신의 역할을 다하게 된다.

지배가 더욱 보편적으로 될수록 지배가 풀어 놓는 파괴도 더욱더 보편적인 것으로 된다. 이러한 에로스와 죽음의 본능 사이의 갈등이 '과거에 의존하는' 형태 속에서 일어나는 한 그것은 문명 발달의 내적 속성에 속한다. 따라서 프로이트가 그렇게도 자주 표현하는 생각, 즉 인류의 역사는 여전히 '원초적인' 권력에 의해 지배되고 있으며, 선사시대와 초기 역사가 여전히 우리들 속에서 살아 움직이고 있다는 생각이 다시 강조되었다.

'압박받는 자들의 귀환'은 역사의 두려움에 찬 전환점에서 일어난다. 즉, 아버지에 대한 증오 속에서, 아버지에 대한 반항 속에서, 가부장적 권위의 신선화와 회귀 속에서 일어난다. 행복과 자유의 통합을 위해 기여해 온 문명에 대한 성적 충동은 되풀이해서 자꾸만 지배의 미끼가 된다. 그리고 저항은 파괴 속에서 질식하게 된다.

　프로이트는 신중하게 문명이 궁극적으로 언젠가는 자유를 실현시킬 것이며, 그래서 원초적인 권력을 정복할 것이라는 희망을 표현했다. 그는 《문명과 그의 불만》에서 다음과 같은 결론에 도달했다.

　"인간은 자연의 힘에 대한 그들의 지배력을 사용하여 아주 쉽게 최후의 한 사람까지 완전히 사멸시킬 수 있을 정도로까지 그 힘을 몰고 갔다. 그들은 이것을 알고 있다. 그들이 가지고 있는 현재의 불안·우울·근심 중의 대부분은 이로 인해 생겼다. 이제 두 '천부적인 힘'의 다른 한편인 영원한 에로스는 자기 상대편의 불멸과 대등하게 자신을 유지시켜 나갈 수 있을 정도로 힘을 발휘할 것이다."[13]

　《문명과 그의 불만》은 1930년에 저술되었다. 그 이후 흘러간 세월 속에서 생대편의 증대하는 보복, 행복한 자유에의 접근, 문명의 창조자로서의 에로스의 접근 같은 것은 그 어떠한 것도 실제로 나타나지 않았다. 아니면 더욱더 합리적인 모습을 띤 점증하는 파괴 활동은 문명의 몰락과 함께 원초적인 권력을 끌어내리고 더 높은 단계에 이르는 길을 닦아 주는 파국을 향하여 나아가고 있음을 가리키는 것일까?

---

13) Ibid., p.105

제 2 장

진보와 프로이트의 본능이론

    현대 서구문화의 특징인 진보 개념에 대하여 두 가지 중요한 유형을 정의하는 것으로서 본론을 시작하고자 한다.

    첫째 유형은 진보를 양적인 현상으로 정의하며 그 개념과 어떤 긍정적인 가치 평가와의 결합을 피하고 있다. 이런 관점에서 볼 때 진보는 문화의 발전 과정 속에서 오랫동안의 퇴보 기간에도 불구하고 대체로 인간의 지식과 역량이 발전하였다는 것, 이 발전된 지식과 역량을 인간과 자연 환경을 지배하는 목적에 이용한다는 사실이 더욱 더 일반화되어 왔다는 것을 의미한다.

    이 진보의 결과는 사회적 부의 성장을 뜻한다. 문명이 진보하는 것과 똑같은 방식으로 인간의 욕구도 욕구 충족의 수단과 함께 증대된다. 그런데 이러한 진보가 과연 인간의 완성에 있어서 보다 더 자유롭고 행복한 존재에 이르는 길에 이바지하는가 하는 문제가 남는다.

    우리는 진보에 관한 이러한 양적 개념을 기술적 진보의 개념이라 부를 수 있다. 이 기술적 진보의 개념을 두 번째 유형, 즉 관념철학에 의하여 ― 특히 헤겔에 의해서 ― 발전된 진보에 대한 질적 개념과 대조시킬 수 있다. 이 진보에 관한 질적 개념에 따르면 역사에 있어서의 진보는 인간의 자유와 도덕의 실현 속에 있다.

인간은 점점 더 자유로워지는데, 바로 이러한 자유의식이 자유영역의 확산에 박차를 가한다. 그래서 이러한 진보의 결과는 인간이 더욱 인간적으로 되어 가고 노예 상태, 전제정치, 억압과 고통 등이 줄어드는 것으로 여겨진다. 우리는 이런 질적인 진보개념을 '인도주의적 진보개념'이라고 부를 수 있다. 그런데 양적 및 질적 진보개념 사이에는 하나의 내적 관련이 있다. 기술적 진보가 모든 인도주의적 진보의 기초 조건으로 여겨지는 것이 그것이다.

노예 상태 및 빈곤으로부터 더욱 점증하는 자유에 이르기까지 인류의 발전에는 먼저 기술적 진보가 요구된다. 다시 말해서 사회적 부의 유일한 기반이고, 인간의 욕구가 더욱 인간적으로 구축되고 충족되는 자연에 대한 고도의 지배가 전제된다.

그러나 그러한 기술적 진보가 자동적으로 인도주의적 진보를 가져다 주는 것 같지는 않다. 왜냐 하면 기술적 진보는 사회적 부의 분배 방법이나 인간의 지식과 역량의 증대가 누구에게 이바지하게 되는가에 대해서는 아무런 언급이 없기 때문이다. 그러므로 자유의 기초 조건인 기술적 진보가 결코 더 큰 자유의 실현을 의미하지는 않는다.

전체주의적 복지국가에서 인간의 욕구가 어느 정도로 충족되는가 하는 것을 알기 위해서는 더 이상 추상적이거나 관념적이지 않은 전체주의적 복지국가의 개념을 나타내기만 하면 된다. 그러나 그러한 전체주의적 복지국가에서의 욕구 충족은 개인적·사회적 존재로서의 인간이 요람에서 무덤까지 관리되는 것으로 이루어진다.

만약 그러한 환경 속에서도 행복에 대해서 말할 수 있다면 그것은 바로 통치받는 사람들의 행복일 것이다. 진보의 개념에 대한 철학적 공식화, 말하자면 진보 자체에 대한 중립화의 철학적 공식화 과정에서 어떤 결정적인 경향이 관찰될 수 있다.

18세기 프랑스 혁명 때까지는 진보의 기술적 개념조차도 인간성의 완성에서처럼 질적 및 기술적 완성인 것으로 인식되었었다. 그러한 현상은 콩도르세에게서 가장 명료하게 보여졌다. 그러나 이러한 현상은 19세기에 와서 변했다. 만약 우리가 콩트Auguste Comte와 밀John Stuart Mill의 진보개념을 콩도르세의 개념과 비교해 본다면 의식적인 중립화가 이루어지고 있음을 곧 알게 된다.

콩트와 밀은 진보개념을 가치 — 자유적으로 정의하려고 시도한다. 그러나 인간성의 완성은 그 자체로서 기술적 진보로부터 이끌어 낼 수 있는 것은 아니다. 그러나 이것은 진보의 질적 요소 자체가 유토피아에 관련되어 있음을 뜻한다.

그것은 진보의 개념 자체에 있는 것이 아니라 인도주의적 요소가 기술적 요소에 대하여 승리를 거두고 있는 전 과학적 사회주의와 과학적 사회주의 체제 속에 있게 된다. 그런데 과학적 사회주의는 중립적, 즉 가치 — 자유적이다.

19세기 이후 점차 서구 문명과 문화 발전의 특징이 되어 온 이른바 가치 — 자유적 진보개념 속에는 사실상 매우 특별한 가치평가가 포함되어 있으며, 여기에서 현대 산업사회의 실질적인 발전원리인 내재적인 진보의 원칙이 마련된다.

그것의 결정적인 요소는 다음과 같이 특징지워질 수 있다. 최고의 가치는 물질적 및 지적인 상품의 생산 증가라는 의미에서뿐만 아니라, 자연에 대한 일반적인 지배라는 의미에서의 '생산성'이다. 그러면 무엇을 위한 생산성인가라는 문제가 제기된다. 거기에 주어지는 대답은 자명하다. 즉, 욕구 충족을 위한 것이라는 점이다.

생산성은 욕구에 대한 보다 우수하고 확대된 충족에 이바지하는 것으로 생각된다. 여기에서 인간에게 이용되는 것은 사용 가치의 생산이다. 그러나 만약 욕구의 개념에 인간 생활의 의식주뿐만 아니라, 폭탄·오락 기구 및 남아도는 식품의 파괴까지 포함된다면 우리는 망설임없이 이 개념이 합법적인 생산성의 결정에 부적당한 만큼 온당치 않은 것이라고 주장할 수 있다.

우리는 무엇을 위한 생산성인가라는 문제를 미결 상태로 남겨 둘 수 있는 권리를 가지고 있다. 생산성은 점점 목적 그 자체가 되어 가고 생산성의 이용 문제가 해결되지 않은 그대로일 뿐만 아니라, 오히려 더욱 억압되고 있는 것으로 보인다.

생산성이 불가분 현재의 진보원리에 속해 있으므로 자연스럽게 다음과 같이 된다. 즉, 삶은 노동으로서 경험되고, 노동으로서 영위되고, 나아가 노동 자체가 바로 삶의 내용이 된다. 노동이란 사회적으로 쓸모있고 필요한 것이기는 하지만, 그런 이유에서 개인적인 만족감은 안겨주거나 개인적으로 반드시 필요한 활동은 아니다.

개인적 욕구와 사회적 욕구는 산업사회가 이러한 진보원리에 따라 발전하는 만큼의 정도로 분리된다. 달리 말하자면 삶의 현실이 되는 노동은 '소외된 노동'이다. 이것은 개인에게 그들의 인간적 역량과 욕구 충족을 거부하고, 다소 충족을 허용한다 해도 부차적으로나 작업 후에만 허용하는 노동으로 정의될 수 있다.

그러나 산업사회와 그 가치의 발전을 결정하는 진보원리에 의하면 노동은 충족·성취·평화·행복이라는 목표이다. 노동은 분명히 최고의 가치가 아니라 기껏해야 저차원적인 가치를 뜻한다.

개인의 행복과 충족을 오직 종속적 요소로만 여기는 이러한 가치질서에 따라 진보개념의 특징인 인간 역량의 등위, 즉 상위의 지적 능력과 하위의 감각적 능력으로의 인간성의 분화가 유발된다. 보다 높은 능력인 이성이 감각의 요구에 반대하여 본능을 결정하고 정의한다는 점에서 이들은 서로 관련되어 있다.

이성이란 본질적으로 극기나 하위의 인간 능력인 감각성을 지시할 뿐만 아니라 감각성을 억압하는 것을 임무로 하고 있는 극기를 행사하는 모습으로 나타난다. 따라서 이러한 진보개념 속에서 자유는 본능적 충동으로부터의 자유와 관능으로부터의 자유 및 충족의 초월로서, 그리고 이러한 초월의 '자율성'으로서 결정된다.

충족이 결코 자유의 내용과 공간을 구성하고 있는 것이 되어서는 안 된다. 자유는 다른 '상위'의 것을 향하여 이미 획득된 충족을 초월한다. 이것을 포함하는 생산성과 마찬가지로 자유에 대한 본질적인 이러한 초월은 결국 목적 그 자체로 나타난다.

여기에서 우리는 무엇을 위한, 무엇을 향한 초월인가라고 더 이상 물을 수 없을지도 모른다. 그러한 것으로서의 초월은 자유에 대한 본질적인 결정과 왜 이러한 초월이 되는가라는 질문에 대한 충분한 답이 될 수 있을지도 모르기 때문이다.

왜 이것은 이미 달성된 모든 상태를 넘어서 끊임없이 계속되어지는가? 왜 이런 역학이 인간의 본질을 정의하여야 하는가? 이러한 질문은 실제에 있어서 왜 생산성의 증대가 최고의 가치이며 원동력이 되어야 하는가라는 질문과 마찬가지로 미해결 상태로 남아 있다.

그래서 목적 그 자체로 결정되어지며 충족과 엄격하게 구별되는 자유는 행복을 벗어난 것이 된다. 이것은 하나의 부담으로 나타난다. 그리고 철학자들과 시인들에 의해서 빈곤으로부터의 자유, 노동으로부터의 자유, 심지어는 굴레 속의 자유로 표현되어지기도 한다. 그들은 자유를 인간적 존재의 왕관으로서 인간이 지닌 특성이라고 찬양해 왔다.

이러한 자유의 개념에는 그것 없이는 일반적으로 자유가 정의될 수 없는 부정성이 예속되어 있다. 이 부정성이라는 점에서 관념철학과 현대 실존주의 철학자들인 칸트와 사르트르가 서로 일치하고 있다.

초월을 위한 영원한 초월이라는 사르트르의 자유에 대한 정의에는 자유의 본질로서 관념철학의 근저에 있는 것과 똑같은 부정성이 포함되어 있다. 관념철학은 자유를 내재화된 도덕적 충동 및 만족과 행복의 부정으로서, 달리 말하면 '성향'의 반대라고 정의하기 때문이다. 특히 현대적인 진보 개념의 특징은 시간의 평가이다. 시간이란 직선으로서 혹은 끊임없이 솟아오르는 곡선으로서 모든 단순한 존재의 가치를 저하시키는 것으로 이해된다. 현재는 다소 불확실한 미래와 관련되어 경험되어진다. 미래는 처음부터 현재를 경고하며 불안 속에 이해되고 경험된다.

또한 과거는 정복될 수도 반복될 수도 없는 것으로서 정복되어 있지 않기 때문에 계속 현재를 결정하는 것으로서 남아 있다. 이처럼 계통적으로 경험되고 완수된 시간 속에서 만족의 지속과 개인적 행복의 영속, 그리고 평화로서의 시간은 오직 초인이나 유인원으로서만 대행될 수 있다.

즉, 지상에서의 존재가 끝난 후에만 가능하다고 생각될 수 있는 영원한 축복으로서, 혹은 행복한 순간의 영구화를 희망하는 관념 자체가 인간을 악마에게 바치는 비인간적 또는 반인간적인 힘이라는 생각으로 표현될 수 있다. 그것을 요약하면 이렇다. 진보 자체는 그 명료한 개념에 의해서 원활하지 못한 활동, 자신을 위한 초월·불행·부정성으로 짐지워져 있다.

이것은 진보원리 안에 있는 부정성이 진보의 원동력인 동시에 진보를 가능하게 하는 힘인가 그렇지 않은가 하는 피할 수 없는 문제가 된다. 이에 대한 공식화로서 프로이트와의 관계를 성립시켜 주는 또 다른 방법이 있다. 이를테면 진보는 필연적으로 불행에 바탕을 두고 있어야 하며, 필연적으로 불행 및 충족의 결핍과 관련되어 있어야 하는가라는 문제이다.

존 스튜어트는 밀은 이렇게 말한 적이 있다.

"인간사에 있어서 모든 진보가 예외없이 불만에 찬 인물들의 업적이라는 것보다 더 확실한 것은 없다."

만일 그렇다면 그 반대로 ― 이것은 엄격한 의미에서 이러한 진보사상의 다른 측면이 될 수 있다 ― 만족과 충족과 평화가 행복을 가져다 줄 수도 있을 것이라고 말할 수 있다.

그러나 분명한 의미에 있어서 만족과 평화는 진보에 적합하지 않다. 생존경쟁이라는 의미에서 전쟁은 모든 진보적인 창조의 아버지이다. 그러한 창조는 때때로 인간 욕구의 개선과 충족에 이바지한다. 성취의 결핍이나 고통의 결핍은 문명의 중요한 업적을 위해 끊임없는 충동이 되어 왔다.

여기에서 우리는 프로이트에 의해 제기된 문제의 요체에 이르게 된다. 그는 행복이란 자유와 마찬가지로 문명의 작은 산물이라고 주장한다. 그런데 행복과 자유는 문명과는 상반된다. 문명의 진보는 본능의 규제 없이는 불가능한 일이므로 그 근저에는 항상 관능적이고 본능적인 충동의 억압·제한·억제가 깔려 있기 마련이다.

이것은 프로이트에게 있어서 매우 명확한 불변의 원리이다. 그에 따르면 인체는 본래 쾌락원리에 의해 지배받게 되어 있어서 오직 고통을 피하고 쾌락을 추구하려 하므로, 문명은 인간의 이런 쾌락원리를 감당할 수 없다고 한다. 하지만 인간이 너무나 무력하고 그를 둘러싼 환경이 매우 조악하고 참혹하기 때문에 본능의 부정이나 억압은 원초적인 힘의 변형을 가져왔다. 그것은 처음부터 문명의 진보를 조금이라도 가능케 한 모든 부정·체념, 불유쾌한 작업들의 근본적 여건이 되었다.

만일 인간사회가 동물의 수준에서 인간적 차원으로 발돋움하려 한다면 쾌락원리는 현실원리로 인정되어야만 한다. 나는 프로이트가 비합리주의자라는 항간의 오해를 바로잡기 위해 이것을 명확하게 형식화했을 뿐이다. 아마도 프로이트는 지난 수십년 동안 우리가 볼 수 있었던 사상가 중에서 가장 합리적인 사람일 것이다. 그의 일련의 모든 노력들은, 즉 아직도 인간에게 영향을 미치고 있는 비합리적인 힘은 인간적 조건의 개선을 위해서 이성에 의해 지배되어야 한다는 데 집중되었다.

"이드가 있는 곳에서 에고도 발전된다"[1]라는 그의 주장은 심리학에서 찾아낼 수 있는 가장 합리적인 공식이 될 것이다.

왜 문명은 현실원리가 쾌락원리의 우위에 설 것을 요구하는가? 실제로 진보의 원리로서의 현실주의란 무엇인가? 이제부터 내 논의의 전제조건이 될 프로이트 후기 본능이론에 의하면 삶과 죽음이라는

----

1) 《신정신분석학 입문》, p.86

두 가지 기본적 본능을 지닌 유기체는 이 두 본능이 조정되고 통제되지 않는 한 사회화될 수 없다.

이 두 가지 본능은 비교적 안전한 범위 내에서의 욕구 충족만이 가능하고 인간사회의 건설에는 부적합하다. 원시 그대로의 에로스는 보다 강력하고 지속적인 쾌락만을 추구하려 하며, 통제되지 않은 죽음의 본능은 출생 이전 상태로의 단순한 퇴행에 불과하므로 모든 생명을 소멸케 한다. 따라서 문명과 문화가 발전하기 위해서 쾌락원리는 사회를 구성하고 유지시키는 데 필요한 현실원리로 대체되어야만 한다.

프로이트에 따르면, 이것은 사회가 쾌락원리에 지배받는 개인을 사회적으로 유용한 노동 수단으로 전환시키기 위해 개인에게 요구하는 모든 본능에 대한 조절·부정·전환·순화에서 비롯된 생산을 위한 금욕원리 이상의 아무것도 아니다. 이렇게 볼 때 현실원리는 진보원리와 동일하다. 그것은 본능 에너지가 그 욕구를 부정하고 자제하는 과정을 거쳐 오히려 사회적으로 생산적인 노동을 하기 위해 방출된다는 것은 억압적인 현실원리를 통해서만 설명이 가능하기 때문이다.

현실원리의 지배로부터 받는 정신적 결과는 무엇인가? 어린 시절에도 근친상간의 금기에서 비롯된 에로스의 억압적인 변환은 오이디푸스 콤플렉스의 근본적인 극복과 그로 인한 부권 우위의 내재화로 발전된다. 바로 이때 현실원리에 의한 에로스의 결정적 변환이 이루어진다. 다시 말해서 에로스가 성욕화된다. 에로스는 원래 유기체 전체를 통제하는 본능이며, 나중에는 성욕으로 한정되어 생식에 기여하게 된다는 점에서 성욕 이상의 의미가 있다.

이러한 에로스의 결정적 변환은 유기체가 자신의 성적 욕구를 자제할 수 있다는 의미와 통하고, 이로 인해 비로소 쾌락원리의 소유자로서 유기체가 노동 수단인 유기체로 바뀔 수 있다. 육체는 성적 에너지로 탕진되었을 에너지의 소비에서 자유롭게 된다. 육체를 통제하던 개체의 에로스로부터 자유롭게 되고, 그럼으로써 삶의 실질적 내용인 비쾌락적 노동에 대해서도 자유롭게 된다. 개인 스스로가 이와 같은 원리의 영향을 받고 있는 한 심층 심리 구조의 억압적인 변환은 개인에게 있어서 문화와 문명의 진보를 가능케 하는 심리학적 바탕이 된다.

그 결과 유기체가 비쾌락적인 노동의 수단으로 전화될 뿐만 아니라, 무엇보다 그 자체 목적으로서의 행복과 쾌락의 가치가 절하되고 사회적 생산성에 종속하게 된다. 그러나 행복과 본능적 만족의 가치하락과 그것의 사회적 생산성에로의 종속은 인간을 동물과 구별 짓고 단순한 본능적 만족의 필요로부터 생긴 쾌락을 사려 깊고 적당히 중재된 인간 특유의 행동으로 변하게 된다.

그렇다면 죽음의 본능에 대한 억압적 변형은 어떤 결과를 가져오는가? 이것도 역시 근친상간의 금기에서부터 시작된다. 아버지에 의해 강요된 어머니의 최종적 박탈은 죽음의 본능에 대한 영구적인 통제와 삶의 본능에로의 종속을 의미한다. 왜냐 하면 어머니에게로 향한 근친상간의 욕구는 죽음의 본능이 가진 궁극적 목표, 즉 고통이나 욕망이 없는 출생 이전의 쾌적한 상태로의 퇴행을 내포하고 있기 때문이다.

이렇게 해서 억압된 죽음의 본능은 사회적으로 유용한 두 가지 방법으로 나타난다. 그 하나가 외부세계로 향해 표출되는 파괴적인 힘이다. 즉, 죽음의 본능이 퇴행을 통한 자기 생명의 소멸을 지배하거나 국내외의 용인된 적들을 소탕하는 데 관심을 둔다. 그러나 보다 중요한 것은 내적으로 잠재되어 있는 죽음의 본능이다.

이것은 초자아 속에 자리잡고 있으면서 자아에 대항하여 현실원리의 요구나 주장을 수행, 사회적 도덕과 양심으로서 역할을 한다. 그리하여 죽음에 대한 본능의 사회적 변형의 결과는 파괴가 된다. 자연에 대한 지배나 공격의 형태로 나타나는 파괴는 문명의 진보에 있어서 중요한 원천 중의 하나이다. 파괴는 이드에 대항하는 도덕적 주장이나 공격의 역할을 하며 문명에 있어서 없어서는 안 될 귀중한 요소이다.

본능의 억압적 수정을 통해서만이 문명에 있어서의 진보가 가능하고 자동적으로 이루어질 수 있다는 것은 중요한 사실이다. 본능의 억압적 수정이 일단 성공적으로 이루어지면 문명에 있어서의 진보는 수정된 본능을 가진 개개인 자신들에 의해서 재생된다. 그러나 본능의 억압적 수정을 통해 자동적으로 진보가 이루어지는 것과 마찬가지로 진보 자체가 소멸되어 버리기도 하고 무효화될 수도 있다. 진보는 스스로의 성과에 대한 향유를 금지한다. 그리고 그러한 금지를 통해서 생산성이 더욱 증대되고, 한 단계 더 높이 진보할 수 있게 되기 때문이다.

보다 정확히 말하면 본능의 이드처럼 특이하고 절대적인 역학은 다음과 같이 해서 생겨난다. 진보는 본능 에너지를 사회적으로 유용한 에너지로 바꾸었을 때만 가능하다. 즉, 진보란 승화로서만 가능해진다. 그러나 이 승화는 확대된 승화이어야만 한다. 승화가 일단 이루어지면 자신의 역학에 의해 지배를 받게 되는데, 그 역학이란 승화의 범위를 확대시키고 강도를 높이기 때문이다. 현실의 원리하에서는 원초적으로 쾌락적이지만 사회적으로는 무용하거나 심지어 해롭기까지 한 본능적 목표로 변환된 리비도가 사회적 생산성이 된다.

사회적 생산성으로서의 리비도는 인간의 욕구를 충족시키기 위한 물질적·지적 수단을 발달시킨다. 그러나 동시에 인간이 이런 물질적·지적 수단을 마음껏 향유하는 것을 거부하도록 하기도 한다. 리비도란 억압된 본능적 에너지이며, 향락이나 평화, 만족을 생산성에 종속시킨다. 그리고 목적 자체로서의 그것들을 거부하는 가치의 계급질서에 따르는 것을 제외하고는 삶을 어떻게 평가해야 할지 모르도록 인간을 사전에 형성시켜 놓았기 때문이다.

금욕적 자제를 통해 축적된 에너지의 증가는 개인의 만족에만 그치지 않고 생산성의 증대를 가져온다. 개인은 스스로가 생산성에 대한 향유를 부정함으로써 생산이나 생산된 것의 금욕적 자제를 둘 다 한 단계 높일 수 있는 과정을 추진하는 새로운 생산성의 원천을 마련한다. 이러한 심리 구조는 발전된 산업사회에 있어서 마치 유기체와 같은 특별한 진보의 원리가 있다는 것을 의미한다.

우리는 여기서 진보의 악순환에 관해 이야기할 수 있다. 사회적 노동생산성의 증가는 억압의 증가와 관련이 있고, 역으로 억압의 증가는 생산성의 증가에 기여한다. 또는 다른 방법으로 진보는 계속 진보하기 위해 자신을 끊임없이 부정해야만 한다. 체질적 성향은 이성에 끊임없이 희생되어야만 하고, 행복은 초월적 자유에 희생되어야만 한다. 인간은 행복의 약속을 통해서만이 소외된 노동 속에서 삶을 유지할 수 있고, 생산적 인간으로 남을 수 있고, 생산성의 충분한 향유로부터 자신을 지킬 수 있고, 그럼으로써 생산성 자체를 오래 유지시켜 나갈 수 있다.

진보의 원리에 있어서의 자기 금욕이 이런 방법으로 프로이트에 의해 공식화되지 않았다는 것이 나의 생각이다. 그러나 나는 이것이 프로이트의 이론에 바탕을 두고 있고, 그의 설명처럼 가부장적 권위의 변증법 속에 가장 명백히 나타나 있다고 확신한다. 이 과정은 진보의 개념에 있어서 결정적으로 중요한 역할을 한다. 프로이트의 인간 역사의 기원에 관한 가설은 그것이 가능한 경험적 내용임에도 불구하고 문명의 진보에 있어서의 억제의 변증법과 그 기원, 그리고 그 것의 변형과 발전을 매우 특이한 이미지로 요약하고 있다.

그 주된 특징들은 이미 잘 알려져 있는 사실이다. 인간의 역사는 원시적 유목민에서부터 비롯된다. 여기서는 가장 강력한 힘을 가진 최고의 가부장이 모든 여성들을 독점하고 종족 구성원들이 즐길 수 있는 향락을 제거함으로써 그의 지배권을 공고히 하여 독재자로 부상한다. 자연이나 빈곤, 또는 허약함은 본능에 대한 억압을 강요하지 않는다. 그런데 그 본능에 대한 억압은 문화의 발전에 있어 가장 중요한 것이긴 하지만 사실상 지배의 독재를 의미한다.

지배의 독재란 독재자가 불평등하게 분배를 하고 빈곤이나 기근, 허약함을 악용하며, 독재자 자신을 위해 전체의 향유를 보류하고 종족 구성원들에게 노동을 부과하는 것을 의미한다. 유사 이전 단계에 있어서의 본능적 억압은 아버지의 독재에 대한 아들의 반란을 유발시킨다. 프로이트의 가설에 의하면 아버지는 아들에게 살해되어 장례를 치르게 된다. 지배로부터의 해방은 본능에 대한 해방, 본능적 충족의 일반화, 독재적이고 계급적인 행복과 노동 분배의 폐지를 가능하게 한 최초의 시도였다.

그러나 프로이트에 따르면 이러한 시도는 반란에 참여한 아들들이 지배자가 없이는 살아갈 수 없다는 사실과, 아버지가 없는 것보다는 그 통치가 아무리 독재적이라도 있는 것이 낫다는 것을 알게 되거나, 안다고 생각하기 시작할 무렵 끝나고 만다. 이렇게 해서 아버지는 그 아들들에 의해 다시 권력을 회복하고 그것이 예전처럼 일반화되어 마치 도덕처럼 여겨진다. 말하자면 과거에 아버지가 권위로써 아들들에게 부과했던 본능의 부정과 억제를 다시 형제들 스스로가 자신들에게 부과한다는 것이다.

문화와 문명은 이와 같은 부권적 권위의 내재화에서부터 시작되는데, 부권적 권위의 내재화란 바로 도덕과 양심을 가리킨다. 가장 원시적인 최초의 인간사회는 동물적 원시유목민부터 시작된다. 그리고 본능의 억압은 개인의 자발적인 성취물이 되어 내재화된다. 동시에 본능적 억압을 자기 씨족이나 집단에게 전달해 주는 가부장적 지배의 도덕은 그것이 그 집단 내의 젊은 세대에게 전달됨으로써 점점 더 확고해진다.

지배의 이러한 역학은 독재 체제에서 시작되어 반란으로 이어졌다가 해방을 위한 최초의 시도 이후에는 내재화되고 일반화된 형태, 즉 합리적인 형태로서의 부권의 재건으로 종식된다. 프로이트에 따르면 이것은 드문 형식이긴 하지만 문화와 문명의 전체 역사 속에서 반복된다. 사춘기에 이른 아들이 아버지에게 반기를 들다가 그 시기가 지난 후에는 반란을 그친다. 즉, 사회가 요구하는 본능의 억제를 자발적으로 시행하여 사회 구조 속에 통합됨으로써 자기 자신도 아버지가 되는 것과 같은 이치이다.

문명에 있어서의 지배 역학의 심리적 반복은 과거의 혁명역학순환 속에서 세계사적 표현으로 발견된다. 이러한 혁명은 거의 도식적인 발전을 한다. 즉, 반란이 성공을 거두게 되면 어떤 세력이 극한점으로 혁명을 이끌려고 한다. 이 극한점이란 양적으로 뿐만 아니라 질적으로도 변화된 새로운 여건을 만드는 출발점이 될 수 있다. 그러나 이 시기에 혁명은 대개 억압되기 마련이고 지배는 더 높은 차원으로 내재화되며 재확립되어 이어진다.

만일 프로이트의 가설이 정당하다면 우리의 사회적·역사적 테르미도르Thermidor : 불어로 11월이란 뜻. 프랑스에서 테르미도르 9일, 즉 1794년 7월 27일의 쿠테타에 의한 반동정치를 말한다와 더불어 과거의 모든 혁명에서 그것은 증명될 수 있을 것이다. 혁명은 외부로부터의 진압·역전·파괴만으로 이루어지는 것이 아니라, 아마도 개인의 내부에서 이미 내적인 해방과 충족의 가능성을 부정하고 외부의 거부 세력을 지지하는 역학이 작용하고 있는 것은 아닐까?

만일 본능의 억압이 프로이트의 가설에 따를 때조차 자연스러운 필연이 아니라면, 그것이 지배의 이익과 독재적 권위의 유지에다 근거를 두게 된다면, 그리고 억압적 현실원리가 단순한 역사적 원인의 결과일 뿐만 아니라 지배의 특정한 역사적 형식 이상의 것이라면, 사실상 우리는 프로이트의 이론을 결정적으로 수정해야만 한다. 본능의 억압적 수정이 지금까지 진보 개념의 주된 심리학적 내용을 이루어 왔는데, 그것이 자연스럽게 필연적으로 일어나는 것도 역사적으로 불변하는 것도 아니라면 그것은 명백한 한계점을 갖고 있기 때문이다.

이것은 본능적 억압과 진보가 그들 나름의 역사적 기능을 다하고 인간의 무력함과 상품의 부족이라는 환경을 조절·통제한 후 만인을 위한 자유사회의 실현이 가능하게 되었을 때 분명하게 드러날 것이다. 본능의 억압을 필요로 했던 과거의 생활 양식의 폐지가 문명의 발전으로 인해 역사적으로 실현 가능한 쪽으로 접근함에 따라 억압적 현실원리는 필요 없게 된다. 즉, 억압적인 진보의 성취가 억압적 진보원리 자체의 폐지를 예고한다.

그래서 금욕적 자제에서 유래한, 그것의 조건이 되는 생산성도 존재하지 않고 소외된 노동도 존재하지 않는 상태의 예견이 가능하게 된다. 노동의 기계화가 증대함에 따라 그 상태는 소외된 노동을 위하여 회수해야만 했던 본능적 에너지의 대부분이 원래의 형태대로 환원될 수 있다는 가능성을 시사해 준다. 다시 말해서 삶의 본능에 대한 에너지로 다시 전환될 수 있다. 그때부터 삶의 많은 부분을 차지하는 소외된 노동에 소비된 시간과 개인의 욕구 충족을 위해 남겨진 자유 시간이 단지 여가 시간이 되지는 않을 것이다.

그 대신 소외된 노동에 바쳐지는 시간은 최소한으로 줄어들 것이고, 나아가서는 그것마저 없어지게 될 것이고, 삶은 차츰 자유로운 시간만으로 이루어질 것이다. 여기에서 중요한 것은 그러한 발전이 현재의 여건이나 관계의 양적인 증가에 있지 않다는 것을 이해한다. 그 대신 질적인 면에서 차이가 있는 현실원리가 억압적인 현실원리를 대신하여 사회적·역사적 구조는 물론 인간의 정신 구조 전체를 변하게 할 것이다.

오늘날에 있어서조차 단지 이상향이라고 생각되어 거부당하는 이런 상태가 앞으로 계속 현실적인 것으로 다가왔을 때는 우리 눈앞에서 어떤 일이 일어날 것인가? 다소간의 총체적 자동화가 사회 조직을 결정하고 삶의 모든 영역까지 잠입해 들어 온다면 과연 무슨 일이 벌어질 것인가? 나는 될 수 있으면 그것을 프로이트의 개념에 의거해 생각하려고 한다. 첫째로 예상할 수 있는 것은 기계화된 노동으로 인해 자유로워진 본능적 에너지의 힘이 더 이상 비쾌락적인 일에 매달릴 필요가 없어져 다시 성적 에너지로 탈바꿈할 수 있다는 것이다.

또한 억압적 현실원리 때문에 차단되고 억제되었던 성적인 힘과 행동의 양식이 다시 원래대로 가동될 수 있을 것이다. 나는 이것이 억압적 현실원리에 의한 승화의 중단을 의미하는 것이 아니라, 오히려 재생된 성적 에너지가 문화 창조의 새로운 힘이 될 수 있다는 점을 지적하고 싶다. 하지만 그 결과가 범성욕주의를 의미하는 것은 아니다. 범성욕주의란 비억압적인 본능적 에너지의 충족으로서가 아닌 억압에 의한 본능적 에너지의 폭발이기 때문이다.

성적 에너지가 진실로 자유로워질 수 있다면 이것은 단순한 성욕의 범주에서 탈피하여 유기체의 모든 행동 양식과 차원과 목표를 결정하는 힘이 될 것이다. 즉, 유기체가 억압적인 현실원리하에서는 인정할 수 없었던 사항을 인정할 수 있게 되는 것이다. 행복한 세계 속에서의 만족을 얻기 위한 노력은 바로 인긴의 생활이 발전하는 원리가 될 것이다.

비억압적인 진보원리의 가치 서열은 거의 모든 수준에서 억압적인 진보원리의 가치 서열과는 정반대로 결정될 수 있다. 인간의 기본적인 경험은 더 이상 생존 경쟁으로서의 경험이 아니라 삶의 향유로서의 경험이 된다. 소외된 노동은 인간의 능력과 힘의 자유로운 발현으로 전화된다. 그 결과 선험적인 것들은 모두 사라지게 되고, 자유는 이제 더 이상 영원히 실패로 끝나기만 하는 계획은 되지 않을 것이다.

생산성이란 수용성과의 관련하에서 한계지어진다. 삶은 끝없이 뻗어가기만 하고 채워지지 않는 과정으로서가 아니라, 지금 있는 것 그리고 앞으로 있을 것들과 함께 하는 생활이나 실존으로서 경험되어질 것이다. 시간은 하나의 연속선이나 상승곡선 같은 일직선상의 것이 아니라, 니체의 '쾌락의 불멸성'의 관념에 담겨 있는 반복처럼 순환성을 띠게 된다.

비억압적인 진보원리가 그 자체의 가치 서열과 함께 근본적인 의미에서 보수성을 지닌다는 것은 명백한 사실이다. 다름 아닌 프로이트 자신도 본능이 실제로 원하는 것은 끝없고 영원히 채워지지 못하는 변화도 점점 더 높아져서 도달할 수 없는 것의 추구도 아니며, 모든 욕구가 만족스럽게 채워질 수 있을 때라야만 새로운 욕구가 나타나게 되는 그런 안정되고 조화로운 상태이다.

그러나 만약 본능의 보수 성향에 의거해서 만족을 얻기 위한 노력이 비억압적 진보 원리하에서 실제로 충족될 수 있다면 그 가능성에 대한 주된 반론 중의 하나가 설득력을 잃고 말 것이다. 즉, 그 주장은 인간이 일단 안정된 상태에 도달하면 그때부터는 일에 대한 의욕을 상실할 것이며, 일을 하지 않고도 얻을 수 있었던 것에 대한 지루하고 정적인 향유만이 생각나게 될 것이라는 것이다.

그러나 실제로는 오히려 그 정반대의 현상이 일어난다. 일에 대한 자극은 더 이상 필요 없게 된다. 만약 일 자체가 인간 능력의 자유로운 발현이라면 인간으로 하여금 일을 하도록 강요하기 위한 괴로움도 없을 것이기 때문이다. 그들은 자기 스스로 자신들의 욕구를 충족시키기 위해서, 또 만족스러운 생활을 누릴 수 있는 더 나은 세상을 만들기 위해서 한다.

비억압적 진보의 원리에 의해 좌우되는 문명이라는 가설이 바로 서구사상의 전통에 젖은 사상가들에 의해 제시되었던 사실은 주목할 만하다. 그 사상가들은 어느 모로 보아도 관능성, 범성욕주의 혹은 허용될 수 없는 급진적 성향의 해방을 위한 대표자나 지지자로는 생각될 수 없기 때문이다.

두 가지만 예를 들어 보겠다. 실러는 〈인간의 심미적 교육에 관하여〉라는 편지에서 이성과 감성이 조화를 이룬 미적·감각적 문명이라는 용어로써 프로이트가 윤곽을 잡아 놓은 사상을 심화시켰다. 거기서 중요한 것은 노동을 진정한 삶의 목표로서 인간이 가치를 둘 만한 유일한 존재 양식으로서, 또 인간 능력의 자유로운 발현으로서 변형시켜 놓은 사상이다.

실러는 최고조까지 발달한 지적·정신적 능력이 인간의 욕구를 만족시키기 위한 물질적 수단이나 물질의 존재와 병행될 수 있는 문명의 단계에서는 이러한 사상이 실현될 수밖에 없다고 강조했다. 범성욕주의와 정당화되지 않은 본능 해방의 대변자인 실러보다 적어도 전통적으로는 가장 억압적인 사상가의 한 사람인 플라톤도 이러한 사상을 보다 급진적으로 표현했던 것 같다.

그것도 그의 저술 중에서 가장 억압적이고 전체주의 사상이 다른 어떤 것보다 자세히 제시된 저서에 표현되어 있다. 그는 다음과 같이 말하고 있다그 논지는 실제로 가장 가치 있는 삶의 방식이 어떠한 것이냐에 관한 것이다.

아무튼 내가 말하고 싶은 것은, 우리는 심각한 것들을 위해 심각성을 보존해야만 하며 사소한 일에다가 그것을 마구 써 버려서는 안 된다는 것입니다. 신은 사실상 은혜롭고 진지한 모든 노력의 목표이지만, 우리가 전에 말했듯이 인간이란 신을 위한 '놀이'로 만들어졌으며, 이것이 실제로 인간에게 있어서의 최선이라는 사실입니다.

그러므로 남녀를 막론하고 우리의 역할에 동의를 해야만 하며, 일반적인 이론과는 정반대로 가능한 한 완벽하게 우리의 역할을 수행하는 데 인생을 바쳐야 합니다. 우리의 중대한 일은 놀이를 위해서 행해져야 한다는 것이 나의 최근의 생각입니다.

그래서 전쟁이란 평화를 얻기 위해 잘 치러져야만 하는 중대한 일이라고 생각되기도 합니다. 그러나 막상 전쟁에서는 그 이름에 걸맞은 어떤 진정한 놀이나 교육도 찾아볼 수 없으며, 앞으로도 우리가 찾지 못하리란 것은 분명한 사실입니다. 그리고 이러한 것들이 우리 같은 피조물에게 있어서는 매우 심각하다는 것입니다.

그래서 우리들 각자는 인생의 대부분을 평화 속에서 누려야 하고 삶을 훌륭히 영위해야 합니다. 그렇다면 우리가 나아가야 할 올바른 길은 무엇입니까? 우리는 하늘의 은총을 누리고 필요할 때면 적과 싸워 퇴치시킬 수 있는 능력을 가졌기 때문에 성찬이나 노래·춤과 같은 놀이를 하면서 우리의 인생을 보내야 합니다.[2]

그 대담자는 우리와 똑같은 반응을 정확히 보였다. 그는 다음과 같이 말하고 있다.

"…… 당신은 우리 민족을 과소 평가하고 있을 뿐입니다."

그에 대해 플라톤은 이렇게 대답하고 있다.

"그것으로 놀라지는 마십시오, 메기루스 씨. 나를 용서해 주십시오. 저는 마음의 눈으로 하느님을 보았고, 제가 방금 말한 대로 느꼈습니다."

바로 이 점에 있어서 그가 가장 인간다운 존재 양식인 동시에 삶의

---

2) 《대화》플라톤, p.1375

주된 내용인 놀이와 이 놀이로서의 노동을 의식적으로 자극적인 형식으로 정의하고 찬양했을 때는 다른 어느 때보다도 그의 자세가 더 진지했으리라는 것은 명백한 사실이다.

결론적으로 나는 다음과 같은 비난에 대해 내 자신을 변호하고 싶다. 그 비난은 내가 여기서 제시한 행복과는 전혀 관계가 없을 뿐만 아니라 오히려 그 반대이다. 그리고 그 비난은 앞으로도 변함없이 지속될 것이라고 예견되는 현실 속에서 살고 있고, 이런 조건에 놓여 있는 현대 산업사회가 이전에 그의 발전을 주도해 온 억압적 현실원리를 필요로 하지 않는 이상향으로 발전한다고 하는 것은 모두 커다란 잘못이며, 오히려 무책임하기까지 하다.

그에 대해 내가 분명하게 말할 수 있는 것은 이러한 이상향과 현실의 차이가 더 벌어지지는 않는다는 것이다. 단지 그 간격이 현실의 한계를 드러내고 있을 뿐이다. 본능에 대한 금욕적 자제나 부정의 필요성이 생물학적으로나 사회적으로 줄어들면 줄어들수록 인간은 그들로 하여금 자발적인 사회적 잠재력의 실현을 불가능하게 하는 억압적 정책의 도구가 되어야 한다.

그러므로 오랫동안 실현 가능성이 있다고 생각되었던 이상향의 조건이나 가능성을 이제 와서 비난하기보다는 실제로 현실적인 기반을 갖고 있는 이상향을 그대로 묘사해 주는 것이 오히려 오늘날에 있어서는 덜 무책임한 행동이 될지도 모른다.

제 3 장

프로이트 학파의
인간 개념의 퇴조

수정주의적 발전뿐만 아니라 정통적 발전에 있어서도 프로이트 이론의 기초 가정 중의 몇몇은 그것들의 목적에 비추어 그 정도가 확실히 퇴조했다. 즉, 이드·자아·초자아의 실현물로서의 '개인'은 사회적 현실에 있어서 필요 없게 되었다. 현실사회의 거듭되는 발전에 따라 프로이트적 모델은 그의 정신분석의 특질을 더 이상 나타내지 않는 사회 원자로 바뀌었다.

이러한 인간의 변화와 이론과 치료 사이의 차이는 여러 학파의 정신분석 연구가 계속되어 사회의 이곳저곳으로 확대되었다. 치료는 개인보다는 조직에 더 영향을 미치고 있는 듯한 상황에 처하게 되었다. 그렇다고 정신분석의 진리 자체가 무용하게 된 것은 아니고 그 대상의 필요성이 없어짐에 따라 현실적으로는 그것이 퇴조했다고 밝혀졌다. 따라서 정신분석학은 선진 산업사회의 정치학에 새로운 빛을 투사하게 되었다.

이 장에서는 정신분석학의 기본 개념과 그 자체의 사회적·정치적 내용을 명백히 밝힘으로써 정치사상에 대한 정신분석학의 공헌에 관해 요약하고자 한다. 정신분석학의 범주는 사회적·정치적 조건과 단순히 '관련된' 것뿐만 아니라, 그 범주 자체가 정치적·사회적 영역에 걸쳐 있다.

비판적이고 관리적인 기능에 있어서 정신분석학은 부정적인 동시에 긍정적이고, 또한 효과적인 정치적·사회적 기구가 될 수 있다. 프로이트는 정치적·사회적인 통제의 수단을 심오한 본능적 충동과 충족의 차원에서 발견했기 때문이다. 흔히 프로이트 이론은 그 정당성에 있어서 파시즘 이전의 수십년 동안 빈Vien의 중산층 사회에 크게 의존하고 있다고 말해진다.

그 시대는 바로 세기의 전화기로서 19세기와 20세기 사이에서 1, 2차 세계대전 사이의 시기까지를 말한다. 이런 단순한 상호관계 속에 진리의 핵심이 들어 있지만, 그 지리적·역사적 규정은 잘못된 것이다. 완숙기의 프로이트 이론은 현재보나는 과거에 중심을 두고 있다. 그는 인간의 현재 모습보다는 사라지고 있는 모습을, 그리고 인간실존의 사라지고 있는 형태를 중요시했다.

프로이트 역학적 정신 구조를 다음과 같이 설명하고 있다. 즉, 정신적 구조는 이드와 자아, 자아와 초자아, 쾌락원리와 현실원리, 에로스와 타나토스 같은 서로 적대적인 힘 사이의 삶과 죽음의 투쟁이며, 이 투쟁은 전적으로 개인은 개인 자신에 의해, 육체와 정신은 육체와 정신에 의해 수행되고 있다. 정신분석가는 침묵하고 있는 이성의 대변인으로서 행동한다.

그는 환자 내부에 존재하는 정신적 능력과 재능을 활성화시킨다. "이드는 자아가 된다."

이 말에는 무의식적인 '불가능한' 충동이나 목적을 배제하는 정신 분석학의 이성적이고 합리적인 계획이 내포되어 있다. 개인이 실현 불가능한 쾌락원리의 요구를 포기하고 현실원리의 요구에 응하는 것, 또는 에로스와 타나토스간의 균형을 유지하는 것은, 다시 말해서 그의 본능적 충동을 만족시킬 수 없는 — 그를 더 이상 행복하게 해 줄 수 없는 사회에서 살아나가는 것과 같은 의미이다. 이것은 모두 그 자신의 이성의 힘에 의해서 이루어진다.

나는 이 개념이 더 이상 존재하지 않는 사회적·정치적 조건에 근거를 두고 있음을 시사해 주는 두 가지 요소를 강조해 두고 싶다. 첫째로, 프로이트는 시종 개인과 사회의 융합할 수 없는 갈등을 전제로 하고 있다. 둘째로, 프로이트는 이런 갈등에 대해 개인적인 인식을 중요시한다. 또한 환자에 있어서의 안정을 바라는 필수적인 욕구도 개인적 인식을 전제로 하고 있다.

둘 다 주어진 사회에서 정상적으로는 가능하지 않은 일들이다. 갈등은 환자의 개인적 배경뿐 아니라, 일차적으로 확립된 현실원리 하에서의 개인의 일반적이고도 보편적인 운명에 뿌리를 두고 있다. 개체발생적인 사례들의 역사는 특이한 형식을 통해 계통발생적 역사를 되풀이한다. 오이디푸스 상황의 역학은 모든 아버지와 아들 사이의 숨겨진 모습일 뿐만 아니라, 문명의 정복과 실패로 인한 인간에 대한 인간 지배의 비밀이다.

그것은 오이디푸스 상황 속에 사회를 지배하는 현실원리의 개인적이고도 본능적인 뿌리가 있다. 치료는 거의 개인적 불행과 일반의 불행 사이의 내적 연관성을 인식하는 것에 의해 결정된다. 자신이 불행하다고 느끼고 있는 개인은 자신이 불행하다는 의식을 갖고 있음으로써 계속 불행을 느낀다. 그러나 그는 아버지에 대한 죄의식과 사랑, 그리고 아버지의 일을 계속 이어나가고 확장해 가는 아버지의 계승자로서 권위에 대한 옳고 그름을 인식하는 단계까지 '해방되어' 치유된다.

그리하여 리비도에 의한 유대는 개인을 사회에 계속 복종케 해 준다. 즉, 그는 타율성에 의해 조종되는 세계 안에서 상대적 자율성을 얻게 된다.

이러한 개념을 무용한 것으로 만든 역사적 변화는 무엇인가? 프로이트에 따르면 개인과 사회의 운명을 건 갈등은 먼저 아버지와의 대결 속에서 경험되고 수행된다.

그리고 이 과정에서 에로스와 타나토스 간의 보편적 투쟁이 폭발하여 개인의 발전을 좌우한다. 현실원리에 대한 쾌락원리의 예속을 강요하는 것은 바로 아버지이다. 그런 까닭에 반란과 성숙의 도달 상태란 아버지와의 분쟁 단계이다. 그래서 인간의 일차적인 '사회화'는 어린이가 갖는 자율성과는 별도로 전적으로 가속의 임무에 속하게 된다. 인간은 사생활을 보장받을 수 있어야만 자아가 형성되고 발전된다.

그래야만 타인과 공존하면서도 그들과는 구별되는 자신이 될 수 있다. 인간은 모든 억압과 자유가 내재화된 행동으로 이루어진 살아 있는 매개물이다. 개인의 자아와 초자아가 현실원리의 대표격인 아버지와 대립하는 가운데 이루어졌던 이 상황은 명확한 역사적 근거를 가지고 있다.

따라서 1, 2차 세계대전 사이에 형성된 산업사회 내의 변화와 함께 종식되게 되는데, 그 대체적 경향은 다음과 같다. 자유경쟁에서 조직화된 경쟁으로 전환하게 되며, 여러 곳에 고르게 존재했던 기술적·문화적·정치적 권력이 행정부로 집중하게 되며, 자기 추진적인 대량 생산과 소비가 이루어지며, 개인적이고 초사회적이던 존재의 철저한 세뇌와 조종 통제에 대한 종속 등이 그것이다.[1]

사회의 이러한 변화가 어느 정도까지 프로이트의 이론적 기반을 뒤흔들어 놓았는가를 명확히 하기 위해서 여러 가지 변화 양상 중에서 특히 인간 정신이나 사회 구조에 영향을 끼쳤던 두 가지만을 강조하고 싶다.

첫째, 아버지와 그의 지배하에 있는 가족이 정신적 사회화의 중요한 담당자였던 고전적 정신분석의 모델은 개인의 사회화에 대한 대중 매체·학교·운동 단체·폭력 집단 등을 통한 사회의 직접적인 참여로 정당성을 잃고 있다.

둘째, 이러한 아버지의 역할 몰락은 개인적이고 가족적인 생활의 몰락에서 기인한다. 다시 말해서 개인이 생계를 유지해 나가는 데 있어 아버지와 가족에 대한 의존도가 점점 감소하고 있다. 사회생활에 필요한 행동이나 본능의 억압이 아버지와의 투쟁 과정에서 자연스럽게 습득되거나 내재화되지 않고[2] 자아가 그 자신과 타인 간의 개인적이고도 자율적인 매개 주체가 된다.

이러한 변화로 말미암아 개인의 자아의 활동 영역이나 자율성이 줄어들고 대중 형성의 토대가 만들어진다. 자신과 타인 간의 직접적인 매개에 의해 동일화의 길이 열린다. 사회 구조적으로는 개인이 관리의 의식적·무의식적 주체가 되어 그러한 주체로서의 역할 안에서 자유와 만족을 얻게 되지만, 정신적으로는 자아가 자신을 더 이상 지탱할 수 없을 정도까지 위축된다.

---

1) 《1차원적 인간 : One Dimensional Man》H. 마르쿠제, 1964년
2) 《집단심리학과 자아의 분석》, 1949년, pp.91, 103

인간이 자율과 타율, 쾌락과 고통, 자유와 억압 사이의 자신의 균형을 믿고 유지해 오던 다면적 역학은 타인 및 현실원리와 개인 간의 일면적·정적 동일화로 전환하게 되었다. 프로이트에 의해 제기된 정신과정은 이러한 일면적 구조 속에서는 더 이상 발붙일 공간이 없다.

따라서 정신분석에 있어서의 피분석자는 과거와는 사뭇 달라졌으며, 정신분석학의 사회적 기능도 사회에 의해 생산·재생산되는 정신구조 내의 순화에 의해 크게 변화되었다. 그러나 프로이트의 견해는 이와는 조금 다르다. 그에 의하면 인간의 가장 기초적인 정신 과정과 갈등은 특정 사회의 구조에 영향을 받는 역사적인 것이 아니라, 보편적이고 영원한 것이며 운명적이라는 것이다.

그렇다면 인간의 다면적 정신 과정과 갈등은 다른 차원으로 변화된 것이 아니라 다른 형식 속에 내재해 있어야만 한다. 새로운 사회구조를 규정짓는 대중의 행동이나 현실원리의 복종을 강요하는 시도자와의 관계 속에서는 특히 더 그렇다. 여기에서 말하는 지도자란 전체주의 국가에 있어서의 지도자만이 아니라, 전체주의적 민주주의 국가의 통치자도 포함된다.

그리고 '전체주의적'이란 말은 기성사회에 대한 반항을 다원적이고 폭력적인 방법으로 흡수하는 것을 의미한다. 그리하여 프로이트의 고전적 자아형성의 모델은 다음과 같은 방향으로 그 조건을 변모시켰다. 《집단심리학과 자아의 분석》이라는 저서에서 그의 정신분석학은 개인심리학에서 집단심리학으로, 즉 대중의 구성원으로서의 개인에 대한 분석과 집단정신으로서의 개인의 정신에 대한 분석으로 이행하게 되었다.

프로이트의 이론은 초기부터 특수한 것 속에 존재하는 보편적인 것과 개인의 불행 속에 존재하는 일반적 불행을 내포하고 있었기 때문에 그러한 이행은 필연적인 것이었다. 그의 자아에 대한 분석은 양심과 책임감이 투사되어 있는 대중으로서의 개인에 대한 분석과 정신 영역으로부터 완전히 배제되어 외부로부터 구현되는 정치적 분석으로 변화했다.

여기에서는 자아의 역할 중 가장 중요한 기능을 대신 담당하려는 담당자가 바로 지도자가 된다. 지도자는 집단적 자아이상에 의한 개인들의 지도자와의 동일화나 개인 자신의 내부에서 일어나는 심리 현상을 통해 개인들을 통일시킨다. 여기에서는 대중 형성에 관계된 개인의 복잡한 심리 과정을 모두 논의할 필요는 없기 때문에, 그 중에서 자아분석의 무용성이 프로이트 집단 심리학에까지 적용될 수 있는가의 여부를 판가름해 주는 내용만을 선택해서 언급하기로 하겠다.

프로이트의 집단심리학에 의하면 개인들을 대중으로 묶어 주는 유대는 리비도적 관계이다. 그러한 유대는 목적이 억압당한 충동이나 빈곤하고 허약한 자아에서 비롯되며, 이것은 바로 원시충족으로의 퇴보를 의미한다. 프로이트는 교회와 군대라는 거대한 인위적 대중을 예로 들어 이 같은 특징을 추출해 냈다. 문제가 되는 것은 과연 그의 분석의 결과 중의 어느만큼이 선진 산업사회에 있어서의 대중 형성에 적용될 수 있는가 하는 것이다. 이 점에 관해 나는 새로운 제안을 하고 싶다.

프로이트에 따르면 선진 산업사회의 규모가 큰 대중 형성에 있어서 가장 근본적이고 보편적인 요소는 선진 문명을 원시적 종족의 그것으로까지 소급시키는 원시적 정신 활동으로의 특수한 퇴행이다. 프로이트는 이러한 퇴행의 특징을 다음과 같이 열거하고 있다. 개인 특유의 인간성 위축, 사고와 감정의 획일화, 감정과 무의식의 우세, 즉 각적인 행동 등이 그것이다.

이러한 양상은 개인적 자아이상의 집단적 자아이상으로의 대치를 의미하는 것으로 선진 산업사회에서 실제로 일어나고 있는 일들이다. 타인과 자아의 동일화는 자아가 외부의 전달 사항에 개방되어 있음을 의미한다. 집집마다 높이 솟구쳐 오른 TV 수상기, 해변에 널려 있는 트랜지스터 라디오, 식당에 있는 주크박스jukebox : 요금을 넣고 단추를 누르면 자기가 원하는 레코드가 연주되어 나오는 기구 등은 바로 절망의 외침이다.

즉, 그것은 타인과 함께 있겠다는 위대한 사람들로부터 떨어져 있지 않겠다는 몸부림인 동시에 자신의 공허함이나 적대감, 또는 망상의 운명에서 벗어나려는 절망적 외침이다. 이 외침은 타인을 가차없이 삼켜 버린다. 그리고 아직까지 자신의 자아를 지키려고 노력하는 사람들까지도 결국 비극적인 운명에 휘말리게 한다.

자아의 퇴행은 의식과 양심이라는 비판적인 정신 능력의 약화 속에서 보다 운명적인 형식으로 진행된다. 전체적으로 관료화된 조건하에서는 개인적인 양심과 책임은 객관적으로 감소될 수밖에 없다. 이런 조건하에서는 자율성의 판단이나 분배가 어렵게 되며 조직의 기구가 개인의 자율성을 대신한다. 그러나 이런 기존의 관념 속에는 강력한 이념적 요소가 내포되어 있다. 관료제라는 용어는 매우 경직된 느낌을 갖게 한다.

그리고 지배와 착취의 관료제는 중요한 개인적 욕구의 발전과 충족을 계획적으로 지향하는 '사물관리'의 관료제와는 전혀 다르다. 선진 산업사회에서 사물의 관리는 아직까지도 지배의 관료제하에서 이루어지고 있다. 여기서 개인의 기능은 완전히 기구로 이행하게 되며 양심의 불합리한 이동과 의식의 억압이 수반된다.

정신분석학은 사람들이 너무나 쉽게 자신들의 운명적 종말을 예고하는 전체적 관리에 동화되어 버리고 마는 것을 설명하기 위해 긴 과정을 거치게 된다. 아들이 대중 매체가 원하는 대로의 사상이나 삶의 지식을 갖추게 되고 가족과 아버지의 권위로부터 벗어나게 되면 그는 스스로의 인생길을 개척해야만 한다. 그리고 그들이 가족 내에서 누렸던 자유가 축복보다는 의무였다는 사실을 알게 된다.

타인과 별다른 대립 없이 자란 자아는 권력에 대항하기에는 너무나 무력한 존재가 된다. 선진 산업사회가 발전해 나가는 데 있어서 자율적 자아가 방해물이 되면 될수록 자아의 발달은 자아의 '부정적 힘'에 의존하게 된다. 그러나 자아를 부정하는 힘은 다음과 같은 이유에서 단점을 가지고 있다. 즉, 자아의 즉각적·외적 사회화와 자유시간의 통제 관리와 개인적 사생활의 대중화가 그것이다.

타율적 세계에서 주체성을 잃지 않으려고 노력하는 자아가 부정적 힘을 빼앗기게 되면 심리학적 질병의 치료에 온 힘을 기울이게 되고 타인과 자신의 동화에 필요한 행동양식과 사고양식에 굴복하게 된다. 그러나 자신보다 우월하다는 느낌이 드는 타인이나 경쟁자는 본능적 적대감을 유발시킨다.

그리하여 공격적 힘이 활동하게 된다. 그러나 의무의 이행을 지향하는 자아의 이상이 공격적 힘의 활동을 억제한다. 이것은 도덕적 양심을 몰아내는 것을 의미하는 것이 아니라 공격을 자아이상의 외부의 적으로 인식한다. 그래도 개인들은 본능적으로 공격성을 수반하게 되며, 이에 반대되는 영구적인 동원動員과 함께 인위적인 죽음과 손상에 대한 조직적 친밀성을 요구하는 그들 자신의 정치적·사회적 필요성도 느끼게 된다.

이들은 자신의 자아이상을 스스로의 힘에 의한 것이 아니라 국가적 혹은 초국가적 목적이나 이들 제도화된 대변인과 같은 모든 타인의 공통적이고 외적인 자아이상에 입각해서 평가·파악한다. 현실원리는 인간의 사생활을 일괄적으로 만드는 일상의 매체를 통해서뿐만 아니라, 어린아이들, 동등한 집단들, 동료들, 법인체 등을 통해서 자아적 양심이 형성되며, 그 나머지는 탈선이라든가 주체성의 위기 또는 개인의 고민 등의 양상을 띠게 된다.

이러한 것들이 무자비한 힘에 의해 강요되는 것은 아니다. 그리고 의식적 단계에 접어들기 이전에 개인의 내부나 외계와의 조정이 이루어지므로 양자간에는 깊은 조화가 이루어진다. 개인은 획득하고자 하는 것을 외부에서 자신의 힘으로 얻어내며, 가족이 비록 어린이의 사회화의 주역이 아닐지라도 집단 자아와의 동일화는 유년기에 일어난다. 가족은 사회화에 있어서 오히려 부정적 조건이다.

어린이의 정신적·육체적 행동은 아버지에 의해서가 아닌, 유희 집단·이웃·친구·스포츠·영화 등에 의해 형성된다. 이와 같은 변화는 경제 구조의 변화와 깊은 관련이 있다. 과거에 아버지가 담당해 오던 모든 것들의 변화, 즉 가족법의 변화와 쇠퇴, 전통적인 기술과 지위의 중요성 감소, 일반적인 교육의 필요성, 전문가와 기업 및 노동 조직의 복학적인 기능의 증대 등은 아버지의 계승자로서의 초자아에 대한 정신분석학적 이론을 점점 약화시키고 있다.

선진 산업사회의 대도시 주민들은 더 이상 아버지의 이미지에 얽매여 있지 않다. 프로이트적 인간 개념에 입각한 현대 대중사회의 해석을 쓸모없게 만드는 것이 바로 이러한 변화들이다. 프로이트의 개념에 따르면 자아이상은 아버지의 이미지를 지닌 지도자에게도 이전되어야 하며, 지도자는 통일적 담당자로서이 역할을 수행해야 한다.

더구나 대중의 구성원들과 지도자, 그리고 구성원들 서로를 연결시켜 주는 리비도적 유대는 아들이 아버지에 의해 억압당하고 아들이 아버지를 두려워하는 원시 종족사회의 상황에 대한 이상주의적 변형이라고 여겨 왔다. 그러나 파시즘의 지도자들뿐만 아니라, 스탈린을 비롯한 그 후의 최고 지도자들에게서까지도 아버지의 계승자다운 면모는 찾아볼 수 없다. 아무리 이상화시키려 해도 결과는 마찬가지이다.

파시스트나 스탈린 이후의 최고 지도자들이 모두 같은 정도의 억압이나 사랑을 받은 것은 아니다. 이런 종류의 평등은 민주주의나 권위주의 그 어디에서도 찾아볼 수 없다. 프로이트는 분명히 많은 사람들의 공통된 경향이 지도자라는 실제 인물 속에 나타나는, 또는 이념이나 추상화가 지도자의 대체물이 될 수 있는 가능성은 배제하지 않았다.

자본주의나 공산주의 또는 국가적 목적이나 단순한 자유 등이 모두 그러한 추상개념이 될 수 있다. 그러나 이것들이 리비도적 동일화에 도움을 주는 것은 아니다. 현대사회가 불안정의 상태에 처해 있음에도 불구하고 사령관은 통일을 위한 주력의 역할을 하는 군대와 현대사회를 비교하려고 하지 않는다. 어느 국가에나 지도자가 있기 마련이지만 아무도 프로이트가 말하는 이미지와 부합되는 인물은 없다.

이런 견지에서 볼 때 정신분석학적 대중론은 더 이상 설 땅이 없다. 우리는 과거의 정신분석학에서는 예상하지 못했던 현실에 직면하고 있고, 이 상황에서 개념이란 별로 쓸모가 없다. 이런 사회에서는 가공할 만한 양의 파괴적 에너지가 방출될 수도 있으며, 권위와 양심의 대표물인 아버지로부터 벗어난 공격성이 광폭해져서 집단을 붕괴시킬 수도 있다.

그러나 우리의 상황은 이와는 다르다. 그 대신 우리는 아버지와는 다른 효과적 현실원리의 담당자를 찾아내어 새로운 사회를 이룩하게 된다. 그렇다면 과연 이 담당자들은 누구인가? 프로이트의 개념 안에서 이들을 찾아낼 수는 없다. 그것은 사회가 이미 정신분석이론이 개인의 정신 구조 속으로 침투해 들어가 개인 속에 있는 사회적 통제 기구를 밝혀 내는 단계를 넘어섰기 때문이다.

정신분석학의 기초 개념은, 사회적 통제가 개인의 권위에 대항해서 자아의 내부에서 일어나는 본능적 욕구와 사회적 욕구 사이의 투쟁 속에서 나타난다. 따라서 가장 객관적이고 비인격적이며 복잡한 사회적·정치적 통제조차도 인간으로 구현되어 있어야 한다. 구현이란 말은 단순한 상징이나 유추가 아니라 글자 그대로 실제로 나타나는 것을 의미한다.

그러므로 지도자는 피지도자와, 지배자는 피지배자와, 주권자는 국민과, 주인은 노예와 본능적 유대에 의해 결속되어 있어야 한다. 아니 실제로 결속되어 있다. 우리는 선거운동이나 행상인들의 심리 등을 통해 그 실례를 찾아볼 수 있다. 그러나 여기서 나타나는 것이 구태여 아버지의 이미지일 필요는 없으며, 정치·텔레비전·스포츠에 있어서의 유망주나 스타들로 대체할 수도 있다.

기존 체제에 비추어 생각해 보더라도 이러한 값비싼 선전은 너무 낭비적이 아닐까 하는 의문이 생긴다. 아무튼 이러한 대체 가능성은 인격 혹은 인물로서의 그들을 자아이상의 구현물로서 사회적 응집력을 쌓는 과정에서 담당한 중요한 역할만으로 볼 수는 없다는 것을 암시하고 있다. 인류의 많은 지도자들은 한 인간으로만 간주될 수 없는 최고의 권위에 올라 있는 사람들이다.

여기에서 말하는 권위란 일단 정해진 방향으로 움직이기 시작하면 지도자들과 추종자들을 삼켜 버리는, 그러면서도 주인과 노예 사이의 명백한 차이점을 없애지 않는 현대의 우세한 생산 기구의 권위를 말한다. 이 기구에는 생산과 분배의 모든 물리적 시설물과 이에 투입된 과학과 기술, 이들의 과정을 지속시켜 주고 밀어주는 사회적 노동 분업 등이 포함된다.

기구 자체는 비록 자연적일지라도 인간에 의해 조직되는 것임에 비해 그들의 목적 달성의 수단은 기구의 유지·확대·보호를 위한 조건에 의해 결정된다. 따라서 이전의 역사적 단계의 특질인 생산력에 대한 의존과는 질적으로 다른 상실이다. 그리고 거대한 관료제의 기업 체계에서 개인의 책임은 국가 및 국제 경제의 특정 기업에서의 경우와 마찬가지로 타인의 책임과 서로 얽혀 있고 분산되어 있다. 개인을 현대사회의 대중으로 귀속하게 하는 자아이상은 바로 이러한 분산 속에서 나타난다.

자아이상은 여러 권력의 엘리트나 지도자나 우두머리를 무시함으로써 기구를 움직이며, 인간 및 물질적 대상의 행동을 결정하며, 또 그러한 법칙 속에서 구현된다. 그래서 보다 많은 생산성을 내기 위한 규칙이나 도덕률 및 기술적 규칙이 하나의 효과적인 통일체가 된다.

현대의 생명 없는 물상화의 세계 속에서 프로이트의 지도자 이론이 그 빛을 잃어 가는 것은 사실이지만 모든 지속적인 문명화된 공동체는 비록 무자비한 테러에 의해서는 아닐지라도 적어도 상호 동일화라는 리비도적인 관계에 의해서 결합되어야 한다는 견해는 변함이 없다. '추상적' 개념은 이제 더 이상 리비도적 집중의 대상이 되지 않으며, 구체적 기구가 그 자리를 대신하고 있다. 이러한 예로 자동차를 들 수 있다.

그러나 만약 자동차가 — 혹은 다른 기계가 — 차량이나 승화되지 못한 성적 만족을 위한 사용 가치보다도 리비도적 집중의 대상으로 인정된다면 그것은 오히려 대체 충족물이 될 것이다. 프로이트의 이론에 의하면 객관적이고 직접적인 억압과 약해진 자아에 대한 현실원리의 강요는 삶의 본능 — 에로스 — 의 쇠퇴와 파괴적 에너지의 증대를 포함하고 있다.

그리고 오늘날 고도로 산업화된 사회에 있어서의 우세한 정치적·사회적 조건에 의해 활성화된 파괴적·공격적 에너지는 집단의 외부에 있는 공동의 적대물에서 구체적이고 인격화된 대상을 발견하게 된다. 공산주의는 자본주의와 비교해 볼 때 훨씬 더 자아이상과 현실원리의 확립을 부정하고 현실원리의 확립을 방해하는 대중화와 동일화에 대해 강한 흡인 요인을 갖는다.

리비도적 에너지를 능가하는 공격적 에너지는 이런 형태의 사회적·정치적 결속 속에서 하나의 본질적 요소로서 나타난다. 그리고 이런 형태의 사회에서는 산업사회의 비인간적인 계급 질서가 개인에게 인격적으로 집중될 수도 있다. 여기에서 본능적 집중 — '부정적인' 공격적 집중 — 의 대상이 되는 것은 인격화된 목표물로서의 적이다. 왜냐 하면 적에 대한 이미지는 매일매일의 선전과 정보 속에서 구체적이고 즉각적으로 — 인도적이거나 아니면 비인도적으로 — 변하기 때문이다.

따라서 적으로 인식되는 것은 공산주의, 즉 어떤 '추상적인' 사회체제와 고도의 콤플렉스가 아니라, 위협자로서의 공산주의·공산당

원·F. 카스트로Fidel Castro : 쿠바의 정치가. 1955년 멕시코로 망명했다가 그 이듬해 혁명군을 이끌고 쿠바에 상륙하여, 1959년 바티스타Batista 정권 타도에 성공하고 수상이 됨·스탈린·중국 등과 같이 결속되어 있는 대중 형태에 대항하는 매우 인격화된 권력이다. 적은 그의 본체인 추상 개념보다 더욱 구체적일뿐만 아니라 더욱 탄력적이고 일시적일 수 있고 각각의 사회적 집단의 흥미 및 수준과 일치하여 좌익분자·지성인·외국인· 유대인 등과 그와 유사한 많은 미움받는 구현물들과 닮을 수 있다.

정신분석학의 개념에 의거해 정치적 조건을 해석한다고 해서 자명한 사실이 없어지지는 않는다. 확실히 공산주의는 민주주의에 대해 위협적인 존재이다. 그래서 민주주의는 자신의 체제 방어를 위해 가능한 모든 정신적·물리적 자원을 동원해야만 한다. 원자 및 자동화 기술 분야에 있어서 그러한 동원은 분명히 과거의 보다 원시적이고 개인적인 '사회화'의 형태를 붕괴시킨다. 이러한 발달의 이해를 위해 우리에게 심층심리학이 필요하다는 사실은 명백하다.

그러나 그것은 적에 대한 이미지의 압박과 대중 확산의 관점에서, 그리고 사람들의 정신적 구조에 영향을 준다는 관점에서 필요한 것처럼 보인다. 다시 말해서 정신분석은 정치적 사실이 아닌, 이러한 사실로 고통 받는 사람들에게 그들이 하는 것을 명백히 해 줄지도 모른다.

제재를 받지 않는 대중 형성의 가장 큰 위험은 바로 이러한 형성에 의해 활성화된 파괴적 에너지의 양이다. 오늘날의 선진 산업사회에서는 더 이상 이러한 위험의 확산을 거부하거나 감소시킬 수 없다.

핵무기나 암암리에 진행 중인 군비 경쟁은 바로 이러한 파괴적 에너지의 대표물이다. 이런 것들은 표면적으로는 생명의 보존을 위해 동원되는 것처럼 보인다. 프로이트의 제안에 의하면 여기에선 곧 파괴적 에너지가 드러나고 만다. 즉, 파괴적 에너지의 모든 방출에 의해 에로스와 타나토스 간의 균형이 깨어지고 삶의 에너지가 유리한 자리를 잡는다. 자연과 대립하고 있는 파괴적 에너지에도 같은 결과가 적용된다.

기술적 진보란 파괴적 에너지가 리비도적 에너지에 의해 억제되고 조종되기까지 생명을 확대·증가시킨다. 기술적 진보에서 에로스가 이처럼 큰 역할을 하는 것은 성적 욕구와 그것의 충족이 증대하면서 진보적인 방향으로 생존경쟁이 완화되어 나가는 것을 보면 명확해진다. 다시 말해서 기술적 진보에는 인류의 문명을 더 높은 단계로 끌어올릴 지속적인 승화가 뒤따른다.

오늘날 선진 산업사회의 성적 풍습과 단란한 삶, 그리고 문명의 수용 속에서는 거대한 '탈승화Desublimation'가 존재하고 있다. 대중문화란 고도로 탈승화된 단계의 문화이다. 성도덕은 크게 완화되었으며, 성욕이 상업적 자극물이나 기업의 자산 및 지위의 상징으로서 작용하고 있다. 과연 이러한 양상이 에로스의 우위를 의미하는 것일까? 프로이트의 성욕에 대한 개념이 이에 대한 해답을 암시하고 있다.

이 개념의 중심은 쾌락원리 에너지로서의 성욕과 기본적인 삶의 본능을 억압하고 있는 현실원리 제도로서의 사회적 갈등이다. 내부의 에너지에 의해 에로스는 '집단본능에 반대하는 시위'나 '집단의 영향력에 대한 거부' 등의 역할을 한다.[3] 그러나 현대의 기술적 탈승화 속에는 그것과 반대적 경향이 나타난다.

현실원리와 쾌락원리 사이의 갈등은 미래사회에 대한 만족을 증가시키는 통제된 자유화에 의해 해결된다. 그러나 리비도적 에너지는 이런 방식의 방출 속에서 그 사회적 기능을 바꾸어 버린다. 즉, 정상

---

3) 《집단심리학과 자아의 분석》, p.121

적이라고 생각되는 풍습과 행동에 의해 성욕이 인정되고 격려된다. 이것을 프로이트적 견지에서 보면, 성욕이 그것의 본질적 성질인 에로스적 특질과 사회적 통제로부터의 자유를 상실하고 만다.

오늘날까지의 현실원리와 쾌락원리 사이의 갈등에는 개인에게 주어진 은밀한 자유와 위험한 자율이 있었고, 사회에 의한 성욕의 권위주의적 제한은 사회와 개인간의 갈등 및 자유의 억압에 대한 정도를 나타내기도 했다. 그러나 이제 성이 하나의 오락물로 전락함으로써 억압 자체가 억압받게 되었으며 개인에 대한 사회의 통제가 늘어나게 되었다.

이러한 사회적 통제는 테러에 의한 것이 아니라 기구의 유익한 생산성과 효율성에 의해 이루어졌다. 우리는 사회가 자유와 평등을 확대시킴으로써 개인을 사회의 요구에 종속시키는 고도로 발달된 문명 속에 살고 있다. 이런 상황하에서는 진보가 억압의 수단으로 작용할 수 있다. 프로이트에 따르면 아직도 실제적인 보다 크고 나은 만족은 자유와 쾌락원리의 자원인 개인적 정신이 감소되는 만큼 본능적 — 지적 — 저항이 현실원리에 대항하는 만큼 억압적이다. 지적인 저항은 역시 그것의 뿌리를 약화시킨다.

그리고 관리되던 만족은 더 높은 차원의 문화 영역이나 승화된 욕구 및 목적의 범주까지 확대된다. 선진 산업사회의 본질적인 기구 중의 하나가 미술·문학·음악의 대량 확산이다. 그들은 일상적 가정생활과 작업 세계의 기술적인 설비의 일부가 된다. 이러한 과정을 통해 결정적인 변형을 하게 된 이들은 자유화의 근본이었던 현실원리와 동일하게 여겨진다.

과거에는 현실을 고발하고 초월하는 수단이었던 미술·문학·철학 등이 사회 속에 통합되고 현실원리의 힘을 더욱 확대하는 수단이 되었다. 이로 미루어 볼 때 산업사회가 발전하고 사람들이 그 혜택을 받으면 받을수록 억압이 증가된다는 프로이트의 가설은 분명해진다. 이권을 얻은 자들은 나라 안팎에서 이들 체제의 방어를 위한 장치를 계속 증강시켜 가면서 혜택을 생산하고 분배하는 수단과 필연적으로 결합되어 있다.

그럼으로써 당연히 국민들은 관리와 통제의 대상이 된다. 만약 평화가 유지된다면 아무런 문제가 없을 것이다. 그러나 확대된 만족은 더욱 커다란 만족을 요구하게 된다. 그리고 공격적 에너지의 중앙집중식 동원은 국내외의 정치 과정에 영향을 미친다. 이것이 바로 위험의 표시이다.

원활한 민주 체제 안에서는 관리와 그 주체 사이, 그리고 정부와 통치받는 자 사이의 단계는 표면적으로 눈에 띄지는 않으나 중대하게 변화하고 있다. 국민의 욕구와 희망에 대한 정부의 반응은 모든 민주사회에 있어서 본질적으로 동속적 극단주의에 대한 반응이 된다. 그것은 불합리한 정책적 요구나 문명의 존재를 위험하게 하는 호전적인 정책의 요구에 대한 반응이 된다. 따라서 민주주의의 보존이라는 것이 국민들의 공격적 충동을 억제해 나가는 정부의 능력이나 의지처럼 보인다.

지금까지의 논의를 요약해서 정리하면 다음과 같다.

(i) 오늘날 선진 산업사회를 휩쓸고 있는 변혁과 똑같은 변화가 기본적인 정신 구조 측면에서도 일고 있다. 일반적으로 기술적 진보와 반대되는 사회 체제에 있어서는 정치적·경제적 주체성과 자율성이 불필요하다. 그 결과 대중에 의해 자아가 형

성되는데, 이것은 비인간적이며 기술적, 객관적인 정치적 지도
층에 의해 결정된다.

　　정신적 구조 형성에 있어서의 이러한 과정은 부권의 쇠퇴와 자
아 및 자아이상의 분리, 그리고 자아의 집단적 이상으로의 이
행이나 리비도적 에너지에 대한 사회 통제를 강화시키는 탈승
화 등에 의해 뒷받침된다.

(ii) 자아이상의 집단화나 자아의 위축은 누적된 공격이 정기적 '일
탈'에 의해 보상되어야 했던 원시 단계로 퇴보를 의미한다. 사
회적으로 용인된 이러한 '일탈'이 오늘날에는 영원한 전쟁 준비
상태인 공격적 에너지의 대체물로 사용된다.

(iii) 공격적 에너지의 활성화는 기존의 정치 제도를 붕괴시킬 위험
성이 있는 본능적 에너지를 해방시킨다. 현상황하에서의 공격
적 에너지의 사회적 용인은 대중 속의 극단주의의 증가만을
유발시킬 뿐이다.

(iv) 이러한 여건 아래서 지도층은 종속적 성향을 지닌 대중에게
적합한 권력을 유지·증가시키고, 대중은 지도층의 정책 결정
에 끊임없이 관여하게 된다. 민주적 형식의 권위주의적 통치는
대중의 형성과 동원에 의해서 이루어진다. 그 간단한 예가 바
로 국민 투표이다. 프로이트는 문명의 진보에서 본능적 사물의
근원을 찾아냈다.

(v) 이 모든 것은 퇴행적 경향에서 비롯된다. 대중이란 국민과 동
일하지 않다. 자유사회는 국민의 주권적 합리성 위에 확립되
어 있기 때문이다. 오늘날의 자유란 대중의 의견에 반대하고
비대중적인 정책을 주장하며 진보의 방향을 왜곡시키는 권력

과 의지에 의해 결정된다. 정신분석학은 정치적 대안을 제시하지는 못한다. 그러나 개인의 합리성과 자율성을 회복시키는 데 이바지할 수는 있다.

오늘날의 정치학은 자아의 위축이나 집단이상에 대한 자아의 종속과 마찬가지로 가정에서 비롯된다. 이것의 반작용 역시 가정에서 시작된다. 정신분석학은 인간이 기존 체제를 거부할 수 있는 자아이상과 양심을 가지고 살아갈 수 있도록 도와준다.

이와 같이 정신분석학은 그 퇴행적 성격으로부터 에너지를 추출해 낸다. 즉, 시대에 뒤떨어지게 된 개인의 욕구나 잠재력을 주장하는 데서 정신분석학은 그 힘을 얻어낼 수 있다.

쓸모없는 것이라고 해서 반드시 틀린 것은 아니다. 만일 발전된 사회와 그 정치학이 사회와 개인 간의 관계에 대한 프로이트적 모델을 쓸모없게 만든다면, 그리고 그것이 자아의 약화를 초래한다면 바람직한 과거를 미래에 되찾기 위해서는 프로이트적 개념이 필요불가결하다. 프로이트는 억압적인 사회를 단호히 거부하면서 문명의 진보가 범죄 행위와 삶의 본능을 더욱 위협해 들어올 것이라고 예견했다.

이것은 그 후 가스실과 강제노동 수용소, 그리고 '정치적 행위'와 식민지 전쟁 때 자행된 고문 및 '생명'을 숨기기 위한 준비 등에 의해 증명되었다. 정신분석학이 비록 이러한 발달을 예방하지는 못했지만, 그렇다고 이것이 정신분석학의 결점이라고는 말할 수 없다. 게다가 젠불교불교의 한 종파나 실존주의 등과 같은 일시적인 유행을 좇는 것으로써 그것의 힘을 강화시킬 수는 없다. 정신분석학의 진리는 정신분석학의 가장 도발적인 가설에 대한 그 충실성에 있다.

제2부
정신분석과 문명이론

Herbert Marcuse

H. 마르쿠제

제 1 장

정신분석에
내재되어 있는 경향

프로이트 이론을 고찰해 볼 때, 그의 인간에 대한 개념은 반박할 여지없이 서구 문명에 대한 고발이며, 논박할 여지없는 문명에 대한 옹호이다. 그는 인간의 역사를 억압의 역사로 보았다. 문화는 인간의 사회적인 존재뿐만 아니라 생물적인 존재도 제약한다. 그리고 인간 존재의 일부분만이 아니라 그의 본능의 구조 자체도 제약한다.

그러나 바로 그러한 제약이 진보의 전제로서 작용한다. 인간의 자연적 목표 추구를 방치해 둘 때 그의 기본적 본능은 모든 영속적인 결합과 존속에 위배될 뿐 아니라 통일을 파괴해 버린다. 아무런 구속도 없는 에로스는 죽음의 본능과 마찬가지로 파멸을 초래하게 된다. 이 같은 에로스의 파괴력은 문화의 견지에서는 인정할 수 없는 일종의 욕구 충족의 노력으로부터 야기된다.

그리하여 이것은 여하한 경우를 불사하고 충족을 위한 충족을 추구하는 것으로서, 그 자체가 목적이 되어 버린 충족이다. 그렇기 때문에 본능을 그의 목표로부터 다른 방향으로 이끌어 그것의 의도를 제어할 필요성이 요구된다. 문명은 욕구의 완전한 충족이라고 하는 원초적인 목표를 제지하는 데서부터 출발하게 된다.

본능의 각양각색의 불운한 운명은 문명에 있어서의 심적 구조가 겪어 온 갖가지 운명과도 일치했다. 동물에게서 볼 수 있는 것과 같은 충동은 외부세계의 영향으로 인해 인간의 본능으로 화한다. 본능이 생체 안에서 차지하는 본래의 '위치'와 그 기본적인 방향은 불변하는 것이지만, 그것의 목적과 표현방식은 바뀌어간다. 정신분석의 모든 개념들 — 승화·동일화·투사·억압 — 은 본능이 다른 방향으로 변화될 수 있다는 것을 제시해 준다.

그러나 본능의 요구와 충족을 좌우하는 현실은 사회적·역사적인 세계로서의 현실을 말한다. 하나의 동물로서의 인간은 그 본성이 근본적으로 변해질 때에 비로소 한 사람의 인간 존재가 될 수 있다. 그 경우에는 본능의 목표뿐 아니라 그 목표에 도달하는 원칙인 본능의 '가치'도 변화하게 된다. 예컨대 그 지배적인 가치 체계의 변화는 다음과 같이 요약할 수 있다.

즉각적인 만족 → 지연된 만족

쾌락의 충족 → 쾌락의 제한

기쁨놀이 → 고통노동

수동성 → 생산성

억압의 결여 → 안전의 보장

프로이트는 이러한 변화를 쾌락원리에서 현실원리로의 변화라고 기술했다. 심적 구조를 두 원리로 구분하는 것은 프로이트 이론의

기본적 토대이며, 이 이원론적인 개념은 다각적으로 변모했으나 그 점만은 불변하고 잔존해 있다. 그 해석은 대개 무의식 과정과 의식 과정의 구별과 대응된다. 말하자면 개인은 서로 다른 심적인 과정과 원리로 규정지어진 두 개의 상반되는 차원에 속해 존재하고 있다.

이 두 차원은 역사적·발생적·구조적으로 서로 구분된다. 쾌락원리에 지배되는 무의식은 "보다 오래된 원초적인 심적 과정만이 오로지 유일한 심적 과정이었던 발달 단계의 잔해이다. 심적 활동은 쾌락을 위해서만 추구를 계속해 나가고, 불쾌를 유발시키는 것은 어떤 것이라도 물리친다."[1] 그러나 무제한적인 쾌락원리는 자연과 인간의 환경에 부딪치게 된다. 인간은 그의 욕구를 아무 고통도 받지 않고 완전 무결하게 실현시키는 것은 불가능하다는 사실을 깨닫게 된다. 이러한 좌절을 겪은 뒤에 비로소 새로운 심적인 기능의 원리가 앞서게 된다.

그렇게 되면 현실원리가 쾌락원리를 통제하게 되어 인간은 일시적·파괴적인 쾌락을 단념하고 지연시키기는 하지만 그 대신 '안전이 보장된' 쾌락을 선택하게 된다. 단념과 통제 때문에 획득되는 이러한 연속적 이익으로 인해 현실원리는 쾌락원리의 '지위를 빼앗기'보다 오히려 그것을 '방위하고', 또한 그것을 부정하는 것이 아니라 변용하는 것이라고 프로이트는 보고 있다. 그러나 이러한 정신분석적 해석은 현실원리가 쾌락충족의 형식과 시기를 바꿀 수 없도록 할 뿐 아니라, 쾌락의 실체에 일어나는 어떤 변화를 지적해 준다.

쾌락이 현실원리에 적응한다고 하는 뜻은 본능 충족의 파괴적인 힘과 그것이 기존의 사회 규범이라든가, 사회 체계에 대해 나타내는

---

1)《정신 기능에 있어서 두 가지 원리에 관한 계통적 기술 : Formulations Regarding the Two Principles in Mental Function》S. 프로이트, 1950년, 제4권

저항을 복종시키고 전향시킴으로써 쾌락의 실체를 완전히 변화시켜 버리는 것을 의미한다.

쾌락원리의 지배하에서는 인간도 동물적인 충동의 일부에 불과했 었지만, 현실원리가 도입됨으로써 하나의 조직된 자아로 된다. 자아 는 쓸모있는 것과 자아와 환경을 훼손시키지 않고 획득될 수 있는 것 을 찾으려고 노력한다. 현실원리하에서 인간은 이성의 기능을 발달 시킨다. 이성은 현실을 시험하고 선과 악, 진실과 허위, 유익한 것과 유해한 것을 구별하는 것을 깨닫게 된다. 따라서 인간은 주의와 기억 과 판단의 능력을 얻게 된다.[2] 그리하여 인간은 의식적인 주체로서 외부세계의 현실에서 그에게 부과되고 있는 일종의 합리성에 자기 자신을 적응시켜 나가게 된다.

그러나 사고 활동 중에서 단 하나만이 심적 구조의 새로운 조직에 서 분리되어 현실원리의 지배로부터 벗어나 있다. 공상은 문화에 따 른 변용에 영향을 받지 않도록 보호되고 오로지 쾌락원리에만 종속 되어 있다. 그 외의 심적 구조는 모두 현실원리에만 종속된다. 쾌락 원리가 우월할 때에는 근육 운동의로의 발산이 심적 구조에 미치는 자극의 부담을 덜어주는 역할을 하지만, 그렇지 않을 경우에는 현실 을 합목적으로 변화시키는 행위로 전환된다.[3]

이와 같이 인간 욕망의 범주와 그것을 충족시키고자 하는 방법은 끝이 없다. 이렇게 해서 의식적으로 현실을 유용하게 변화시키는 인 간의 능력은 이제까지 그의 욕구 충족을 방해했던 외적 장애물을 하 나씩 제거해 나갈 수가 있게 된다. 그러나 그러한 욕구나 현실의 변

---

2) Ibid., p.18
3) Ibid., p.16

화도 이제는 그가 내릴 수 있는 결단의 범주에서 벗어난다. 다시 말해서 그러한 것들은 그때서야 비로소 그가 소속된 사회에 의해 '조직'된다. 그리고 이 '조직'은 인간의 근원적인 본능의 욕구를 억압하는 동시에 그 실체를 변화시켜 버린다. 만일 억압이 없는 상태를 자유의 원형이라 한다면 문명은 바로 그러한 자유에 대한 투쟁이다.

쾌락원리를 현실원리로 대치한다는 것은 인류의 — 종이나 개체의 — 발달 단계에 커다란 훼손을 남길 만한 일이다. 프로이트에 따르면 이러한 일은 그다지 특별한 일이 아닌 인류사에서나 개인의 발달사에서 흔히 일어날 수 있는 일이다. 계통발생적인 면에서 볼 때 이러한 일은 원시 유목민들에게서 발생했음을 알 수 있다. 당시에는 족장이 모든 권력과 쾌락을 독점하고 자식들에게는 그에 대한 단념을 강요했다. 개체발생적인 면에서는 그와 같은 일은 유아기에 발생하여 부모나 교육자에 의해 현실원리에 복종할 것을 강요당한다.

그러나 계통발생적이든 개체발생적이든 간에 이러한 복종은 끊임없이 반복된다. 처음으로 부친의 지배에 반항한 후 자식들의 지배가 그에 이어지는데, 그로써 형제들의 부족이 사회적·정치적인 지배를 제도로 구축해 나간다. 현실원리는 제도의 체계화에 따라 구체적으로 정해진다. 그리고 개인이 그런 체계 안에서 성장하여 현실원리에 갖가지 요구를 법률이라든가 질서라는 형태 속에서 배워 후대까지 전달시켜 나간다. 인간의 발달단계에 있어서 현실원리가 끊임없이 재건되어야 한다는 사실은 쾌락원리에 대한 현실원리의 승리가 결코 완전하지도 명백하지도 않다는 것을 입증해 준다.

프로이트는, 문명은 자연 상태를 완전히 소멸시킬 수 없다고 보았다. 문명이 지배하고 억압하는 것, 즉 쾌락원리의 여러 욕구는 문명 그 자체 안에 계속적으로 존재하고 있다. 극복되었다고 여겨지는 쾌락원리의 목표가 무의식의 내부에 남아 있다. 외부세계에 의해서 극복되든지, 아니면 외적 현실에 전혀 도달할 수 없다 해도 쾌락원리의 힘은 여전히 무의식 속에서 살아 남아 있고, 게다가 쾌락원리를 이끌어 온 현실에까지 갖가지 방식으로 영향을 미친다. 그리하여 억압된 것들이 외부에 드러나지 못한 채 은밀한 지하 문명사文明史를 이루게 된다.

이러한 역사를 캐본다면 한 개인의 비밀뿐 아니라 문명의 비밀까지도 드러나게 된다. 프로이트의 개인심리학은 그 본질에 있어서부터 사회심리학이라고 볼 수 있다. 억압은 하나의 역사적인 현상이다. 본능을 억압으로 제어하는 것은 자연이 아니고 인간이다. 족장은 지배자의 원형으로서 문명사에 필수적인 노예화, 반항, 강화된 지배라는 연쇄반응의 시조이다. 고대사에 있어서 최초의 반항에 뒤이어 새로운 지배가 확립된 이래로 외부로부터의 억압은 내부로부터의 억압에 의해서 강화되어 왔다. 다시 말해서 부자유한 개인은 그의 지배자들과 그들이 내리는 명령을 자신의 심적 구조 속으로 포용한다.

자유에 대한 투쟁은 억압된 개인의 자기억압으로서 그것이 인간의 내부에서 되풀이되며, 그 자기억압이 역으로 또다시 그의 지배자들과 제도들을 지지하게 된다. 프로이트가 문명의 역학으로 전개했던 것이 바로 이러한 마음의 역학이었다. 그에 따르면 본능을 현실원리에 의해 억압하여 변용하는 것은 '인류의 탄생 이래 오늘날까지 계속되어 오고 있는 생활난'에 의해 강화되고 유지되고 있다. 결핍은 인간에게 본능적인 충동을 자유롭게 만족시켜 주고 쾌락원리에만 따라서는 살아갈 수 없음을 깨닫게 해 준다.

본능의 구조를 철저하게 변용하려 하는 사회적 동기는 결국 이와 같이 경제적 상황에 의존한다. 사회는 구성원의 노동이 존재하지 않으면 결과적으로 구성원들의 생활을 유지할 수 있는 다른 수단을 가지지 못하므로, 구성원의 수를 제한하고 그들의 에너지를 성적 활동에서 노동이라고 하는 방면으로 돌려주어야만 한다.[4] 이러한 사상은 문명만큼 오래되었고 언제나 억압의 합리화를 위한 가장 효과적인 근거로서 간주되어 왔다. 프로이트의 이론은 이와 같은 합리화와 매우 밀접하게 결부되어 왔다. 프로이트는 '원초적인 생존경쟁'을 영구적으로 생각했기 때문에 쾌락원리와 현실원리는 영원히 서로 적대시할 수밖에 없는 것이라고 믿었다.

프로이트 이론의 기초가 되는 것은 억압 없는 문명은 있을 수 없다라는 견해이다. 그런데 그 이론 안에 실제로 이와 같은 합리화를 배격하는 요소들이 포함되어 있다. 그 요소들은 서구적인 사고방식을 지배하고 있는 전통을 붕괴시키고 나아가 그 역전조차 시사하고 있다. 프로이트 이론의 특징은 문화가 이룩해 온 최고의 가치와 성과의 본질이 억압의 소산이라는 것을 철저하게 주장했다. 그와 같이 주장하는 한 프로이트는 문화의 사상적 기반이 되어 있는 억압과 이성의 동일시를 거부하고 있다. 프로이트의 초심리학은 문명과 야만, 진보와 고뇌, 자유와 불행이 내면적으로 결부된다고 하는 놀라운 필연성을 발견하여 그것을 문제삼는다.

그러한 결부는 결국 에로스와 타나토스Thanatos의 결합으로 나타난다. 프로이트는 문화를 낭만주의나 이상향의 관점에서 보지 않고 문명의 발전이 가져 오는 고뇌나 비참의 기반 위에서 문제삼고 있다. 이렇게 해서 문화에 있어서의 자유는 부자유로서 나타나고, 문화의

---

4)《정신분석학 개론 : A General Introduction to Psychoannalysis》S. 프로이트, 1943, p.273

진보는 하나의 속박으로서 드러난다. 그러나 그런 이유로 해서 문화가 비난되지는 않는다. 왜냐 하면 부자유와 속박은 마땅히 지불되어야 할 대가이기 때문이다. 하지만 프로이트는 그 부자유와 속박의 심오성과 광범성을 폭로하면서 인류에 대해 금기로 되었던 욕구, 즉 자유와 필연이 함께 하는 국가에의 요구를 지지하고 있다.

발달된 의식의 영역과 그 의식으로 인해 파생된 세계에 어떠한 자유가 있을지언정, 그것은 결국 하나의 야기된 완전한 타협의 자유에 불과하고 욕구의 충족을 희생시키고서야 획득된 것에 지나지 않는다. 게다가 욕구의 충족이라는 것이 행복인 한에 있어서는, 문명에 있어서의 자유란 본질적으로 행복에 대립될 수밖에 없게 된다. 그 자유에는 행복을 억압으로 변용하는 것 — 승화 — 이 대치되고 있다. 반대로 무의식은 퍼스낼리티의 가장 깊은 내부에 있는 가장 오래된 층이며, 결핍과 억압이 없는 충족을 지향하는 충동 그 자체이다.

이와 같이 무의식에서는 필연과 자유가 직접적으로 일치된다. 프로이트의 개념에 따르면 의식에서는 금기로 되었던 자유와 행복의 일치가 무의식에 의해 유지된다. 만일 의식이 그러한 진실을 거부하려 한다 해도 언제나 그것은 마음 속에 떠오른다. 무의식 속에는 개인의 정신 발달이 충족된 시기의 기억이 보존되어 있으며 그 과거는 미래를 향해 계속적인 요구를 한다. 그것은 문명의 성과를 기반으로 하여 자꾸만 지상에 천국을 이룩하려는 원망을 새로이 되살려 준다.

만일 기억력이 인식의 결정적인 형식으로서 정신분석 이론의 핵심으로 위치하게 된다면 그것은 단순한 치료수단 이상의 것이 될 것이다. 기억이 치료에 도움이 되는 이유는 그것이 진실의 내용을 포함하고 있기 때문이다. 기억력이 내포한 진실의 내용은 비록 발달된 문명인에 의해 거부되고 저주되고 있긴 하지만, 까마득한 고대에는 한번 실현된 적이 있어서 아직까지 잊혀지지 않는 원망과 잠재 능력을 보존하는 기억의 특수한 활동에 잔존해 있다.

현실원리는 기억에 의한 인식의 기능을 한정한다. 그것은 기억이 의식의 세계에서 다시금 행복을 창출하고자 하는 욕구를 불러일으키는 과거의 행복한 체험에서 벗어나지 못하고 있기 때문이다. 정신분석에 의한 기억력의 해방은 억압된 개인의 합리적인 태도를 단념하도록 유도한다. 그리하여 인식은 재인식에게 길을 양보하고, 유아기에 금지되었던 심상이나 충동은 이성이 부정하는 사실을 진술하기 시작한다. 그리고 퇴행은 발전적인 기능을 부여받게 되며, 재발견될 과거는 현재에 의해 배제되고 있는 비평의 기준선을 제공해 준다.

또한 기억력의 재생은 공상에 내포되어 있는 인식의 내용을 되살린다. 정신분석 이론은 이러한 마음의 활동을 백일몽이나 허구와 같은 무의미한 부분에서 끊어 버리고 엄격한 진실의 내용만을 취한다. 이와 같은 의미심장한 발견은 결국 그러한 진실이 파생됨으로써 폐쇄되어 있었던 테두리를 헐어 버릴 수밖에 없게 된다. 과거의 해방은 현재와의 화해로써 해결되는 것이 아니다. 과거로의 일정한 위치는 발견자가 자기 자신에게 부과시킨 제약에 저항하여 미래로의 일정한 위치로 나아가려 한다. 그것은 잃어버린 시기를 되찾고자 원하여 미래에 있어서의 해방을 중개하게 된다.

다음 장에서는 정신분석의 이와 같은 숨겨진 경향을 집중 탐구하게 된다. 억압을 동반하는 심적 구조의 발달에 관한 프로이트의 분석은 다음과 같은 두 측면에서 진행된다.

(ⅰ) **개체발생적 측면** : 억압된 개인이 유아기에 의식된 사회적 존재

로 성장한다는 것.

(ii) **계통발생적 측면** : 억압적인 문명이 원시 종족 시대부터 완전하
게 구축된 문명 상태까지 발전한다는 것.

이 두 측면은 끊임없이 서로의 관련성 속에 유지되어 왔다. 이 관
련은 역사에 있어서의 '억압된 것의 회귀'라고 하는 프로이트의 개념
에 요약되어 있다. 개인은 종의 발달 중에 커다란 훼손이 될 만한 사
건을 되풀이해서 체험한다. 그리하여 본능의 역동은 개인과 종 ─
특수한 것과 보편적인 것 ─ 사이에 일어나는 갈등뿐 아니라 그의 갖
가지 해결도 반영한다.

여기서는 먼저 개인이 문명화된 상태로 발전하는 개체발생적 측면
에 있어서의 발달을 서술하게 된다. 다음에는 개체발생의 기원으로
되돌아가서 프로이트의 개념을 종의 문명화된 상태로 확대시켜 보
고자 한다. 이 양 측면 사이에는 언제나 내적 관련이 있으므로 전체
흐름의 앞뒤를 참조하고 되풀이하게 된다는 점을 밝혀 두겠다.

제 2 장

억압된 개인의 기원

프로이트가 궁극적으로 추구하고 있는 바는 개인의 본능구조에 있어서 억압이 어떻게 발전해 나가는가 하는 점이다. 인간의 자유와 행복에는 본능의 투쟁, 육체와 정신, 자연과 문명이 관계되며, 그것은 사실 생사가 달린 투쟁에 의해 결정될 운명에 있다. 이와 같은 생물학적이고 사회학적인 역학은 프로이트의 초심리학의 핵심을 지적해 준다. 그는 이와 같은 결정적인 가설을 언제나 회의하고 제한하고 변화시키면서 전개해 나갔다. 그러다가 드디어 그는 아무 결정도 내리지 못하고 그 가설을 버리고 말았다.

1920년 이후의 그의 저서 속에 나타난 최종적인 본능론은 퍼스낼리티의 심적 해부에 관한 두 개의 서로 다른 개념에 뒤이어 제시되었다. 그러나 여기에서는 정신분석 본능론의 역사를 되새겨 보는 것이 불필요한 것으로 생각된다. 다만 여기서의 논의를 진행시키는 준비단계로서 그 이론의 몇 가지 특징을 간단하게 요약해 보기로 하자.

프로이트의 이론은 여러 가지 측면으로 변모되었는데, 그 변모의 각 단계에서 공통적으로 나타나는 것은 심적 구조가 무의식 구조와 의식 구조, 1차적 과정과 2차적 과정, 유전적인 힘과 후천적인 힘, 개인의 심신과 외적 현실이라고 하는 상대되는 역학적 결합이다. 이와 같은 이원적 구조는 그가 후에 제시한 이드·자아·초자아라고 하는 3분법에서도 명백하게 보여지는 사실이다. 중간의 '중복되는' 요소는 두 극을 향해 간다. 그 요소들은 심적 구조를 지배하는 궁극적인 두 원리, 즉 쾌락원리와 현실원리 안에서 가장 강력하게 표현된다.

심적 구조에서 발전에 관한 프로이트의 초기 이론은 성본능과 자아본능자기보존본능의 적대 관계가 중심으로 되어 있지만, 후기에 이르러서는 삶의 본능과 죽음의 본능 사이에 있는 갈등으로 집중되었다. 그리고 그 이원적 개념은 초기와 후기 사이에 전개된 짧은 중기에 하나의 보편적인 리비도로 대치되기도 했었다.

이처럼 그의 이론은 갖가지로 변용되었음에도 불구하고 그의 이론에 시종일관 흐르고 있는 관류는 본능의 기능에 있어서 성이 그 지배적인 위치에 있다고 하는 점이다. 프로이트가 포착했던 것처럼 성의 지배적인 역할은 심적 구조 자체에 뿌리 박고 있다.

만일 일차적인 심적 과정이 쾌락원리에 의해 지배되고 있다면, 그때 분명코 삶의 본능이 그 원리하에서 활동함으로써 생명 자체를 유지하는 본능이 될 것임은 자명한 사실이다. 그러나 프로이트가 초기에 파악했던 성에 대한 개념은 삶의 본능으로서의 단지 하나의 특별한 본능 — 또는 한 무리의 본능의 집합체 — 에 불과했고, 그 본능의 특수한 발생·목적·대상에 의해 정의되고 있었다. 그의 이론은 1914년 자기애나르시시즘라는 개념을 도입하기 전까지는 '범성욕설'이라기보다 성욕의 범주를 한정하려고 했던 것에 그 특징이 있었다.

그에 따라 언제나 곤란이 도사리고 있었지만 성적이 아닌 자기보존 본능이 독립적으로 존재한다는 사실을 증명하기 위한 노력이 계속되었다. 그의 이론은, 비성욕적인 자기보존본응은 항상 부분적인 본능으로서 그치고, "그 기능은 생체가 독자적으로 죽음에의 길을 걷는 것을 보증하고, 무기적 존재로 돌아갈 때에는 그 생체에로 회귀하는 길만을 택한다"[1]라고 하는 가설과는 매우 동떨어졌다. 다시 말해서 자기보존본능은 리비도적인 성질에 있어서 그것이 에로스의 일부라는 것을 다른 표현으로 나타낸 데 불과하다는 가설과는 일치되지 않는다.

　그러나 유아성욕과 육체에는 광범위한 성감대가 있다고 하는 발견은 당연히 자기보존본능이 리비도의 일부임을 재인식하게 되는 동시에, 또 최종적으로 성욕을 삶의 본능이라는 말로 새롭게 규정지을 충분한 이유도 된다. 본능론의 최종적인 공식화에서 개인을 성단聖壇에 올려 놓고 생존경쟁이라는 미명하에서 그를 정당화시키는 자기보존본능은 소멸되어 버린다. 그때서야 자기보존본능의 활동은 성본능 활동으로서 나타나게 된다. 그렇지 않으면 자기보존이 사회적으로 쓸모있는 공격을 통해 성취되는 이상본능은 파괴본능으로서 나타나게 된다. 그러나 가장 중요한 점은 프로이트는 신이론을 도입할 때 두 개의 본능으로 나누기 이전에 보였던 공통적인 성질을 반복하여 강조했다.

　모든 본능 생활에 기본적으로 보여지는 퇴행적 또는 보수적 경향의 발전은 사실 획기적이었다. 프로이트는 이제까지 거의 주목되지 않았던 본능과 생체의 생활에서 일반적으로 나타날 수 있는 어떤 보

---

1) 《쾌락원리의 피안》, p.51

편적인 속성, 다시 말해서 방해하는 외적 저항으로 포기해야만 했던 초기의 상태를 회복하고자 하는 생체의 내재적 충동과 일종의 생체의 탄력성 또는 관성을 발견했다.[2] 이것은 프로이트가 애당초 무의식의 작용으로서 인정하고 있었던 '일차적 과정'의 내요인 동시에 그 실체를 발견했음을 말해 준다.

그 일차적인 과정은 처음에는 외부세계가 생체에 끼치는 영향에 따라 발생하는 '다량의 흥분의 자유로운 방출'을 위한 과정으로서 기술되었다.[3] 흥분을 마음대로 방출할 수 있다면 완전한 충족이 가능해진다. 그 20년 후에 프로이트는 여전히 다음과 같은 과정에서 시작하고 있다.

쾌락원리는 그 경향으로서 심적 구조에 전혀 흥분을 일으키지 않도록 하거나, 심적 구조 안에 있는 흥분의 양을 일정하게 유지할 수 있도록 하거나, 아니면 가능한 한 적게 하는 일에 관여한다. 우리들은 흥분을 처리하는 방법 가운데 어느 것이 사실에 적합한 것인가를 자신있게 결정을 내리기는 불가능하다.[4]

그러한 견지에서의 논리는 더더욱 확실한 것처럼 보인다. 항상 흥분을 억제시킨다는 것은 결국 생명의 탄생에 의해서 불가능하게 되었다. 균형을 찾으려는 본능적 경향은 마침내 생명 이전의 상태로 퇴행한다. 심적 구조의 일차적 과정은 그것이 완전하게 충족되는 한

---

2) Ibid., p.47
3) 《꿈의 해석 : The Interpretation of Dreams》S. 프로이트, 1938년, p.534
4) 《쾌락원리의 피안》, p.86

"모든 생체가 행하는 가장 일반적인 노력, 즉 무기적 세계의 정적에로의 환원"[5]에 결부될 운명에 처한다. 본능은 죽음의 궤도 속으로 빨려 들어가게 된다. 만일 진실로 생명이 페히너Fechner의 "항상균형의 원리"에 지배되고 있다면 그것은 죽음을 향해서 치닫는다.[6]

열반원리는 이제야 심적 생활과 일반적인 정신생활의 지배적 경향으로서 나타나게 된다. 그리고 쾌락원리는 열반원리하에서 그 하나의 표현으로 산출된다.

자극에 의해 야기되는 내적 긴장을 감소시키고, 일정선에서 유지하고 제거하고자 하는 노력 — 열반원리 — 은 쾌락원리 안에서 표현된다. 이러한 사실에 대한 인정이 우리들에게 죽음의 본능 존재를 승인하게 하는 가장 큰 이유 중의 하나이다.[7]

그렇지만 열반원리의 첫 번째 희생, 다시 말해서 쾌락과 죽음의 놀라운 융합은 그것이 이루어지자마자 또다시 소멸의 위기를 맞는다. 생체가 퇴행하려 하는 관성이 대단히 강한 경우에도 본능은 근본적으로 상이한 온갖 형태에서 그 목적을 이루려고 발버둥친다. 그러한 차이는 생명의 유지와 생명 파괴의 차이로 귀결된다. 본능생활의 공통적인 성질에서 적대적인 두 본능이 발달하여 삶의 본능은 죽음의 본능보다 앞선다.

삶의 본능은 '죽음에의 하강에 끊임없이 저항'한다. 즉, 새로운 긴

---

5) Ibid., p.86
6) Ibid., p.86
7) 《자아와 이드 : The Ego and the Id》S. 프로이트, 1950년, p.66

장은 본능적 욕구로 표현되는 에로스의 욕구에 의해서 발생된다.[8] 삶의 본능은 생체와 배아세포를 따로 분리해 내고, 이 두 개의 세포체를 따로 결합시켜 줌으로써 새 생명을 재창조하는 활동을 시작하고[9] 생명의 쉬임없는 훨씬 큰 결합을 구축하여 유지해 나간다.[10] 이리하여 삶의 본능은 죽음의 본능 안에서 생체의 "잠재적 불멸성"[11]을 획득하게 된다. 본능생활의 역학적인 이원론은 이미 확립된 것으로 여겨진다.

그러나 프로이트는 본능이 원초적으로 가지고 있는 공통성이라고 하는 그의 출발점으로 되돌아간다. 삶의 본능은 넓은 의미에서 생체를 초기 단계로 환원시켜 가는 다른 본능과 마찬가지로 보수적이다. 성욕은 이와 같이 종국에는 죽음의 본능과 일치되는 원리에 따르게 된다. 프로이트는 그의 후기에 성욕의 퇴행적 성격을 설명하기 위해서 "생체는 탄생하면서 부분부분 찢겨졌다. 그 후 성본능을 통해서 계속적인 통합의 노력을 해왔다"[12]라고 하는 플라톤의 공상적 가설을 상기시킨다.

"에로스는 결국 죽음의 본능에 봉사하는 것인가? 실제로 생명이란 단지 죽음에의 회귀에 불과한 것인가?"[13] 그러나 증거는 그것과 반대의 가정을 보증할 만큼 강력하고 회귀에로의 길은 너무도 멀다. 에로스는 모든 생명을 유지하는 데 커다란 기여를 하는 것으로 정의된

---

8) Ibid., p.66
9) 《쾌락원리의 피안》, pp.52~53
10) 《정신분석학 개론》, 1949년, p.20
11) 《쾌락원리의 피안》, p.53
12) Ibid., p.80
13) Ibid., pp.50~51

다.[14] 그러나 에로스와 타나토스 사이의 궁극적 관계는 아직도 매우 불분명하다.

만일 에로스와 타나토스가 지속적으로 행해지는 결합또는 분리과 그 보편성으로 생명의 과정을 특징 지어 주는 두 가지 기본적 본능으로 나타날 경우에는 이 본능론은 그때까지의 프로이트의 개념을 단지 재구성하는 것 이상이 된다. 정신분석학자들은, 프로이트 만년의 초심리학은 근본적으로 새로운 본능의 개념에 의거하고 있다고 보았다. 다시 말해서 본능은 그 기원이라든가 유기적 활동만으로 정의하기는 어렵고, 생명과정에 분명한 방향을 제시해 주는 결정적인 힘으로서의 '생명원리'로 정의될 수 있다.

본능·원리·조정의 개념은 동의어로 사용되기 시작하고 있다. "어떠한 원리에 의해 조정되어 있는 심적 구조의 측면과 이 구조에 외부세계로부터 침입하는 본능의 측면간의 엄격한 대립은 이미 그 유지가 불가능하게 되었다."[15] 게다가 본능을 이원론적으로 파악한 것은 나르시시즘의 도입으로 회의적으로 되어 왔지만, 이제는 전혀 다른 각도에서 위협을 받고 있는 것으로 보인다. 자아본능의 리비도적인 요소를 인정하게 되면 리비도 본능이 아닌 다른 어떤 본능을 지적한다거나 에로스의 파생물로서 드러나지 않는 그 어떤 본능적 충동을 발견해 내는 것은 거의 불가능한 것이 되었다.

일차적인 본능구조 속에서 에로스 외에는 발견할 것이 아무것도 없다고 하는 것, 즉 성욕의 일원론만을 인정할 수 있다고 하는 이 무능력이야말로 오히려 진리라고 말할 수 있다. 그리고 성욕의 일원론

---

14) 《자아와 이드》, pp.88~102
15) 《정신분석학》지誌, 1948년, 제17권

은 그 반대물인 죽음의 일원론으로 전화轉化되는 것처럼 여겨진다. 반복과 퇴행적 강박, 그리고 에로스의 가학적인 인자에 대한 분석은 확실히 파괴된 이원론적인 파악을 회복시킨다.

죽음의 본능은 일차적인 본능 구조 안에서 자연스럽게 에로스의 파트너가 된다. 또한 그 둘 사이의 영구적인 투쟁이 일차적인 역학을 구성하게 된다. 그러나 본능 안에 있는 공통적인 보존적 특성의 발견은 이러한 이원론적 견해에 반박하고, 결국 그것이 프로이트의 초심리학에 심오성을 더해 주었다. 그리하여 그것을 인간에 관한 과학에 있어서의 위대한 지적 탐구의 하나로 만들었다. 두 가지 기본적 본능에 있어서의 공통적 기원을 탐구하는 일은 결코 막을 수 없었다.

페히너는 프로이트 자신이 "본래는 중립적이면서도 성충동이나 파괴충동 — 삶의 본능이나 죽음의 본능 — 과 융합하여 힘을 발휘하고 위치를 전환시킬 수 있는 에너지"를 가정함으로써 이 방향에 결정적인 발전의 계기를 마련해 주었다고 지적했다.[16]

그때까지는 죽음이 그 정도로 일관성 있는 삶의 본질 속으로 들어온 적이 없었고, 또 죽음이 그렇게까지 일관성 있게 에로스에 근접해 온 적도 없었다. 페히너는 에로스와 죽음의 본능이라는 반대 명제가 본래는 공통된 뿌리에서 분화된 것인지도 모른다는 의혹을 분명히 표명하고 있다.

그는 죽음의 본능으로서 요약될 수 있는 갖가지 현상이 모든 본능에 규합되는 하나의 원리, 즉 발전 도상에 있어서 외적 영향에 의해 변용되었을지도 모르는 원리의 표현일 것이라고 추측하고 있다. 그런데 그 외에 모든 생체의 생활 속에서 볼 수 있는 '퇴행강박'은 완전한

---

16) 《이마고Imago》, 1935년, 제11권

폐쇄를 추구하고, 또한 열반원리가 쾌락원리의 기초라고 한다면 죽음의 필연성은 그때 완전히 새로운 빛 속에 나타난다.

죽음의 본능은 파괴를 위한 파괴가 아니라 긴장을 해소시키기 위한 파괴로 보아야 한다. 죽음에의 하강은 고통과 결핍으로부터 도피하고자 하는 무의식적 도피를 의미한다. 또한 그것은 고뇌와 억압에 대한 영구적인 투쟁을 나타낸다. 게다가 죽음의 본능 그 자체가 이 투쟁에 영향을 끼치는 역사적인 변화에 달려 있는 것 같다. 여기서 본능의 역사적인 특성을 더 진전시키려 한다면 본능에 대한 프로이트의 본능이론이 궁극적으로 도달하는 점과 일치되는 어떤 새로운 개념을 가정해야만 한다.

심적 구조의 주요한 요체는 오늘날 이드·자아·초자아로 불리어지고 있다. 그 중에서 가장 근본적이고 가장 오래되고 가장 커다란 영역을 차지하는 것은 이드이다. 이드는 무의식의 영역이며 일차적인 본능의 영역이다. 이드는 의식적이고 사회적인 개인을 구성하는 온갖 형태나 원칙으로부터의 자유이다. 그것은 시간에 구애되지도, 모순에 고뇌하지도 않는다. 그것은 가치도 선악도 도덕도 알지 못하며, 자기보존조차 희구하지 않는다. 이드가 지향하는 모든 것은 쾌락원리에 따라 본능적 욕구를 충족시키는 것뿐이다.[17]

이드의 일부는 자극을 받는 기관이라든가 자극으로부터 보호하는 기관을 갖추고 있지만, 외부세계의 영향을 받아 점차 자아로 발전하게 되었다. 자아는 이드와 외부세계와의 사이에서 '중개자'의 역할을 한다. 지각과 의식은 자아에서 가장 미미하고 가장 표피적인 부분에 불과하며, 위치면에서 볼 때는 외부세계와 가장 인접해 있는 영역이

---

17) 《신정신분석 입문 : New Introductory Lectures on Psychoanalysis》, p.104

다. 그러나 장치 — 지각적·의식적 조직 — 에 의해 자아는 보호되어 현실을 관찰하고 시험한다. 그리하여 현실의 진정한 모습을 취하여 보존하고 자아를 현실에 적응시키며 현실을 자기에게 유리한 쪽으로 이끈다.

이렇게 함으로써 자아는 이드를 위해 외부세계를 재현하고 나아가 이드를 구원하는 역할을 수행한다. 즉, 이드는 강력한 외적 영향을 배제하고 오로지 본능의 충족만을 추구하기 때문에 자아의 그러한 활동이 존재하지 않으면 완전히 소멸될 수밖에 없다.[18] 자아는 이와 같은 과제를 수행하기 위한 일로 대개 현실과의 갈등을 최소한으로 감소시킬 수 있도록 이드의 본능적인 갖가지 충동을 조정하고 변형시키고 조직하고 조정하는 임무를 수행한다. 이렇게 해서 자아는 현실과 타협되지 않는 충동을 억압하거나 충동의 대상을 전이시키거나 충족을 지연시키거나 그것을 다른 충동과 섞어 버림으로써 현실과의 타협을 도모한다.

그리하여 자아는 이드의 모든 과정에 압도적인 힘을 발휘하는 쾌락원리의 힘을 빼앗고, 그 대신 더 많은 안전과 성공을 기약해 주는 현실원리를 대치해 놓게 된다. 자아는 생체를 위해서 본능의 충족을 아무런 해가 없는 것으로 만들어 생체가 파멸하는 것을 미연에 방지하지만, 자아는 그처럼 매우 중대한 활동을 수행하는 데도 불구하고 그 흔적으로서 이드에서의 '생성물'을 남기고 있다.

자아의 과정은 이드와의 관계에서는 2차적인 과정이다. 자아의 종속적인 활동에 대해 말할 때 모든 사고는 오로지 충족의 기억과 운동신경의 체험을 통해서 반복적으로 도달되는 동일한 기억과 동일한

---
18) Ibid., p.106

발현의 회로라고 하는 프로이트의 초기 이론은 상당히 주목할 만하다. 충족되었던 기억은 모든 사고 근저에 자리잡고 있어서 과거의 만족을 재차 획득하고자 하는 충동은 사고 과정의 이면에 도사리고 있는 강력한 동인이 된다.

다시 말해서 현실원리가 이 과정을 끝없이 멀리 돌아가야 하는 길의 연속으로 만들기 때문에 자아는 현실을 적대적인 것으로 경험하게 된다. 그러나 한편으로 현실은 이와 같은 우회로를 통해서 만족 — 설사 변용된 만족일지라도 — 을 제공하는 것이므로 자아는 생명의 파멸까지 각오하고 충족을 꾀하려는 충동을 포기해야만 된다. 이처럼 자아의 방위는 양면 공세를 편다.

자아가 발달해 나가는 동안에 다른 심적 요소인 초자아가 등장한다. 초자아는 어린아이가 오랫동안 부모에게 의존함으로 인해서 발생한다. 그러므로 부모의 영향이 초자아의 핵심이 된다. 따라서 많은 사회적·문화적 영향은 초자아가 확고한 도덕의 강력한 대표자로 될 때까지, 다시 말해서 인간생활에서 보다 고차원적인 일의 대표자로 부상될 때까지 초자아에 의해 수용된다. 처음에는 부모가, 그 다음에는 부모에 대신해서 사회적인 영향을 미치는 사람들이 개인에게 부과해 온 외부세계로부터의 한정이 자아 안에 수용되어 그것이 자아의 '양심'으로 된다.

거기에서 죄의식 — 위배나 오이디푸스적 상황을 침범하고 싶은 원망 — 에서부터 생겨나는, 처벌받고 싶은 욕구가 심적 생활로 흡입된다. 자아는 대개 초자아에게 봉사한다든지, 또는 초자아의 명령에 의해서 억압을 행하게 된다.[19] 그러나 억압은 즉각 무의식적으로 — 말

---

19) 〈자아와 이드〉, p.75

하자면 자동적으로 — 되어 죄의식은 거의가 무의식적으로 된다.

F. 알렉산더Franz Alexander는 '지각에 의존하는 의식적인 비난이 억압의 무의식적인 과정으로 변형되어 가는 것'에 대해 지적했다. 그는 이동하기 쉬운 심적인 에너지가 긴장의 형태로 감소되어 가는 경향, 즉 마음이 육체화되는 경향을 가정했다.[20] 본래 현실의 요구 — 초자아가 형성될 때의 부모 또는 부모를 대신하는 사람들의 요구 — 에 대한 의식적인 투쟁을 무의식적이고 자동적인 반응으로 변형시키는 이러한 발달은 문명이 지나가는 과정에 있어서 매우 중대한 의미를 갖는다.

현실원리는 의식적인 자아를 중요한 방향으로 왜소화시키는 것으로 확인된다. 다시 말해서 본능의 자율적인 발달은 굳어지고 본능의 기본형은 유아 단계로 고착된다. 이러한 과거로의 고착은 본능구조 안에 자리잡게 된다. 개인은 본능적으로 — 실제적인 또는 비유적인 의의에 있어서 — 반동적이 된다. 개인은 무의식 중에 지기 자신에 대해 엄격성을 요구하게 되는데, 그 엄격성은 유아기에는 적합했다.

그러나 개인과 사회의 발달된 상황하에서 볼 수 있는 잠재적인 합리성의 능력에서 볼 때는 이미 오래 전에 고루한 것으로 되어 버렸다.[21] 개인은 실행되지 못한 행위라든가, 이미 문명화된 현실이나 문명인에게는 결코 납득될 수 없는 행위로 인해서 자기 스스로를 처벌하게 되고, 그리고 실제로 처벌을 받게도 된다. 이리하여 초자아는 현실의 요구뿐 아니라 이미 지나가 버린 지난 현실의 요구도 강요한다.

----

20)《전체 퍼스낼리티의 정신분석학 : The Psychoanalysis of the Total Personality》F. 알렉산더, 1929년, p.14
21) Ibid., pp.23~25

이와 같은 무의식의 메커니즘에 의해 정신발달은 현실발달의 이면에서 그 명맥을 유지한다든가, 또는 현실의 발달을 지연시키고 과거라는 미명하에 현실의 능력을 부정하게 된다. 과거는 개인과 사회를 구축하는 데 있어서 이중적인 기능을 나타낸다. 이드는 결핍에서의 자유를 필요로 했던 근원적인 쾌락원리를 환원시켜서 그 당시 기억의 흔적을 현재에 반영하는 모든 미래적 현실에 투사한다. 다시 말해서 이드는 과거를 미래에 투사한다.

그러나 이드와 마찬가지로 무의식적인 초자아는 미래에 관한 이 본능적인 요구를 과거의 이름하에서 거부한다. 그 과거는 완전한 만족이 획득된 과거가 아니라, 처벌을 가하는 현재가 싫지만 어쩔 수 없이 적응하려 하는 과거이다. 계통발생적·개체발생적으로 문명은 진보하고 개인은 성장하게 됨에 따라서 자유와 필연의 융합에 대한 기억의 자취는 부자유의 필연성을 수용하는 과정에서 그 형태가 사라져 버린다. 기억 그 자체가 이미 실제로 합리적이든 또는 합리적으로 변모된 경우라 해도 그것은 현실원리에 굴복하고 만다.

현실원리는 생체를 외부세계 속에서 유지시켜 나간다. 인간의 경우에 이 외부세계란 바로 역사적 세계를 말한다. 성장 중인 자아가 직면하고 있는 외부세계는 그 어떠한 과정에 있어서도 현실의 어떤 특정적인 사회적·역사적인 조직을 말하며, 사회적인 영향을 끼치는 특정한 기구나 인간을 매개체로 하여 심적 구조에 그 영향을 미치게 된다. 프로이트의 현실원리 개념은 역사상의 우연을 생물학적 필연으로 보는 것으로서 다음과 같은 사실을 무시하는 이론이라고 지적받기에 이르렀다.

즉, 본능은 현실원리의 영향을 받아 억압되고 변형된다고 하는 프로이트의 분석은 어떤 특정한 역사적 형태로서의 현실을 단정적으로 순수한 현실로 일반화시킨 것이라는 비판을 면치 못했다. 그런데 이러한 비판은 옳다. 그러나 그것이 옳다고 해서 프로이트의 일반론에 내포되어 있는 진리, 즉 본능의 억압적인 조직이 문명에 있어서의 현실원리의 모든 역사적인 형태의 기반으로 되어 있다는 진리를 훼손시킬 수는 없다.

만일 그가 쾌락원리와 현실원리는 전혀 양립할 수가 없다고 보고 본능의 억압적인 조직을 정당화시키려 한다면 그것은 마치 문명이 조직화된 지배로서 향상되어 왔다는 역사적인 사실을 표명하고 있는 것처럼 보일 것이다. 이와 같은 인식에서 출발하여 그는 계통발생의 이론 전체를 확립시켰다. 그는 원시사회의 집단 가부장적 전제주의가 형제에 의해 지배되는, 내재화된 전제주의로 대체되는 것을 문명으로 간주하는 사고방식으로 발전시켰다.

역사적인 발달은 일반적으로 모든 문명이 조직화된 지배였다는 이유로 생물학적인 발달의 명백한 필연성을 나타내고 있다. 이리하여 프로이트의 개념에 나타난 '비역사적인' 면은 그것과 대조되는 요소를 포함한 것으로 볼 수 있다. 다시 말해서 그의 개념의 역사적인 성질은 어떤 사회학적인 요인을 가한다고 해서 회복되는 것이 아니라, 그의 개념 속에 내포되어 있는 내용 그 자체를 좀더 확장시키는 것으로 회복을 꾀해야 한다.

이러한 의미에 있어서 우리가 장차 언급하려는 것은 '보외법補外法, Extrapolation'의 문제이고, 프로이트 이론에서 구체적인 형태로 구성되는 관념이나 명제이지만, 그것은 곧 역사적인 과정이 자연적인 — 생물학적인 — 과정으로서 보여지는 때에만 제한시키게 된다. 이 보외법에는 개념의 중복성이 요구된다. 본능의 생물적인 변천과 사회적이고 역사적인 변천이 분명하게 구분되어 있지 않은 프로이트의 술어는 특정의 사회적·역사적 구성 요소를 가리키는 술어와 반드시 일치되어야만 한다. 이 두 가지 술어를 소개하면 다음과 같다.

 (ⅰ) **과잉억압** : 사회적인 지배에 의해 요구되는 제한. 이것은 문명에 있어서 인간이 지속해 나가는 데 필요한 본능의 변용, 즉 기본적인 억압과 구별되는 술어이다.

 (ⅱ) **실행원리** : 어떤 시대에 지배적으로 작용되는 현실원리의 역사적 형태를 말한다.

현실원리의 이면에는 아낭케Ananke, 즉 결핍의 존재라고 하는 근원적인 현실이 자리잡고 있다. 그것은 언제나 속박이나 체념이나 지연이 없을 경우에는 인간의 욕구를 충족시키기에는 너무나도 불충분한 이 세계에 치열한 생존경쟁을 유발시킨다. 다시 말해서 설사 어떠한 충족이 실현될지라도 지속적인 그러한 충족을 얻기 위해서는 노동을 하지 않으면 안 된다고 하는 것은 명백한 사실이다. 실제로 성숙한 한 개인에게 있어서 그의 생존 자체를 점유하는 오랜 노동은 쾌락을 중단시키고 고통을 안겨 준다. 그리고 기본적인 본능은 쾌락을 우선시하여 고통이 사라지는 것을 강렬하게 원하기 때문에 쾌락원리는 자연적으로 현실과 대립되어 본능은 억압의 규제를 받을 수밖에 없게 된다.

그러나 프로이트의 초심리학에서 가장 중대한 위치를 차지하는 이러한 이론은 사실상 그것이 특정 조직과 그 조직에 강제적으로 요구되는 특정한 실존적 태도의 귀결로써 주어지는 생활에 있어서의 결핍이라는 사실과 일치되는 한 옳다고 볼 수 없다. 모든 문명을 통해 나타나는 지배적인 결핍은 개인의 욕구에 부응하여 집단적 분배를 피하는 방향에서 조직되어 왔으며, 또한 욕구를 충족시켜 주는 물질의 획득도 개인의 증대되는 욕구를 가장 충분히 만족시켜 주기 위해서 조직되었다고 할 수 없다.

그 대신 결핍된 물질의 배분도 결핍을 극복하기 위한 노력이나 노동과 마찬가지로 처음에는 직접적인 폭력에 의해, 나중에는 보다 합리적인 권력의 이용에 의해 개인에게 강제적으로 부과되어 왔다. 그러나 이러한 합리성은 집단 전체를 위해서는 유용했을지 몰라도 그 역시 지배의 합리성에 불과했으며, 결핍을 점차 극복해 나가기 위해서는 지배의 이해利害에 부합되도록 형성되는 것도 거의 필연적인 일이었다.

지배란 권위의 합리적인 행사와는 다르다. 권위는 노동의 사회적인 모든 분업 형태에 내재해 있고, 지식으로부터 유래되며 전체적인 진보에 필요한 기능과 조정과의 관리에 한정되어 있다. 그러나 지배는 특정 집단이나 개인이 자기들이 특권적인 지위를 유지하고 강화하기 위해 행사된다. 이와 같은 지배는 비합리적인 결핍·곤궁·속박을 그대로 잔존시키고, 게다가 그로 인해 기술적·물질적·지적인 진보를 불가피한 부산물로 파생시킨다.

지배의 여러 가지 양식 ─ 인간의 지배와 자연의 지배 ─ 은 현실 원리의 여러 역사적인 형태에 의해 갖가지 형태로 변화되어 간다. 예를 들면, 모든 구성원이 평범하게 생계를 위해 일하는 사회에서는 다른 어떤 특정 집단이 노동을 독점적으로 소유하고 있는 사회와는 판이한 형태의 억압이 필요하게 된다. 이와 마찬가지로 억압은 사회적인 생산이 개인에게 유용한가, 공동 이윤에 기여하는가, 아니면 시장경제가 지배적인가, 계획 경제가 지배적인가, 또는 사유재산제도인가, 공동생산제인가에 따라서 그 규모와 정도가 달라지게 된다.

이러한 차이는 현실원리의 내용에 그 영향을 미치게 되는데, 그 이유는 현실원리의 형태가 모든 본능이 요구하는 '변용'을 전하고 강요하는 사회 제도·사회 관계·법률·가치라고 하는 조직 내에 구체화되기 때문이다. 이러한 현실원리의 구성체는 문명의 각 단계에 따라 달라진다. 게다가 현실원리의 어떠한 형태를 취하든 상관없이 본능 위에 광범위한 억압적인 제재를 가하기 때문에 현실원리의 특정적인 역사제도나 지배의 특정한 득실은 문명화된 인간 공동체에 요구되는 새로운 조절을 취하게 된다.

이러한 새로운 조절은 지배의 특정한 제도로부터 파생된다. 이것을 과잉억압이라고 부른다. 말하자면 본능 에너지는 일부일처제적·가부장제적 가족 구조나 노동의 계층간 분화, 또는 개인의 특정한 존재 위에 부과되는 사회적 통제 때문에 여러 형태로 변용되든가, 한쪽으로 치우치든가 한다. 그런데 그것은 모두 어떤 특정적인 현실원리의 제도에 귀속되는 과잉억압을 야기시킨다.

또한 동물로서의 인간에서 지혜로운 동물로 발전함을 의미하는 본능의 기본적인 ─ 계통발생적인 ─ 제한이 있다. 생물적인 욕구를 개인적인 희망이나 욕망으로 전화시키기 위해서 본능적인 동인을 한정하고 유도하는 에너지는 충족을 위축시키기보다 오히려 증대시킨다. 다시 말해서 자연을 매개체로 하여 자연의 직접적인 강제 지배를 없애는 것이 바로 쾌락원리의 인간적인 형태이다.

이와 같은 본능의 제한은 결핍과 동물로서의 인간이라는 입장에서 오랫동안 단지 자연에 의존할 수밖에 없었던 데서 기인됐다. 그러나 그 제한은 서서히 결핍충족의 맹목적인 추구가 바람직한 만족이라는 형태로의 변형이 가능해짐에 따라 인간의 특권이자 그 특징으로 되었다. 성충동을 신체의 일부분으로 — 성기 — 국한시키는 과정은 불러일으켜진 쾌락을 실현시키기 위한 기본적인 단계의 억압을 말한다.

생체의 성숙이란 자연스럽고 정상적인 쾌락의 성숙도 포함하여 일컫는 말이다. 그러나 본능적인 충동의 조절로서 충족에 대항할 수도 있다. 기본적인 억압과 과잉억압은 문명의 역사에 있어서 불가분의 결합 관계를 갖게 되며, 생식에의 정상적인 발달은 성기의 충동과 성감대를 어떤 특정 사회 조직의 요구에 따르기 위해 거의 비성욕화되어 왔다. '인접감각'— 후각과 미각 — 의 운명은 기본적인 억압과 과잉억압과의 상호관계에 관한 좋은 실례를 보여준다.

프로이트는 "자기의 배설물을 먹는다고 하는 본능의 요소는 아마도 인간이 두 다리로 직립함에 따라 후각 기관이 땅에서부터 떨어지게 되었을 때부터 우리들의 미적 관념과 모순되기에 이르렀다."[22] 라고 생각했다. 그러나 그것이 문명에 의해 격하된 것에 대해서는 또 다른 측면이 있다. 즉, 그 감각은 매우 강렬한 육체의 쾌락에 대항하는 엄격한 금기에 굴복한다. 후각과 미각의 쾌락은 "음音에 의해 일어나는 일종의 승화된 쾌락이나 모든 쾌락 중에서 가장 비육체적인 쾌락, 그리고 미적 쾌락에 비해 훨씬 더 육감적이다. 따라서 성적 쾌락에 보다 근접했다."[23]

말하자면 후각과 미각은 미승화된 쾌락 자체와 억압되지 않은 혐오를 가져다 준다. 그것들은 의식이나 도덕 또는 심미안 등의 보편화·인습화된 형태에 의해 하등 영향 받지 않으며, 개인과 직접적으

---

22) 《내재적 개인관계의 연구 : A Study of Interpersonal Relations》E. 스테켈, 1950년, p.24
23) Ibid., p.24

로 결부시키고 개인을 유리시킨다. 이와 같은 직접성은 조직된 지배의 갖가지 효과나 "사람들을 고립시켜서 그들 상호간의 거리를 떼어 놓음으로써 자연발생적인 관계와 그 관계에 있어서의 자연적인 동물적 표현을 방해하려는"[24] 사회와 모순되게 된다.

인접감각쾌락은 신체의 성감대에 직접적으로 작용을 가하기 때문에 오로지 쾌락을 위해서만 활동하게 된다. 인접감각이 억압받지 않은 채 발달하게 되면 생체를 성욕화하게 되고 사회적인 효과로부터 노동의 도구로 화한 생체의 비성화非性化를 웬만큼 중화시키게 된다. 유사 이래의 문명에 있어서는 결핍에 의해 강요되는 본능의 억압이 결핍과 노동의 계층적인 분포가 강제하는 속박 때문에 급진적 경향으로 발전되어 왔다.

지배의 득실은 현실원리하에서 본능이 조직화되는 데 새로운 과잉 억압을 가하게 되었다. 쾌락원리는 문명의 진보를 방해하는 한편, 영속적인 지배와 노고가 대치될 때에야 비로소 진보하게 되는 문명에 대립되기 때문에 그 권좌에서 쫓겨났다. 이러한 사실을, 프로이트는 문명이 성욕에 대해 갖는 태도를 "다른 사람을 정복하여 자기네들에게 유리하도록 이용하는 종족이나 계층의 태도와 비교하는"[25] 가운데 인정하는 것 같다. "피압박자들의 반역에 대한 두려움은 거기에서부터 한층 더 엄중한 제한으로 내딛게 하는 동인이 된다."[26]

현실원리에 따른 본능의 변용은 삶의 본능과 죽음의 본능 모두에 어떤 영향을 끼치게 된다. 그러나 죽음의 본능 발달은 삶의 본능 —

---

24) Ibid.
25) 《문명과 그의 불만》, p.74
26) Ibid., p.74

즉, 에로스 ─ 의 억압적 조직의 발달에 조명해 보는 것으로써만 명백히 이해될 수 있다. 성본능은 현실원리의 극렬한 저항에 괴롭힘을 당한다. 국소적인 성본능이 성기에 굴복하고 생식 기능에 복종할 때 성본능은 그 절정에 다다른다. 이러한 과정은 리비도가 자기 육체로부터 이성異姓으로 이동해 간다는 것을 뜻한다.

국소적인 성본능과 생식 목표로부터 벗어난 성기의 만족은 본능이 어느 정도 독립되어 있으냐에 따라 승화나 도착으로 되거나 아니면 생식 목표로서의 성욕의 부속물이 된다. 더욱이 많은 문명에서는 생식적인 성욕이 일부일처제의 근원으로 되어 있다. 따라서 이러한 원리는 성욕을 양적·질적인 면에서 제재를 하게 된다. 다시 말해서 국소적인 성본능이 통합됨으로써 그 본능이 생식 활동에 종속하게 될 때는 성욕의 성질 자체가 변화된다.

성욕은 생체 전체를 지배하는 자율적 '원리'로부터 어떤 특수화된 일시적 활동, 즉 어떤 목적을 위해 쓰여지는 하나의 수단이 된다. 비조직화된 성본능을 지배하는 쾌락원리의 개념에 의하면 생식은 단지 '부수적 산물'에 불과하다. 성욕의 주요한 내용은 육체의 각 부분에서 쾌락을 끌어내는 활동이다. 그 후에 이러한 활동이 생식에 기여를 하게 된다.[27] 성욕이 이러한 '봉사'에 기여하도록 조직되지 않을 경우에는, 만약 성숙한 이성적인 성기의 단계일망정 비성욕적인 어떤 관계, 즉 모든 문명에서 나타나는 사회적 관계가 흔들리게 된다고 프로이트는 강조하고 있다.

문명과 성욕 간의 갈등은 이러한 조건에서 생긴다. 즉, 에로스는

---

27) 《정신분석 개요》, p. 26

두 사람의 인간 관계에서 파생되면 거기에서 제3자는 단지 불필요한 방해자에 불과하지만, 문명은 다수의 집단 사이의 관계에 의거해 있다. 다시 말해서 연애 관계가 최고조에 달하면 주변 세계로부터의 관계가 단절된다. 서로 사랑하는 두 사람만으로 충분하고, 또 자기들의 자녀를 갖는다는 행복조차 원하지 않게 된다.[28]

그러나 프로이트는 그 이전에 이미 성본능과 자기보존본능의 구별에 대해 논하면서 성욕이 야기시킬 수 있는 여러 가지 위험의 가능성을 제시하고 있었다.

이성욕의 기능을 사용하는 것은 개인의 다른 활동들과 마찬가지로 항상 이익만을 얻게 될 수는 없다. 쾌락의 정도가 놀라울 만큼 상승하게 되면 개인은 생명이 위태로워지고 실제로 생명을 잃는 위험까지 맞게 된다고 하는 사실은 결코 부정할 수 없을 것이다.[29]

그러나 이처럼 성욕을 본질적으로 문명과 갈등하는 폭발적인 힘으로 해석하면서 어떻게 해서 에로스를 "생체를 보다 큰 단위로 결속시키려 하는 노력"[30]으로, 그리고 "보다 커다란 단위를 확립하여 그것을 유지하는 노력"[31]으로 정의하는 것을 정당화시킬 수 있는가? 또 어떻게 해서 성욕이 "완성으로 향하는 본능의 진정한 대리"[32]로 될

---

28) 《문명과 그의 불만》, pp.79~80
29) 《정신분석학 개론》, p.358
30) 《쾌락원리의 피안》, p.57
31) 《정신분석 개요》, p.20
32) 《집단심리학과 자아의 분석》, p.40

수 있으며 세계의 모든 것을 결합시키는 힘이 될 수 있을까?

그리고 성욕이 사회성을 배제한다는 관념이 어떻게 해서 연애 관계 또한 집단적 심성의 본질을 이루는 것이라는 가정과 일치되는 것일까? 그러나 외견상 논리의 모순은 폭발적인 내용을 초기의 성욕에 귀착시킨다거나 건설적인 내용을 에로스에 귀착시킨다고 해서 해결되는 것은 아니다. 왜냐 하면 에로스는 폭발적이고 건설적인 양 측면을 내포하고 있기 때문이다. 프로이트는《문화와 그의 불만》에서 그 두 측면을 서로 결부시키고 있다.

그는 이렇게 쓰고 있다.

"에로스는 여하한 경우에도 그의 존재의 핵심을 배반하거나 다수를 결합하여 하나로 만드는 그의 목적을 배반하지도 않는다. 그러나 에로스가 널리 알려져 있는 방식으로서 두 사람의 사랑을 통해서 목표를 달성하게 되면 거기에서 더 이상 나아가려 하지 않는다."

또한 에로스가 품고 있는 문화의 구성력을 단지 성욕의 승화된 형태 안에서만 구한다 해도 그 모순성은 없어지지 않는다. 프로이트는 이에 대해 보다 큰 단위로 향하는 동인은 에로스의 생물적·유기적인 본질에 귀속되어 있다.

여기서 우리는 성욕의 상반되는 두 측면을 융합시키기 위해 노력하기보다 오히려 이 두 측면이 프로이트의 이론 속에 내포되어 있는 것으로서 화해될 수 없는 내부적 긴장을 반영하고 있다는 점을 지적해 두는 것이 좋을 것 같다. 즉, 쾌락원리와 현실원리 사이의 갈등과 성욕과 문명 사이에 있는 갈등은 생물학적인 면에서 도저히 피할 수 없다고 하는 그의 이론에 대비되는 또 다른 관념 — 병든 문명에 구속되어 힘을 잃고는 있지만 그래도 통일적이고 만족적인 에로스의 능력이 존재한다는 관념 — 이 성립하게 된다.

이와 같은 관념에 따르면 자유분방한 에로스는 쾌락원리를 부정하는 원리를 전제로 하여 일어나는 사회 관계의 과잉 억압에 관련된 조직에만 반항한다. 프로이트는 "리비도적으로서도 만족하고 노동과 공통적 관심에 의해 타인과 결부되어 있는"[33) 하나의 조직 구성원으로의 개인들로 이루어지는 문화공동체를 인정하고 있다. 그러나 그는 이와 같은 '바람직한 상태'는 존재하지 않고 여태까지 존재한 적도 없었다는 견해를 고수한다.

그리고 문화는 목표를 빼앗고 리비도에서 과중한 세금을 거두어들여 그것을 성생활에 가하는 엄격한 제한으로 사용하는 것도 불가피하다고 보았다. 그는 성욕에 대한 문화의 적대감의 이유를 성욕과 깊게 융합되어 있는 공격적인 본능 내부에서 도출해 냈다. 본능은 항상 문명의 파괴를 꾀하려고 위협한다. 그래서 문화는 본능에 대항하기 위해 최대한도의 지원군을 모아야만 할 수밖에 없게 된다. "여기에 목표를 빼앗긴 연애 관계와 인류를 동일화로 몰아대는 문화의 방법에 체계를 세우게 되고 성생활에 대한 제한이 가해지게 된다."[34)

그러나 프로이트는 다시 이러한 억압 체계는 갈등을 현실적으로 해결해 주지 못한다고 지적했다. 문명은 파괴의 변증법 속으로 들어가 버린다. 말하자면 끊임없이 에로스를 제한하고 있는 것이 삶의 본능을 약화시키는 한편, 삶의 본능이 '집합되어' 싸우게 되는 상대자로서의 파괴 본능의 세력을 강화시키고 해방시켜 주는 것으로 된다.

---

33)《문명과 그의 불만》, p.80.《환상의 미래 : The Future of an Illusion》S. 프로이트, 1949년,
    pp.10~11
34)《문명과 그의 불만》, pp.86~87

이제까지 우리는 '과잉억압'이라는 술어를 사용하기 전에 현실원리의 사회적인 '실체'를 구성하는 여러 제도와 관계면을 집중적으로 고찰해 왔다.

이러한 것들은 똑같은 현실원리가 변화해 가는 표면적인 징후들이 아니라 현실원리 자체를 변화시키게 된다. 그러므로 현대문명에 지배적인 억압성의 범위와 한계를 설명하려면 우리는 억압에 대해서 문명의 기원과 발달을 주도해 온 특정한 현실원리에 따라 논해야 한다. 우리는 그러한 현실원리를 실행원리라고 부르기로 하자. 왜냐 하면 이 원리의 지배로써 사회의 각종 계층이 파생된다는 점을 강조하기 위해서이다.

실행원리가 역사적인 현실원리에 머물지 않는다는 것은 분명하다. 사회 조직의 또 다른 양상은 미개문화에도 지배적이었을 뿐 아니라 근대에도 역시 존속해 있었다. 실행원리는 끊임없이 확대되어 가는 이익 획득과 적대 관계의 사회에서 나타나는 원리이지만, 오랜 기간 동안 지배가 더더욱 합리적으로 유지되어 온 발전을 전제로 하고 있다. 즉, 사회적인 노동의 지배 상황이 점점 좋아지는 조건하에서 사회를 확대 재생산해 나간다. 긴 안목에서 볼 때는 지배는 이해와 전체의 이해가 일치된다.

생산 구조를 유익하게 이용함으로써 개인의 욕구와 능력의 충족이 가능해진다. 사람들은 대부분 그들 자신의 노동에 의해 나름대로의 범위와 형태를 가진 만족을 취한다. 그러나 그들의 노동은 그들 자신도 지배할 수 없는 기구를 위한 노동이다. 그 기구는 그들이 살아나가기 위해서는 필연적으로 따라야 할 독립적인 힘으로써 움직이고 있다. 또한 분업이 특수화되어 갈수록 노동하는 개인은 그 기구로부터 점점 소외되어 간다. 따라서 사람들은 자기 자신의 삶을 영위해 나가는 것이 아니라 이미 정해져 있는 기능을 실행하고 있을 뿐이다. 즉, 사람들은 일을 한다고 해도 스스로의 욕구라든가 능력을 충족하는 것이 아니라 어쩔 수 없이 소외되어 일을 하고 있다. 노동은 비로소 일반화되었다. 그리고 리비도 위에 가해지는 제한도 일반화되었다. 개인에게 주어진 시간 중에서 가장 많은 부분을 차지하는 노동 시간은 결국 고통의 시간이 되어 버린다. 소외된 노동에는 만족이 따르지 않는다. 그것은 쾌락원리를 부정하는 것이 되기 때문이다.

리비도는 개인이 자기의 능력이나 욕망과는 부합되지 않는 활동을 통해 하나의 기구를 위해서 일하고 있는 이상 사회에 공헌하는 실행의 측면에서 개인은 자기를 위해 일하게 된다. 그러나 이렇게 해서 할애된 본능 에너지는 승화되지 않은 공격적인 본능으로 치환되지 않는다. 왜냐 하면 본능을 노동으로써 사회에 이용한다는 것이 오히려 개인의 삶을 훨씬 더 풍요하게 해 주기 때문이다.

리비도에 부과된 갖가지 제한은 합리적·보편적으로 되어 감에 따라 사회 전체에 깊이 파고들어간다. 그와 같은 제한은 개인에게 외부 세계의 객관적인 규율로써 내면화된 힘으로 작용하게 된다. 다시 말해서 사회의 권위는 개인의 '양심'과 무의식 안에 흡수되어 그의 욕망·윤리 규범·행위로서 작용하게 된다. 그것이 정상적으로 발달을 하는 경우에 개인은 그의 억압을 생활화하여 그다지 구애받지 않고 생활을 영위해 나간다. 그의 만족은 그에 대해서나 타인에 대해서나 마찬가지로 이득이 된다.

그는 의당 충만된 행복감에 차 있다. 이러한 행복은 낮과 밤의 노동을 하는 중에, 또는 그 사이에 가질 수 있는 여유 등을 통해 얻어질 수 있다. 그래서 그는 노동을 계속할 수 있고, 그 결과 타인의 노동 또한 지속시킬 수 있게 한다. 그의 에로스적인 행위는 그의 사회적인 행위와도 조화를 이루게 된다. 억압은 순종적인 개인에게 그에 합당한 보수를 지불해 주는 사물의 위대한 객관적인 질서 속에서 저절로 사라져 버린다. 또한 그와 같이 함으로 해서 어떻게 해서든 전체로서의 사회를 안전하게 유지해 나가게 된다.

성욕과 문명 사이에 있는 갈등은 이와 같은 지배의 발달과 함께 등장한다. 실행원리가 지배하고 있는 곳에서는 육체와 정신은 리비도적인 주체와 객체로 되는 자유를 단념할 때 이와 같은 도구로서의 그 기능의 수행이 가능해진다. 이러한 변용에는 시간의 배분이 근본적인 역할을 수행하게 된다. 인간은 노동을 하고 있는 동안에는 하나의 소외된 노동의 도구로 존재하는 것에 불과하며 거기서 남는 시간에만 그는 비로소 노동으로부터 해방된다예를 들어, 일을 하러 나가기 위한 준비와 통근 시간을 포함한 노동 시간이 하루 평균 10시간이 되고, 수면과 식사 등 생물적인 충족을 위한 시간이 10시간 더 소요된다면, 개인에게 있어서 자유로운 시간이란 24시간 중 단 4시간에 불과하다.

이 자유로운 시간을 개인은 쾌락을 위해 이용할 수도 있다. 그러나 이드를 지배하는 쾌락원리는 쾌락의 시간이나 양을 배분하는 데 대해 반항한다는 점에서 '무시간적無時間的'이라고 할 수 있다. 개인은 그의 최저층에 있는 쾌락적 자아로부터 소외된다고 하는 데 대해 훈련되어야만 하기 때문에[35] 실행원리에 의해 지배되고 있는 사회는

---

35) 모든 사회와 문명은 의당 생활의 필수품과 사치품을 생산하기 위해 노동 시간을 착취해야만 한다. 그러나 어떤 종류나 어떤 양식의 노동도 그 본질에 있어서 반드시 쾌락원리와 불일치하는 것은 아니다. 노동의 장소에서의 인간 관계는 나르시시즘적·공격적이거나, 에로스적·리비도적인 노동을 충분히 방출시킬 기회를 주게 될 것이다.〈문화와 그의 불만〉, p.34

이와 같은 쾌락의 배분을 강제적으로라도 반드시 실행해야만 한다.

그리고 생체는 시간을 초월하고 아무 쓸모없는 '영원한 쾌락'을 위한 요구를 단념하는 것을 터득해야 한다. 게다가 소외와 규제가 노동 시간부터 자유로운 시간까지 확대되게 된다. 이와 같은 조절은 사회의 여러 기관에 의해 강제적으로 실행될 필요는 없다. 그리고 대개 그것은 불가능하다. 기본적으로 여가의 통제는 노동 일수의 길이에 의해 소외된 노동의 따분하고 지루하고 기계적인 숙련성에 의해 결정된다.

이러한 것들은 여가를 수동적인 휴식인 동시에 노동을 위한 에너지의 재생산으로서의 목적에 부합시킬 것을 요구한다. 그리고 이런 대중 조작의 기술은 생산의 발전이 억압적인 지배에 의해 정해진 한계를 초월하게 될 위험성이 대두된 산업 문명시대에 이르러서야 비로소 여가를 직접적으로 통제하는 오락산업을 발달시키게 된다. 또는 국가가 이와 같은 통제를 인계하여 수행하게 된다.

개인을 소외감 속에 방치해서는 안 된다. 개인은 혼자 소외되면 억압적인 현실에서 자기를 해방시킬 가능성을 의식하게 된다. 그렇게 되면 이드가 산출하는 리비도적인 에너지는 점차로 주위의 한계를 뛰어넘어 보다 광범위한 실존 관계를 자기의 것으로 합류시키려 한다. 그리하여 결국 에너지는 현실자아와 그의 억압적 행동을 폭발시켜 버리게 된다.

성욕의 조직은 실행원리의 기본적인 특징과 그의 사회적인 조직을 반영한다. 프로이트는 이러한 측면 — 집중화 — 을 강조했다. 그런데 그것은 특히 국소적인 성본능이 리비도적인 이성과 결부하여 성기 우월성의 확립이 가능해지도록 작용한다. 어떤 경우에 있어서도 그 통일적인 과정은 억압적이다. 즉, 국소적인 성본능은 그 본능의 대상을 보존하는 충족의 한 차원 높은 단계로 발전하게 되는 것이 아니라, 오히려 차단되어 부수적인 작용으로 왜소해진다.

이러한 과정은 사회에 대해 필요한 육체의 비성화를 야기시킨다. 리비도는 육체의 한 부분에 집중되어 그 나머지 부분은 노동의 수단으로 사용할 수 있도록 남겨 둔다. 이리하여 리비도의 시간적인 축소는 공간적인 축소로 보완된다. 본래 성본능은 그의 주체나 객체에 대해서 어떤 형태로든 결코 외부에서부터 시간적·공간적 제재를 가하지 않는다. 성욕은 본래 '다형적多形的·도착적'인 성질을 갖고 있다.

성본능의 사회적인 조직은, 생식에 봉사하고 생식을 준비하지 않는다는 성본능의 발현은 모두 도착적인 것으로 금지시킨다. 도착도 만일 그것이 매우 엄격하게 금지되지 않을 경우에는 문화의 초석인 승화를 방해할 것이다. 페히너에 따르면 전성기적인 갖가지 노력은 승화의 대상이며 성기 우월이 승화의 전제 조건으로 된다.[36] 또한 프로이트는 도착의 금기가 어떻게 해서 매우 엄격한 유지를 하게 되는가 하는 점을 문제시했다.

그는 도착이라는 것은 혐오스러우며, 또한 누구나 어떤 무시무신한 괴물처럼 생각하고 있다고 단정지었다. 이것은 "마치 도착이 어떤 유혹적인 힘을 발휘하고, 또 도착을 좋아하는 사람들의 은밀한 원망은 완벽하게 억압되지 않으면 안 된다고 하는 것을 뜻하는 것 같다."[37] 그리고 이러한 단정 때문에 오히려 마치 도착은 정상적인 성욕보다 더욱 쾌락을 기약해 주는 것으로 보인다. 그렇다면 그러한 기약

---

36) 《노이로제의 정신분석학적 이론 : The Psychoanalytic Theory of Neurosis》S. 프로이트, p.142

37) 《정신분석학 개론》, p.282

된 쾌락의 원천은 무엇일까?

프로이트는 정상에서 벗어나는 '배타적'인 성격과 생식적인 성행위의 거부를 강조했다. 도착은 생식의 질서에 복종하는 성욕에 대해서, 그리고 이러한 질서를 찬동하는 제도에 대해 신랄하게 비판한다. 정신분석이론은 생식을 배척하고 방해하는 갖가지 노력 속에 연쇄적인 생식을 유지하려는 데 대한 반항과 그 때문에 가부장적 지배를 계속하려는 데 대한 반항을 포함하고 있다. 도착은 쾌락자아가 현실자아의 완전한 노예가 되는 것을 방해하고 있는 듯하다. 그리하여 도착은 억압의 세계에서 본능의 자유를 요구하여 흔히 성욕의 억압에 상반되는 죄의식에 강력하게 반발하게 된다.[38]

도착은 쾌락원리의 미명하에 실행원리에 반항함으로써 "현실의 시험을 모면하고 단지 쾌락원리에 복종하고 있었던"[39] 심적 활동으로서 환상과 깊이 관련되어 있다. 환상은 성욕의 도착적인 발현에 있어서 가장 실질적인 역할을 연출한다. 또한 환상은 예술적인 상상으로서 도착을 완전한 자유와 여러 가지 만족에 결부시킨다. 정상성, 사회적 유용성, 선善 사이의 조화로운 균형을 강요하는 억압의 질서에서는 쾌락을 위한 쾌락이 갖가지 악의 형태로 나타난다.

도착은 성욕을 사회적으로 유익한 목적을 위해 이용하는 사회에 대해서는 성욕 자체를 옹호하는 입장이다. 이리하여 도착은 실행원리의 외적 지배에 위치하게 되어 그 기초에 도전한다. 도착은 생체를 노동의 도구로 치환시키는 문명의 과정을 역행하려 하기 때문에 결과적으로 사회가 추방해야 될 리비도적인 관계를 성립시킨다. 도착

---

38) 《이마고Imago》, 제13권, p.345
39) 《정신기능에 있어서의 두 가지 원리》, 제4권, pp.16~17

은 금기의 상징으로서 금지되어야만 비로소 인간과 자연에 대한 지배가 더 한층 효율적으로 수행되고 조직될 수 있다.

다시 말해서 도착은 행복과 자유가 모두 파괴적인 의미에서는 동일하다는 상징을 말한다. 더욱이 도착의 실행이 허용되면 노동력의 일사분란한 재생산뿐만 아니라, 아마도 인류의 재생산까지 위협하게 될 것이다. 삶의 본능과 죽음의 본능이 융합하면 정상적인 인간도 동요되기 쉽고 위태로워진다. 이 양자의 융합 작용이 해체되면 죽음의 본능 속에 있는 성애적인 구성 요소나 성본능 속에 있는 죽음의 본능의 구성 요소가 그 모습을 드러내게 된다.

도착은 삶의 본능과 죽음의 본능이 결국 동일한 것이라는 점, 또는 본능이 죽음의 본능에 굴종하게 된다는 점을 시사해 주고 있다. 여기서는 리비도의 문화적인 과제 — 또는 삶의 과제 — 다시 말해서 "파괴적인 본능을 무해한 것으로 한다는 것"[40]은 실패하게 된다. 최종적인 완전한 실행을 추구하는 본능적 충동은 쾌락원리에서 열반원리로 퇴행한다.

문명은 이와 같은 가장 중대한 위험을 인정하고 그것에 계속적인 제재를 가해 왔다. 즉, 그것은 정사情死라고 하는 일부일처제의 고도로 승화된 창조 안에 죽음의 본능과 삶의 본능이 용해되는 것을 찬미한다. 그리고 다른 한편으로는 그 자체의 목적인 에로스의 불완전하면서도 현실적인 표현을 거부하게 된다.

죽음의 본능에는 에로스의 사회적인 조직과 같은 것이 없다. 예컨대 본능이 활동하는 그 심층 자체가 본능을 이 같은 체계적이고 질서

---

40) 《매저키즘에 있어서의 경제적 문제 : The Economic Problem in Masochism》S. 프로이트, 제2권, p.260

정연한 조직으로부터 보호하고 있다. 단지 본능의 파생적인 몇 가지 발현만이 통제받을 가능성이 높다. 그 본능은 사디슴적·매저키즘적인 본능 충족의 일부로서 도착에 관한 엄격한 금기로 놓여진다. 게다가 문명 전체의 발달은 죽음의 본능과 그것에서부터 파생된 것을 변형시켜 이용하게 되면서 비로소 가능하게 된다.

근원적인 파괴성은 자아에서 외부세계로 벗어나면서 기술의 진보를 촉진시키게 된다. 또 초자아를 형성하기 위해서 죽음의 본능을 이용하게 되면 쾌락자아를 현실원리에 엄격하게 굴복시킬 수 있게 됨으로써 문명화된 윤리 규범이 보증된다. 죽음의 본능은 이처럼 변형되어 삶의 본능에 기여할 수 있게 된다. 공격적인 충동은 항상 자연을 인류에 대해서 유익하도록 변경시키고 지배하고 에너지를 제공해 준다.

인간은 사물이나 동물, 그리고 때로는 인간조차 습격하고 파괴시키고 변경시키고 폭발시킴으로써 널리 세계를 지배한다. 그리하여 문명의 고차원적 단계로 상승하게 된다. 그러나 문명은 죽음이라고 하는 무시무시한 요소를 지속적으로 간직하고 있다.

……우리들은 다음과 같은 무시무시한 가설을 수용하도록 강요받고 있다. 즉, 인간의 건설적·사회적인 모든 노력이 생산해 놓은 구조와 형상 속에서도 죽음의 원리가 구체화되어 있다. 그리고 아무리 진보적인 충동이라 해도 언젠가는 반드시 사그라져 버리고 만다. 게다가 지성은 야만에 대해 영구한 대책을 마련할 수는 없다[41]라는 가설을.

---

41) 《평화와 전쟁에 있어서 민중의 본능 : Instinct of the Herd in Peace and War》Wilfred Trofter, 1953년, pp.169~197

사회화된 파괴성의 기원은 대개 모든 유용성을 부정하는 충동 내부에 존재한다. 국가나 집단의 적에 대한 전쟁의 동기 또는 시간과 공간과 인간의 파괴적인 정복에 대한 동기는 언뜻 보기에 합리적인 것으로 보이지만, 그 이면에는 에로스의 무서운 상대자로서 죽음이라고 하는 것이 언제나 희생자들의 인정을 받고 그 희생자들의 참가에 힘입어 나타난다.[42] "파괴 본능은 퍼스낼리티가 형성되는 과정에서 초자아가 형성되는 시기에 그 모습을 분명하게 드러낸다."[43]

초자아는 이드의 비현실적인 충동을 방어하는 역할과 오이디푸스 콤플렉스를 영원히 정복하려 하는 시도에 의해 자아의 통일을 꾀하는 한편, 그것을 보호하고 현실원리 안에서 자아의 발달을 돕는다. 초자아는 이러한 실행으로써 에로스에 봉사하게 된다. 그러나 초자아는 이러한 목표를 달성하기 위해 자아를 이드 쪽으로 파괴 본능의 일부를 퍼스낼리티의 일부로 향하게 한다. 즉, 전체로서의 퍼스낼리티의 통일을 파괴하고 분쇄한다.

초자아는 이렇게 함으로써 삶의 본능의 적대자를 도와준다. 그리하여 내부로 향해진 파괴성은 성숙한 퍼스낼리티의 윤리적인 핵심을 구성하게 된다. 양심, 즉 문명화된 개인이 가장 존중하게 되는 도덕의 담당자는 죽음의 본능과 결속하여 나타난다. 초자아가 강요하는 지상 명령은 퍼스낼리티를 사회적인 존재로 형성시키고 또한 자기파괴의 명령으로서 작용한다. 억압은 삶의 본능에도 죽음의 본능에도 관계하고 있다. 엄격한 초자아는 언제나 삶의 본능의 융합을 끊임없이 위협하고 있다.

---

42)《무엇을 위한 전쟁인가 : Why War》S. 프로이트, 제5권, p.273
43)《전체 퍼스낼리티의 정신분석학》, p.159

"인간은 타인에 대한 자기의 공격적인 경향을 억압하면 할수록 자기의 자아이상에 있어서는 더욱더 공격적으로 된다…… 또한 자아이상의 자아에 대한 공격적인 경향도 한층 더 강해진다."[44] 우울증에서는 그런 경향이 극단적으로 되어 죽음의 본능이 초자아를 지배하게 된다. 그것은 결국 일종의 "죽음의 본능의 집합 장소"[45]가 된다. 그러나 이러한 극한적인 위험성은 자아의 정상적인 상황 내에 자리를 잡고 있다.

리비도에 대한 초자아의 투쟁은 초자아의 내부에 있는 공격적인 본능을 해방시키기 때문에 자아를 학대하고 죽음의 위험에 직면하도록 이끈다. 자아는 초자아의 공격성 때문에 고심하고 때로는 굴복하기도 한다. 그것은 자기 자신의 신체에서 생겨난 물질에 의해 파괴당하는 원생동물과 유사한 운명이다.[46]

그리하여 프로이트는 '심적 경제의 관점에서 본다면 초자아의 내부에서 작용하는 윤리는 분해산물과 비슷한 것'이기가 십상이라고 지적하고 있다. 바로 이 점이 문명의 진보가 증대해 가는 파괴력을 해방시키는 방향으로 이끌어 간다고 하는 숙명적인 문명의 변증법과 프로이트의 초심리학이 대결하게 되는 정점이다. 이와 같은 프로이트의 개인심리학과 문명의 관계론을 조명하기 위해서는 본능의 역학을 계통발생이라고 하는 또 다른 측면에서 해석해 보는 것이 요구된다.

----

44) 《자아와 이드》, pp.79~80
45) Ibid., pp.77~79
46) Ibid., p.84

제3장
억압적인 문명의 기원

　억압의 기원을 거슬러올라가면 유아기에 발생하는 억압으로까지 추구해 나가야만 된다. 자아는 오이디푸스 콤플렉스의 후계자인 셈이며, 성욕의 억압적인 조직은 주로 전성기적·도착적 발현으로 향한다. 더욱이 탄생의 심리적인 출산외상적 상흔은 죽음의 본능, 즉 태내로 돌아가고자 하는 충동의 최초의 표현을 수락하게 되는 데[1] 유아기 이후부터는 이 충동을 조절해야만 한다.

　현실원리는 유아기에 거의 완전하고 엄격하게 형성되기 때문에 성숙한 개인의 행동은 유아기의 체험과 반응 태도를 단순히 번복하는 것에 불과하다. 그러나 현실에 의해 충격받게 되는 유아기의 체험은 한 개인 이전의 생물학적으로 종種에 연관된다. 즉, 아이들이 오랫동안 부모에게 의존하는 상황과 오이디푸스적 상황, 그리고 전성기적 성욕은 개인마다 그 차이가 있을지는 몰라도 어쨌든 모두 인간이라는 하나의 종에 귀속되어 있다.

---

1) 《모세와 일신교 : Moses and Monotheism》S. 프로이트, 1949년, p.157

또한 신경증적인 퍼스낼리티에서 볼 수 있는 초자아의 지독한 엄격성이나 무의식적인 죄의식 그리고 무의식적인 자책의 욕구는 현실적으로 죄를 범하기 쉬운 개인의 충동과는 전혀 무관한 것 같다. 성숙기 동안에 나타나는 죄의식의 지속과 강화, 성욕의 과도한 억압적 조직은 개인의 충동에 포함되는 위급한 것이라는 사실만 가지고는 충분히 설명될 수 없다.

초기의 갖가지 정신적 외상에 대한 개인의 반응도 자기 자신이 경험한 것으로서는 충분히 해명될 수가 없다. 그러한 것들은 개인의 범위를 떠나서 유전 현상에 대한 반응으로 간주하는 편이 훨씬 타당하다. 이와 같이 퍼스낼리티의 심적 구조를 분석하기 위해서는 인간의 유아기 이전 상태로 거슬러올라가 개인의 발달사에서부터 인류라고 하는 종의 고대사까지 역행해 나가지 않으면 안 된다.

오토 랑크에 의하면 퍼스낼리티에는 종의 욕구인 '생물적인 죄의식'이 작용하고 있다는 것이다. 어린아이가 탄생하여 얼마 동안 보육자에게서 이어받는 도덕원리는 "원시인의 계통발생적인 반응"[2]을 반영하고 있다. 문명은 아직도 고대의 유산에 의해 유지된다. 게다가 이 유산은 프로이트가 지적하는 것처럼 전세대의 소질뿐 아니라 관념의 내용과 경험의 기억된 흔적까지 포함하고 있다.

이리하여 개인심리학은 개인 자신이 아직까지 고대에 있어서의 종의 상태와 융합되어 있는 이상, 집단심리학이라고 볼 수 있다. 이 고대의 유산이 "개인심리학과 집단심리학 사이에 있는 간극을 메꾸어준다."[3] 이러한 개념은 사회과학의 방법과 실체에 대해 중대한 의미

---

2) 《전체 퍼스낼리티의 정신분석학》, p.7
3) 《모세와 일신교》, p.158

를 부여한다. 그래서 결국 심리학이 이데올로기의 껍데기를 벗기고 퍼스낼리티의 형성을 규명하는 것은 한 개인을 분해하는 것과 마찬가지가 된다.

개인의 자율적인 퍼스낼리티는 인류에게 일반적인 억압의 결정되어진 표현으로 나타나게 된다. 자의식과 이성은 내부적인 또는 외부적인 억압의 이미지 안에서 역사적인 세계를 정복하여 형성되었다. 자의식과 이성은 지배자라는 입장에서 초래한 여러 가지 자유를 노예화의 토양 위에 육성시키고 그 탄생의 표식을 보유하고 있다. 바로 이 점에 프로이트의 퍼스낼리티 이론의 불건전한 의미가 내포되어 있다.

심리학은 자아와 퍼스낼리티의 관념을 그의 원초적인 구성 요소로 분해하는 것으로서 현실의 개인을 형성하는 비개인적·전개인적인 여러 요소들을 명백하게 한다. 다시 말해서 심리학은 개인의 내부에, 그리고 개인의 상위에 있는 보편적인 어떤 힘을 규명한다. 이와 같은 폭로는 현대 문화에 있어서 가장 굳건함을 과시하는 자율적인 개인의 관념이라고 하는 이데올로기에 일격을 가하려 한다.

여기서 프로이트의 이론은 화석과 같이 굳어져 버린 사회학의 개념을 역사적인 내용으로 향하게 함으로써 해소시키려는 위대한 비판의 노력과 합세하게 된다. 그의 심리학은 사적·공적인 환경에 있는 구체적이고 완성된 퍼스낼리티에 집중하지 않는다. 그와 같은 방식에서는 퍼스낼리티의 본질이 발현하는 것이 아니라 오히려 은폐되어 버리기 때문이다.

그것은 사회를 구성하고 있는 인간과 제도 전체가 엮어내는 그물 속에 응결된 기나긴 역사의 과정에 있어서의 한 성과이며, 그러한 과정이 퍼스낼리티와의 연관을 결정하게 된다. 따라서 이 과정을 있는 그대로의 모습으로 포착하기 위해서는 심리학이 숨어 있는 그 기원을 파고들어 응결된 것을 풀어 줄 필요가 있다. 그럼으로써 심리학은 유아기의 결정적인 체험이 종의 체험과 유관하다는 사실을 발견하게 된다.

인류는 아직도 그 자신의 역사를 지배하는 단계까지는 이르지 못하고 있으며, 과거가 현재를 규정하고 있다. 프로이트에게 있어서 보편적인 운명은 본능적인 충동의 내부에 있는 것인데 충동 자체도 역사적인 변용을 받게 된다. 개인에게는 극단적인 오이디푸스적 상황의 체험, 그리고 가부장에 의해 상징되는 지배의 체험이 있었다. 이 체험은 결코 완전하게 극복되는 것이 아니고 문명인의 퍼스낼리티에 포함되는 성숙한 자아에도 여전히 고대의 유산으로서 남아 있다.

이와 같은 자아의 종속을 항상 의식하고 있지 않다면 프로이트가 그의 후기 저서에서 강조한 성숙한 자아의 자율성이라는 것이 도리어 가장 진보한 정신분석적 개념의 포기에 대한 적절한 구실을 제공하는 것이 된다. 그것은 문화와 인간 관계를 강조하는 학파의 주장에 밀려 일보 퇴각된 논리에 나타난다. 프로이트는 그의 후기 논문에서[4] 자아의 변용이 모두 '유아기의 방어적 갈등을 통해서만 얻어진 것'은 아니라고 주장한다.

개인의 자아는 애초부터 각기 특유의 소질과 경향이 주어지고 기본적·선천적인 변이를 나타내는 것이라고 보았다. 그러나 자아의 이러한 새로운 자율성은 그 반대물로 전화되는 것으로 여겨진다. 즉, 자

---

4) 《유한하고 무한한 분석 : Analysis Terminable & Interminable》S. 프로이트, 1950년, 제5권, p.343

아는 본질적으로 전개인적인 종의 형태에 의존하고 있다는 관념을 포기하는 것이 아니라, 도리어 그는 자아의 발달에 대해서 종이 수행하는 역할을 강조했다.

그는 자아의 생득적인 변이를 고대로부터의 유산으로 해석하고, 자아가 존재하기 이전에 이미 거기에서 그 이후에 취해질 발달의 방향이나 경향, 그리고 반응이 결정되었다고 생각했다. 자아의 재생으로 생각되는 것은 고대의 유산에 속하는 원시적인 인간의 발달에서 계승한 것에 의해 더욱 확실하게 강화된다.

프로이트는 자아의 선천적 구조에서 '자아와 이드의 국소 해부학상의 상위는 우리의 연구에 거의 아무런 가치도 지니고 있지 않다'고 결론을 내림으로써 자아와 이드를 동일시할 때의 이 두 심적 힘의 균형에서는 자아보다도 이드가 개인적인 과정보다 발생적인 과정이 훨씬 가중되는 것으로 여겨진다.[5] 프로이트 이론에서 가장 격렬하게 비난받는 것은 고대 유산의 잔재라고 하는 관념, 즉 가부장으로부터 친부 살해를 통해서 문명에 이르는 인류의 고대사를 재건하려고 하는 사고방식이다. 그의 그러한 견해는 과학적으로 입증한다는 것은 물론이거니와, 논리적으로 일관해서 주장한다는 것조차 어렵고, 그러한 어려움을 타개한다는 것은 도저히 불가능하다.

더욱이 그러한 곤란은 프로이트의 가설이 치명적인 타격을 주었을 금기에 의해 강화되고 있다. 프로이트의 그 가설에 의하면 신에 대한 죄를 범함으로써 낙원을 상실한 인간은 그곳으로 되돌아가려는 노력

---

5) H. 하트만Heinz Hartmann의 논문 〈자아와 이드의 발달에 있어서 상호 영향 : Mutual Influence in the Development of Ego and Id〉과 〈어린이의 정신분석적 연구 : The Psychoanalytic Study of the Child〉1952년, 제7권 참조.

은 하지 않고 현세적인 부친인 전제 군주에 의해 확립되어 항상 미완성인 채로 실패로 끝나 버리는 끝없는 반항을 수반하는 인간에 의한 인간의 지배로 되돌아가려 한다.

'원죄'는 인간에 대한 것이었다. 그리고 그 원죄는 자기 자신에게도 죄가 있는 인간에 대해서 범해지는 것이므로 결코 죄는 아니었다. 또한 이러한 계통발생에 관한 가설은 성숙한 문명이 오늘날에도 고대의 심적 미숙성에 의해 규정되어 있다는 것을 나타내고 있다. 고대인의 충동과 행위에 대한 기억은 아직도 문명을 위협하고 있다. 억압된 소재는 되살아나서 그로 인해 아직까지도 개인은 과거에 이미 극복했던 충동 때문에 벌을 받게 되는 동시에 이미 오래 전에 보상된 행위 때문에 벌을 받게 된다.

만일 프로이트의 가설이 인류학의 자료에 의해 확증되지 않는다면 그것을 깨끗이 내버릴 수밖에 없다. 단지 그의 가설이 일련의 파국적인 사건들을 통해서 지배의 역사적인 변증법을 전개함으로써 이제까지 설명되지 않았던 문명의 갖가지 양상을 밝히게 되었다는 점만은 인정해야 한다. 우리는 프로이트가 인류학에 시도했던 상상에 포함되는 상징적인 가치만을 이용한다. 그의 가설에서 가정된 고대의 사건들은 결코 인류학의 관점에서는 실증되지 못한다.

그러나 그러한 사건들의 결과는 엄연한 역사적인 사실이며, 그것을 프로이트의 가설에 적용시켜 해석해 볼 때 역사의 미래를 계시하고 있음에도 불구하고 외면되어 온 중대한 의미가 분명히 나타나게 된다. 만일 그의 가설이 상식과 어긋나는 것이라 할지라도 그러한 반항을 통해서 상식에서 잊혀지도록 훈련되어 왔다는 진리를 주장하는 것이 된다.

프로이트 이론에 따르면 인류 최초의 집단은 어떤 개인이 다른 개인을 강압적으로 지배하게 됨으로써 확립되고 유지되어 왔다. 과거 인류의 생활은 지배에 의해 조직되었다. 그리고 타인을 지배하는 데 성공한 인간은 가부장이었다. 그는 자기가 바라는 여성들을 소유하고 그 여성들 사이에서 아들이나 딸들을 낳아 키웠다. 가부장은 여성을 독점하고 원시부족들을 그의 권력에 복종시켰다. 그가 지배의 확립에 성공하게 된 것은 다른 구성원들을 최고의 쾌락에서 배척하는 데 성공했었기 때문이 아니었을까?

아무튼 전체로서의 집단에서 쾌락의 독점은 고통의 불평등한 배분을 의미했다. "자식들의 운명은 고통스러웠다. 가부장의 질투를 야기시키게 되면, 그들은 살해되지 않으면 거세되든가 추방되었다. 그들은 소규모의 공동체 안에서 생활해야 했고, 아내를 얻기 위해서는 다른 공동체에서 여자를 훔쳐 와야만 했다."[6]

원시부족에서는 여하한 일을 불사하고 일을 부담하는 것은 자식들이었다. 그들은 가부장을 위하는 것 외에 어떤 종류의 쾌락도 제한되어 있었기 때문에 본능 에너지는 불유쾌할지언정 필요한 활동적인 측면에서 발산시킬 수 있는 정도의 자유를 획득하게 되었다. 가부장에 의해 근원적인 욕구의 충족을 억압당한다는 사실, 다시 말해서 쾌락의 억제는 그러한 지배의 결과였기도 하지만 그와 동시에 지배가 영속적으로 작용할 수 있는 데 대한 심적인 전제 조건을 산출하게 되었다.

이와 같은 원시부족의 조직에서는 합리성과 비합리성, 생물적인 요인과 사회적인 요인, 공통의 이해와 특수의 이해가 어느 것도 결코

---

6) 《모세와 일신교》, p.128

분리될 수 없을 정도로 얽혀 있었다. 원시부족은 정해진 질서 속에서 유지되는 일시적인 역할을 수행하는 집단을 말한다. 따라서 이러한 질서를 확립한 부권의 전제군주제는 집단을 만들고, 그것을 유지함으로써 집단 전체의 재생산과 공동이익을 보장하는 이상은 합리적으로 볼 수 있는 것이었다. 이처럼 가부장은 문명의 발달에 모범이 되었던 것처럼 쾌락의 강제적인 속박과 금욕을 통해 진보의 토대를 구축했다.

이렇게 하여 가부장은 미래의 훈련된 노동력에 대해서 최초의 전제 조건을 확립했다. 그리고 쾌락의 계층에 상응한 배분은 보호나 보장이나 애정에 의해 정당화되었다. 전제군주는 가부장이었기 때문에 피지배자가 그에게 품는 증오는 애초부터 생물학적인 애정을 수반하는 것이었음이 확실하기 때문이다. 거기에는 자기가 가부장을 모방함으로써 동일화하여 가부장의 쾌락과 권력을 획득하고 싶다는 원망으로서 나타나는 양가성의 감정이 있다.

가부장은 자기 자신의 이해로써 지배를 확립하게 되는데, 그것은 그의 연령과 생리적인 기능, 그리고 그의 성공에 의해 정당화된다. 그는 집단이 분해되지 않도록 하는 데 필수조건인 확실한 질서를 구축한다. 이와 같은 역할로 가부장은 그 후의 문명의 발달에 고무적인 힘이 된 전제적인 가부장 상像을 미리 앞서서 보여준다. 가부장으로서의 인간과 그 역할 속에서 그는 현실원리의 내적인 논리와 필연성을 구체적으로 실현시킨다. 그는 "역사적인 권리"[7]를 가진다. 원시부족의 재생산에 관한 질서는 가부장의 사후에도 여전히 남아 있다.

----

7) Ibid., p.135

자식들 중의 누군가가 원시부족 안에서 죽은 가부장과 똑같은 지위를 획득하는 데 성공할 것이다. 거기에는 하나의 호조건이 자연스럽게 형성되는데, 그것은 다름아닌 모친의 애정으로 보호되고 가부장이 너무 늙어 있다는 유리한 조건을 태어나면서부터 획득하여 가부장의 사후에 그의 지위를 이어받을 수 있는 막내아들의 자리이다.[8]

이렇게 해서 원초적인 부권의 전제적 통치는 '효과적인' 질서로 되었다. 그러나 상부에서 강제된 효과는 분명코 매우 위태로웠을 것이므로 부권에 의한 금기와 압제를 증오하는 마음이 상당히 강력했을 것이다. 프로이트 이론에서는 이와 같은 증오가 추방된 자식들의 반항으로 되어 나타나는데, 그것은 집단에 의해 부친을 살해하고 그 인육을 탐식한 후 형제들에 의한 부족을 형성하는 것으로서 최고조에 달한다.

그리하여 일단 형제부족이 형성되면 살해된 부친은 신으로서 숭배되고 사회도덕을 산출하게 되는 금기와 금제가 도입된다. 프로이트가 가설한 원시부족의 역사에서는 자식들의 반항을 부친이 원시부족의 여성을 금기로 한 데 대한 반항이라고 하여 쾌락의 불공평한 배분에 대한 사회적인 항의가 포함되어 있지 않다. 따라서 엄밀한 의미에서 문명은 단지 형제부족에서 시작된다.

그때 금기는 지배하는 형제 자신에 의해 제정되어 집단을 통일된 전체로서 유지한다는 공동 이득에서 억압이 실행된다. 그런데 형제부족을 원시부족에서 결정적으로 분리시킨 심리적인 사건은 바로 죄의식의 발달이다.

---

8) Ibid., p.128

원시부족 상태에서 이탈하여 진보하는 상태, 즉 문명은 죄의식을 전제로 한다. 그것은 개인 안에 문명의 기반인 각종 중대한 금지·속박·만족의 지연 등을 주입시킴으로써 그러한 억압을 유지해 나가게 된다.

부친을 살해한 뒤에 그 상속권을 둘러싸고 형제들끼리 싸움이 발생했으리라는 것은 당연한 것으로 생각될 수 있다. 그들은 상속권을 둘러싼 이 싸움이 부질없는 위험한 것임을 알게 된다. 이러한 괴로운 경험을 통해 얻게 된 지식은 자식들끼리 합심해서 해방을 이루게 된 것에 대한 기억이라든가, 추방되어 있는 동안에 생긴 서로의 애정에 대한 기억과 합해져 적어도 그들 사이의 결합, 즉 일종의 사회 계약을 파생시키게 되었다.

이리하여 본능의 충족을 단념함으로써 사회 조직을 형성하는 최초의 시도가 실현되었다. 그리고 서로의 의무가 인정되고 제도는 신성한 것이어서 불가침적인 것이라고 선언됨으로써 거기에 도덕과 법률이 발생하게 되었다.[9]

부친에 대한 반란은 생물학적으로 정당화된 권위에 대한 반란이다. 부친의 살해는 집단을 이끌어 나가는 질서를 파괴한다. 반역자들은 전체에 대해 죄를 범함으로써 그들 자신에 대해서도 죄를 범하게 되었다. 그러므로 그들은 타인에 대해서도 유죄인 동시에 자기 자신에 대해서도 유죄이다. 그래서 그들은 참회해야 할 이유가 생겼다. 부친은 생식적인 성욕의 질서를 확립하고 거기서 그들 자신을 창조해 내어 유지하는 종種이므로 부친의 살해는 크나큰 범죄이다.

---

9) Ibid., p.129

한 개인인 동시에 가부장이고 부친이고 게다가 폭군이기도 한 그는 사랑과 증오를 불러일으키고, 인류의 역사가 의존하고 있는 생물적인 사회의 기반을 공고히 한다. 부친이라고 하는 인간을 살해하는 것은 영속적인 집단생활 그 자체를 멸망시켜서 유사 이전의 역사의 그림자 속에 숨어 있는 쾌락원리의 파괴적인 힘을 끌어낼 우려가 있다.

그러나 자식들은 부친과 똑같은 것을 원하고 있다. 자식들은 그들의 욕구 충족을 영속시키고 싶어한다. 그들이 이러한 목적을 이룰 수 있게 되는 것은 오직 쾌락을 지배하고 그렇게 함으로써 집단을 유지해 온 지배의 질서를 새로운 형태에서 번복하는 것을 의미하는 것뿐이다. 부친은 신으로서 존속하게 되고, 범죄자들은 후회로서 그를 숭배하게 됨으로써 범죄를 이어나가게 된다.

또한 새로운 부친들은 그들의 지배와 집단의 조직을 유지하기 위해 필요한 쾌락의 금기를 지켜 나간다. 한 사람에 의한 지배로부터 다수에 의한 지배로 발달한다는 것은 쾌락의 '사회적인 학대'를 의미한다. 그리하여 지배자는 자기 자신에게 억압을 가할 수 있게 만든다. 그리고 구성원들이 그들의 지배를 유지하고자 한다면 정해진 금기에 따라야만 한다. 그때에야 비로소 억압은 압제자 자신의 생활에까지 파고들고 그들의 본능 에너지의 일부는 승화가 되어 노동에 기여하게 된다.

또한 부족의 여성에 대한 터부는 다른 원시부족들과의 교제를 확대시켜 동맹을 맺는 것으로 유도해 나간다. 조직된 성욕은 프로이트가 문명에 있어서의 에로스의 활동으로 간주했던 것보다 큰 단위를 형성하기 시작한다. 여성의 역할은 점차 중요성을 띠게 된다. "부친의 죽음으로 인해 허술해진 권력의 상당 부분이 여성에게로 옮아갔다.

이리하여 모권제의 시대가 이어지게 되었다."[10] 프로이트의 가설에 있어서는, 문명에로의 발달 과정에서는 모권제시대 이전에 원시적인 가부장적 전제주의가 있었다고 하는 것이 필수적인 것으로 여겨진다.

다시 말해서 억압적인 지배의 낮은 단계나 에로스의 광범위한 자유는 전통적인 모권제와 결부되어 있는데, 프로이트에 의하면 그것은 원초적인 자연 상태로서가 아니라 가부장적 전제주의의 범람의 결과이다. 문명의 발달에 있어서 자유는 해방이라는 것으로 가능하다. 자유는 지배 뒤에 온다. 그리하여 지배를 긍정적으로 받아들이게 된다. 모친제는 부친제의 혁명에 의해 대치되고, 부권제의 반혁명은 종교의 제도화에 의해 안정적으로 된다.

그 동안에 커다란 사회적 혁명이 일어나고 있었다. 모권제의 뒤에는 부권제의 질서가 부활했다. 새로운 부친들은 사실상 고대 가부장의 전능을 이어받지는 못했다. 그들은 많은 수의 부친들과 최초의 원시부족보다 큰 공동체 안에서 생활하고 있었다. 그들은 상부상조하지 않으면 살아갈 수가 없었고 사회제도에 의해 제한을 받고 있었다.[11]

남성의 신들은 처음에는 모친의 신들 곁에서 시중 드는 자식들로서 나타나는데, 그것이 점차로 부친의 모습을 띠게 된다. 다신교는 일신교에 지위를 양도하여 유일한 한 개인이면서도 무한한 힘을 가지는 부친의 신으로 되돌아온다.[12] 원시적인 지배는 지상적인 것, 승화

---

10) Ibid., pp.129~130
11) Ibid., pp.131~132
12) Ibid., pp.131~132

되어 영원한 것, 우주적인 것, 선한 것으로 발전되어 이러한 형태에서 문명의 과정을 수호한다. 가부장의 '역사적인 권리'는 부활된다.[13)]

프로이트에 의하면 죄의식은 형제부족과 그 부족이 후에 통일한 최초의 사회에서는 필수적인 것으로서 그것은 본래 부친살해라는 범죄의 죄의식이다. 불안은 죄의 결과보다 앞서 일어난다. 그러나 이러한 결과들은 이중적이다. 즉, 그 결과들은 집단을 유지해 온 권위를 제거함으로써 집단생활을 파괴할 우려가 있으며, 게다가 이 권위의 배제는 부친이 없는 — 즉 금기와 지배가 없는 — 사회를 기약해 준다.

그런데 죄의식을 반드시 이러한 이중구조와 양가성의 감정을 반영하고 있는 것이라고 생각해야만 하나? 부친 살해라고 하는 반란은 단지 최초의 결과 협박의 기선을 제압하기 위해서 행해진다. 그들은 한 사람의 부친을 다수의 부친과 대체하고 그 중에서 한 사람의 부친을 숭배하고 내면화함으로써 다시 한 번 지배를 구축하게 된다. 그러나 그들은 그들의 행위가 기약해 주는 것, 다시 말해서 자유의 약속을 배반하게 된다.

전제적인 부친은 혁명을 일으킨 자식들에게 그의 현실원리를 뿌리박게 하는 것을 가능케 했다. 그들의 반역은 매우 단기간이었지만 지배의 사슬을 끊는 데 성공했다. 그래서 다시 한 번 새로운 자유는, 이번에는 그들 자신의 권위와 행동에 의해 금지되었다. 그들의 죄의식 안에는 자기들의 행위를 배반하고 부정했다는 것에 대한 죄는 포함시키지 않아도 되는 것일까? 그들은 억압적인 부친을 되살아나게 하여 스스로 그 지배를 영속시켰다는 사실에 있어서 유죄가 아닐까?

---

13) Ibid., pp.135~136

이 문제는 프로이트의 계통발생적인 가설이 본능의 역학이라고 하는 관념에 비추어 볼 때 비로소 명확해진다. 현실원리가 그의 가장 원시적이고 가장 잔인하고 강제적인 형태로 고정되면 쾌락원리는 어떤 위협적인 것이 된다. 자유로운 만족을 구하는 충동은 불안을 야기시켜서 그것은 그러한 충동에 대한 방위를 찾게 되기 때문이다. 개인은 결핍이나 고통으로부터 완전하게 벗어나려고 하는 완전한 만족에서 자기 자신을 보호하지 않으면 안 된다. 완전한 만족은 과거에는 그와 같은 만족을 안겨 주었던 모친으로서의 여성에 의해 표출된다. 이런 것들이 해방과 지배의 리듬을 재생하는 본능적 요인이 된다.

공동체, 즉 부친에 의해 발현되는 지배에 의한 사회 구조에 있어서 여성은 그의 성적인 힘 때문에 위험스럽다. 백성이 왕을 살해하는 것은 그들이 자유로워지기 위해서가 아니라, 오히려 그들이 모친 앞에서 좀더 확실하게 수호받는 더욱 무거운 굴레를 쓰기 위해서이다.[14]

왕인 부친이 살해되는 이유는 강제적으로 여러 가지 금지를 행하기 때문이기도 하지만, 다른 한편으로는 한 개인에 의해서 강제된 금지가 '근친상간을 방해하는 장벽'으로서의 효과가 충분치 못하고 모친에게로 돌아가고 싶다는 욕망과 싸울 정도로 비효과적이라는 데에서도 기인한다.[15] 그렇기 때문에 해방의 뒤에는 더욱더 고도의 지배가 계속된다.

---

14) 《탄생의 외상 : The Trauma of Birth》오토 랑크, 1929년, p.93
15) Ibid., p.92

부친의 지배가 인간에 의해 관리되어 점차 힘을 증대해 가는 사회 조직으로 발달하게 되면 여성을 더 한층 광범위하게 제외시키려는 원초적인 억압이 계속된다.[16]

왕인 부친을 타도한다는 것도 그를 복위시킨다는 것도 모두 다 범죄이다. 게다가 양쪽 다 문명의 진보에 있어서 반드시 필요하다. 현실원리에 대한 범죄는 쾌락원리에 대한 범죄에 의해 보상된다. 말하자면 그렇게 해서 속죄가 상쇄된다. 죄의식은 속죄를 번복시키면서 강화시키지만 역시 여전히 남게 된다.

쾌락원리에 대한 범죄가 보상되지 않으면 불만을 언제까지나 계속된다. 성취되지 않은 행위, 즉 해방에는 죄가 수반된다. 프로이트의 공식 속에는 죄의식이 '미수에 그친 반역의 결과'로 양심은 본능체념의 결과로 나타나고 있다.

부친을 살해했는가, 살해를 중단했는가 하는 것은 사실상 그리 큰 문제는 아니다. 그 어느 경우일지라도 살해를 의도했던 사람은 죄의식을 느낄 것이다. 왜냐 하면 죄는 양가성의 감정에 있어서 갈등의 표현인 동시에 에로스와 파괴본능 또는 죽음의 본능 사이에 있는 영원한 싸움의 표현이기 때문이다.[17]

프로이트는 개인의 내부에 '숨어 있었고' 개인에 대해서 행해지는 고발을 '동화'시키려고 준비하여 기대하고 있는 죄의식의 전조에 대

---

16) Ibid., p.94
17) 《문명과 그의 불만》, pp.121~128

해 말했었다.[18] 이러한 관념은 개인의 무의식 속에 있는 '부동浮動하는 불안'이라고 하는 관념과 일치하고 있다.

프로이트는 원죄와 그것에 부착된 죄의식은 역사를 통해서 여러 가지로 변용된 형태에서 재현된다고 가정한다. 죄는 기성세대와 신세대 간의 갈등에, 이미 확립된 권위에 대한 반항과 반역에, 그리고 그 후 일어나는 권위의 부활과 찬미라는 후회 안에 다시 연출된다. 이와 같은 불가사의한 영원의 회귀를 설명하기 위해서 프로이트는 종교심리를 예로 들어 억압된 것의 회귀라는 가설을 제기한 적이 있었다.

프로이트는 모세의 살해와 함께 시작되는 유대교의 역사가 부친 살해와 그의 회귀와 속죄의 종지를 발견한 것으로 생각했다. 프로이트의 가설에 포함되어 있는 구체적인 의미는 그가 반유대주의를 해석할 때 한층 더 분명해진다. 그는 반유대주의는 무의식 속에 깊이 관류되어 있다고 믿었다. 즉, 그것은 '부친인 신에게서 처음으로 탄생된 사랑스러운 자식'이라고 하는 유대인의 주장에 대한 질투이자 거세위협과 결부된 할례割禮의 공포이다.

게다가 가장 중요한 것은 비교적 최근에 많은 근대인들에 대해 분명히 무자비하게 강요되었을 '새로운 종교 ― 기독교 ― 에 대한 유한遺恨'이다. 이러한 유한은 기독교가 발생한 근원, 즉 유대교에 투사된 것이다. 만일 우리가 프로이트의 이러한 관념을 제외시키고 그것을 죄의식의 이중적 기원과 결부시킨다면 그리스도의 생존과 죽음은 부친에 대한 싸움과 부친에 대한 승리로서 나타나게 될 것이다.

자식의 사명은 해방의 사명이었다. 그것은 아가페Agape에 의한 법 ― 지배 ― 의 패배이다. 이것은 사람의 형상을 한 그리스도로서, 또

---

18) 《모세와 일신교》, p.144

한 이 세상의 인간을 구원하기 위해 나타난 메시아로서의 예수상과 완전히 일치한다. 거기서 그 후에 일어나는 메시아의 변질과 부친과 비교될 수 있는 자식의 신격화는 그의 사명을 제자들이 배반하며, 그 배반은 육체의 해방을 부정하고 메시아에게 복수를 한다.

그래서 기독교는 아가페와 에로스의 복음을 다시 법으로 이끌게 되었다. 그리하여 부친의 지배가 부활되어 강화되었다. 프로이트에 의하면 원죄는 자식의 사명에 따라서 지상의 평화와 사랑의 질서 속에서 보상될 수 있었다. 그런데 실상은 그것이 불가능했다. 오히려 원죄는 자식에 대한 죄에 의해서 다른 죄로 대체되었다. 그의 변질로 인해서 그의 복음 역시 변질되었다. 그의 신격화는 그의 사명을 이 세상에서 없애 버렸다. 고뇌와 억압은 영원한 것으로 되었다.

이러한 해석은 기독교도가 '잘못된 세례'를 받고 있기 때문에 "그들이 기독교라고 하는 얄팍한 화장 밑에서 그들의 조상이 미개한 다신교를 믿고 있었다는 사실을 보여주고 있다"[19]라고 하는 프로이트의 서술에 중대한 의미를 부여해 주게 된다. 만약 기독교도들이 해방을 알려 주는 복음을 단지 고도로 승화된 형태로서 받아들여 따르는 이상 잘못된 세례를 받고 있다. 왜냐 하면 그 복음은 그 이전과 마찬가지로 현실을 자유롭지 못한 상태로 방치하기 때문이다.

억압은 기독교의 제도화에 대해서 미미한 역할밖에 연출하지 못했다. 본래의 내용을 변형하고 본래 목적에서 벗어나는 것은 공공연하게 대중의 이론화와 정당화를 수반하여 의식적으로 행해졌다. 승화되어 있지 않은 내용과 목적을 구해 내려고 노력하거나, 노력했다고 자인하는 이교도에 대해 제도로서 확립한 기독교가 무기를 들고 싸

---

19) Ibid., p.145

웠다는 것도 그와 마찬가지로 공공연히 실행되었다.

기독교 시대를 충만케 하고 기독교의 혁명에 대해 일어났던 수많은 참혹한 전쟁의 이면에는 언제나 그럴 듯한 동기가 있었다. 그러나 십자가의 표지 아래서 반역한 알비파Albigenser, 재세례파Anabaptisten의 사람들이나 노예·농부·빈민들은 참혹하게 학살되었다. 또 마녀와 그 추종자들은 화형에 처해졌다. 이와 같은 약자의 가학적인 절멸은 무의식적인 본능의 힘이 합리성이나 합리화를 뚫고 나감을 단적으로 보여준다.

사형 집행인들은 그들의 마음 속에 품었던 것이긴 하나 포기해야만 했던 '해방의 괴물'과 싸웠다. 자식에 대한 죄는 죄를 상기시켜 주는 사람들을 살해함으로써 망각되어야 한다. 억압된 것의 회귀가 산업문명의 힘과 진보에 의해 지배되기까지는 수세기에 걸친 진보와 변혁이 요구되었다. 그러나 문명도 그 후기에 이르자 합리성이 억압된 것의 회기가 다른 형태로 폭발되는 것처럼 보인다.

차츰 현실적으로 되어 온 해방의 이미지는 아직까지도 세계에서 박해를 받고 있는 실정이다. 강제수용소라든가 강제노동수용소, 그리고 반역자들에게 가해졌던 심판과 고난은 억압된 것의 회귀에 대한 증오와 분노의 집합이었다. 만일 종교의 발전이 지배와 해방의 이미지라는 근본적인 양가성을 포함하고 있다면 프로이트가 《환상의 미래 : The Future of Illusion》에서 전개했던 개념은 재평가되어야만 한다.

프로이트는 역사 안에서 인간의 조건을 현실적으로 개선하는 것에 있어서, 그 에너지가 영원한 구제라고 하는 환상의 세계로 전향되어 가는 과정에서 종교가 취해야 할 역할을 강조했다. 그는 이러한 환상의 소멸이 인류의 물질적·지적인 진보를 급성장시키게 될 것이라고 생각하여 과학과 과학적인 이성을 종교와 싸워서 인류를 해방시키는 커다란 힘으로서 찬미했다. 이 책은 프로이트의 다른 어느 책보다도 계몽시대의 위대한 전통에 인접하고 있다는 것을 보여주고 있다.

그러나 이 책에서 프로이트는 계몽시대의 변증법에 굴복하고 있다. 문명의 현단계에서는 합리주의의 진보적인 관념도 낡은 내용 그대로는 부활시킬 수 없다. 과학과 종교의 기능은 그 둘의 내적 연관과 똑같이 변화되었다. 한 시대를 규정 짓는 인간과 자연의 힘을 총동원하는 가운데 과학은 가장 파괴적인 도구의 하나에 불과하다. 그리고 오래 전에 그것이 기약해 주었던 것은 이미 이상향 속으로 증발해 버렸기 때문에 과학적이라고 하는 말은 지상의 천국이라는 개념을 힐난하는 것과 거의 동일한 의미로 쓰이고 있다.

과학은 오래 전부터 종교에 대해 호전적인 태도를 지양하고 있으며, 종교 또한 인간이 종종 고뇌와 죄에 직면했을 때 그 폭발적인 요소를 교묘하게 벗어던지고 올바른 양심을 갖도록 이끌어 왔다. 문화라고 하는 가족 안에서 과학과 종교의 활동을 서로 보완하는 방향으로 나아가고 있다. 현대 과학과 종교가 하는 역할을 통해서 그것은 둘 다 과거에 한번 환기했던 희망을 부정하고 인간이 소외된 세계에서 이러한 여러 가지 사실을 평가하도록 가르쳐 주고 있다.

이러한 의미에서 종교는 이미 환상은 아니며, 종교를 학문적으로 지지한다는 것은 아직까지 유력한 실증주의적 경향과 일치하고 있다. 종교가 오로지 평화와 행복을 추구하는 한 그 환상은 지금도 그 부정을 목표로 하여 지향해 나가는 과학에 비해 좀더 차원 높은 진실된 가치를 지니고 있다. 억압되고 변모된 종교의 내용은 종교를 과학적인 태도에 복종시키는 것으로는 해방이 불가능하다.

프로이트는 개인 신경증의 역사를 세밀하게 분석해서 얻어낸 결과로서 억압된 것의 회귀라고 하는 개념을 인류의 일반사에 적용시켰다. 개인심리학에서 집단심리학으로의 진보는 억압된 것의 역사적인 회귀를 어떻게 이해하는가라는 문제를 제기한다.

가부장이 존재함으로써 그가 어떠한 운명에 부딪쳤던가라는 것은 수천 년이 지나는 동안에 잊혀져 버렸다. 그렇다면 어떤 의미로 전통을 평가할 수 있을 것인가?[20]

프로이트가 "과거는 무의식적인 기억의 흔적 속에 표시된다"라고 한 가설은 여러 측면에서 반박을 받았다. 그러나 이 가정을 모든 세대의 기억을 환기시켜 주는 구체적이고 분명한 요인들과 대비시켜 볼 때 그의 공상적인 성격의 대부분을 상실해 버리고 말 것이다.

프로이트는 억압된 자료가 의식에 침투할 수 있는 조건들을 밝히면서, 억압된 자료에 부착된 본능의 강화라든가, 억압된 자료와 유사해서 그것을 일깨워 줄 수 있는 힘을 소지한 기억들이나 체험들에 대해 서술하고 있다.[21] 프로이트는 본능의 강화에 대한 예를 《사춘기의 과정》에서 다음과 같이 말하고 있다.

……모든 사람들의 공상 중에서 유아기적 경향은 신체적인 활기를 통해서 강화되어 나타난다. 그와 같은 경향으로는 첫째 부모에 대한 어린이의 성적인 감정이 규칙적으로 엿보인다. 대개 이와 같은 감정

---

20) Ibid., p.148
21) Ibid., p.150

은 성적인 매력, 즉 아들은 어머니에게, 딸은 아버지에게 쏠리는 것에 의해 구별되어 있었다. 이런 근친상간적인 공상들을 극복하는 동시에 사춘기의 마음 속에서 수행되는 가장 중요하고 가장 고통을 수반하는 마음의 행위가 하나 발생된다.

그것은 부모의 권위에서 벗어나려는 의도이다. 그러한 의도에 의해 비로소 문화의 진보에 매우 중대한 대립, 즉 구세대와 신세대 간의 대립이 발생된다.[22]

억압된 자료를 다시금 깨우칠 수 있는 사건들과 경험들은 그러한 자료에 부착되어 있는 본능이 특별히 강화되지 않는다 해도 개인이 사회생활에서 날마다 마주치게 되는 제도나 사상에 나타난다. 그것은 구조 자체 안에 그 구조를 전복시키려는 지배와 충동을 재생산하는 각종 제도나 이데올로기 — 가족·학교·공장·사무소·국가·법률, 지배적인 철학 및 도덕 — 이다.

원초적인 상황과 그것이 문명화되어 역사적으로 회귀라는 것과의 사이에 있는 결정적인 차이점은 후자에 있어서 지배자인 부친이 살해되거나 잡혀 먹힌다든가 개인적인 지배 같은 일은 결코 일어나지 않는다는 데 있다. 자아·초자아·외적 현실은 할 수 있는 만큼의 역할을 수행해 왔다. 그러나 만일 갈등의 작용과 그 결과가 일치되는 것이라면 사람이 부친을 살해했는가, 살해하지 않았는가 하는 점은 실상 그다지 문제가 되지 않는다.

---

22) 《성이론에서의 세 가지 공헌 : Three Contibutions to the Theory of Sex》S. 프로이트, 1938년, pp.617~618
《자아와 방어기제 : The Ego and Mechanism of Defense》안나 프로이트, 1937년, 제11~12장 참조.

오이디푸스적인 상황에서 원초적인 상태는 애초부터 부친의 승리를 보증해 주는 상황에서 재현된다. 그러나 또 한편으로 그 상황은 자식의 생명과 그가 장차 부친의 권위를 장악할 수 있는 능력을 보증해 준다. 문명을 어떤 방식으로 이러한 타협을 실행했을까? 이와 같은 타협을 수행한 많은 육체적·심리적·사회적인 과정은 실제로 프로이트 심리학의 내용과 부합되고 있다.

동일화·억압·승화 등은 같이 협력하여 자아와 초자아의 형성에 작용한다. 부친의 기능은 부친이라고 하는 한 개인으로부터 점차적으로 그의 사회적인 지위로, 자식의 마음 속에 있는 부친에 대한 이미지 — 양심 — 로, 신에게로, 부권사회에 있어서 성숙한 구성원이 될 수 있도록 가르쳐 주는 부친을 대신한 각종 기관이나 대행자로 옮아가게 된다.

동일한 조건하에서는, 이러한 과정에서 사용되는 억제와 체념의 강도는 원시부족시대와 거의 같다. 그러나 사실 이러한 억제와 체념은 원시부족시대와 달리 부친과 자식 사이, 그리고 전체로서의 사회 속에서조차 더욱 합리적으로 배분되어 있다. 그 보수는 원시부족시대만큼은 크지 않지만 비교적 확실한 편이다. 일부일처제의 가족은 부친에 대해서 강제적인 의무를 수반하는 한편, 부친이 쾌락을 독점하는 것도 제한한다.

세습재산제도와 노동의 보편화는 그들이 사회적으로 유익한 행위를 이룬 정도만큼 자식들에게 쾌락에 대한 정당한 권리를 부여하게 된다. 객관적인 법률과 도덕의 범주 안에서 사춘기의 과정은 반드시 필요하고 타당한 사건으로서 부친으로부터의 해방으로 이끌어간다. 사춘기의 과정은 어떤 심리적인 파국 이상도 아니며 그 이하도 아니다. 자식은 그 과정에서 가부장적 가정을 떠나 그 자신이 부친이나 주인으로 된다.

쾌락원리를 실행원리로 변형하는 것은 부친의 전제적인 독재를 교육적·경제적인 제한된 권위로 변형시키는 것을 의미하는데, 그것은 또 투쟁의 본래 대상인 모친까지 변형시켜 버린다. 원시부족에서 찬미되는 여성의 이미지는 부친의 애인이자 아내로서의 이미지였으며, 에로스와 타나토스가 직접적·자연적으로 결부된 모습이었다. 여성은 성본능의 목표이자 또한 자식이 그녀 안에서 어떤 욕구나 욕망도 느끼지 않고 완전한 평화 — 태내의 열반 상태 — 를 주었던 모친이었다.

근친상간의 터부는 아마도 죽음의 본능을 보호해 주는 최초의 것이었을 것이다. 즉, 그것은 열반 상태에 관한 터부, 진보의 과정에 있는 평화를 희구하는 억압적인 충동에 대한 터부, 삶 그 자체에 대한 터부 등이다.

이렇게 해서 모친과 아내는 완전하게 분리되었고 에로스와 타나토스와의 숙명적인 동일성은 해소되었다. 모친에 대한 애욕적 사랑은 금지된 목표로서 애정으로 변형되었다. 그리하여 성욕과 애정은 분리되었다. 성욕과 애정은 오직 그 후에 관능적인 동시에 애정어린, 금지된 목표인 도달 가능한 목표인 아내의 사랑으로서 꽃피우게 된다.[23] 우미성優美性은 금욕으로부터 파생되는 것인데, 그 금욕은 애초에는 가부장에 의해 강제적으로 수행되었다. 그것은 일단 파생된 후에는 가족과 영속하는 집단의 관계를 안정시켜 주는 심리적인 기반

---

23) 《성이론에서의 세 가지 공헌》, pp.599~615
   《집단 심리학과 자아의 분석》, 1949년, pp.117~118
   《문명과 그의 불만》, p.71 참조.

이 된다.

가부장은 자식들이 직접적인 방법으로 성욕을 만족시키는 것을 금지하여 자식들에게 금욕하도록 강요했다. 이러한 성적인 목표의 금지와 함께 가부장은 또 자식들에게 부친이나 같은 구성원들과의 감정적인 결부를 강요했다. 말하자면 부친은 자식들을 집단 심리로서 굴복시키고자 했던 것이다.[24]

이와 같은 문명의 관계에서는 보수가 주어지는 금지의 체계 속에서 그 부친이 정복된다. 본능적인 질서와 사회적인 질서를 파괴하지 않고 그의 이미지와 기능은 이제 모든 자식들 안에 존속된다. 부친은 알맞게 구성된 권위와 융합된다.

지배는 개인적인 관계를 뛰어넘어 크게 성장하여 욕구 충족이 가능한 여러 제도를 질서에 맞도록 대규모로 조직하게 되었다. 그러나 이러한 여러 제도의 발달은 문명의 안정된 기반을 위협하는 것이 된다. 그와 같은 여러 제도의 내부적인 한계성은 산업시대의 발달 과정에서 뚜렷하게 보여진다.

---

24)《집단심리학과 자아의 분석》, p.94

제4장
문명의 변증법

프로이트는 죄의식이 문명의 발달에 있어서 결정적인 역할을 수행하고 있다고 지적하고, 거기에서 좀더 진전시켜 점점 증대해 가는 죄의식과 진보와의 관계를 확립했다. 그는 "문명의 진보에 있어서 죄의식이 가장 중요한 문제이며, 문명은 그 진보의 대가로서 죄의식을 배가시킴으로써 행복을 상실하게 되었다"[1]라고 주장했다.

또한 프로이트는 문명의 진보에 따라 죄의식은 더욱 강렬해지고 강화되고 끊임없이 증대해 가고 있다고 강조했다.[2] 그에 대해 프로이트가 인용한 증거로, 첫째로 그는 그것을 본능이론에서 분석적으로 도출해 낸 것이고, 둘째로 그 이론적인 분석이 현대문명의 커다란 병폐와 불만을 통해 뒷받침된다는 것을 발견했다.

그러한 병폐와 불만은 장기간의 전쟁, 널리 행해지는 박해, 반유대주의, 민족의 멸절, 맹목적 신앙, 환상의 강제적인 부식·노고·질병·

---

1) 《문명과 그의 불만》, p.123
2) Ibid., pp.120~122

부·지식 등이 성장하는 가운데 나타나는 빈곤에서 기인된다. 우리는 죄의식의 유래를 간략하게 살펴보았다. "인류의 죄의식이라고 하는 것은 오이디푸스 콤플렉스에서 그 기원을 찾아볼 수 있었고, 그것은 자식들의 결합에 의해 부친이 살해되었을 때 획득되었다"[3]라는 추측을 반박할 수 없다.

자식들은 그들의 공격 본능을 만족시켰다. 그러나 그들이 부친에 대해 품고 있던 애정이 후회를 야기시키는 원인이 되고, 그것이 동일화에 의해 초자아를 산출함으로써 "살인 행위를 되풀이하는 것을 방지할 수 있도록 하는 갖가지 제한"[4]을 창출하게 되었다. 그 후 인간은 살인 행위를 삼가고 있다. 그러나 세대에서 세대로 이어지는 공격적인 충동은 되살아나 부친 또는 부친의 후계자에게로 향해지게 되었다. 그리하여 공격은 끊임없이 새롭게 금지되어야만 했다.

그때 버려진 본능은 모두 양심의 역동적인 원천이 된다. 만족의 욕구를 버릴 때마다 양심은 엄격성을 증대하여 더더욱 너그럽지 않게 된다…… 만족을 저지당한 공격적 충동은 전부 초자아로 인계되어 초자아자아에 대한의 공격성을 증대시키려 한다.[5]

초자아의 지나친 엄격성은 부친을 살해하고 싶다는 원망을 살해 행위와 동일한 것으로 간주해서 억압되고 금지된 공격마저 처벌한다. 그래서 그 엄격성은 에로스와 죽음의 본능과의 사이에 있는 영원한

---

3) Ibid., p.118
4) Ibid., p.120
5) Ibid., p.114

투쟁으로 설명된다. 다시 말해서 부친 — 그리고 그의 사회상의 후계자 — 에 대한 공격적인 충동은 죽음의 본능에서 파생된 것이다.

어린아이를 모친에게서 떼어놓을 때 부친은 죽음의 본능, 즉 열반원리의 충동도 금지한다. 이와 같이 그는 에로스의 역할을 수행하고 애정 또한 초자아의 형성에 협력하게 된다. 엄격한 부친은 에로스의 엄한 대표자로서 오이디푸스적인 갈등에 포함되는 죽음의 본능을 굴복시켜서 최초의 '공동체'적인 관계를 강제적으로 성립시킨다. 즉, 부친의 금지는 자식들간에 동일화, 목표가 금지된 애정, 족외혼族外婚, 승화를 형성시키는 계기가 된다.

에로스는 본능의 단념이라는 것을 기반으로 해서 생명을 보다 큰 단위에 결부시키는 문화적인 일에 착수한다. 그리하여 부가 사회의 각종 권위에 의해 다수로 보충 대체되고, 각종 금지와 금제가 확대됨에 따라 공격적 충동과 그 목표 또한 확대되어 간다. 그와 함께 사회 측에서는 방어를 강화하려는 욕구, 즉 죄익시을 강화하려는 욕구가 발달하게 된다.

문화는 인류를 굳게 결합된 집단으로 통합하기 위해 노력하는 내면적인 에로스의 충동에 복종하는 것이다. 그러므로 문화는 단지 항상 증대되고 있는 죄의식의 조장을 눈코 뜰 사이 없이 감시할 때에야 비로소 앞서 제시한 목표가 달성될 수 있다. 부친과의 관계로부터 시작되었던 것은 공동체와의 관계로서 끝맺게 된다.

만일 문명이 가족이라는 집단에서 인류 전체라는 집단으로 발전하는 필연적인 흐름이라면 양가성을 가진 감정의 생득적인 갈등, 다시 말해서 에로스와 죽음의 본능 사이에서 행해지는 영원한 투쟁으로부터 생겨나는 죄의식의 격렬성은 아마도 그것이 개인으로서는 거의 견디어 낼 수 없을 정도로 심화될 때까지 문명과 긴밀하게 연관되어 있을 것이다.[6]

이와 같이 죄의식의 증대를 양적으로 분석하는 것에서 죄의 질적 변화와 증대해 가는 불합리성은 소실되어 가는 것 같다. 실제로 프로이트의 사회학적인 사고방식의 중심이 되는 견해는 이런 제시를 부정했다. 그에게 있어서 문명에 지배적인 합리성의 척도가 될 수 있을 만한 보다 높은 합리성은 존재하지 않았다. 만일 죄의식의 비합리성이 문명 그 자체의 비합리성이라면 죄의식은 합리적이다.

그러나 프로이트는 자신의 본능이론을 앞으로 전진시키지 않을 수 없었고, 이러한 역학이 치명적이고 무익하다는 것도 밝히지 않을 수 없었다. 공격에 대한 방어를 강화한다는 것도 필요하지만, 한층 더 증대한 공격을 효과적으로 방어하기 위해서는 성본능을 강화시키지 않으면 안 된다. 왜냐 하면 단지 강력한 에로스만이 파괴본능을 효과적으로 저지시킬 수 있기 때문이다. 그런데 발달된 문명이 이러한 것을 이루기는 불가능한 일이다. 그 이유는 문명의 존재 자체가 확대됨으로써 강화된 규제와 통제에 의존하고 있기 때문이다.

본능의 목표를 금지하고 다른 방향으로 돌리게 하는 쇠사슬은 제거시킬 수 없다. "문명은 대개 본능의 금제에 따르고 있기 때문이다."[7] 무엇보다도 문명은 노동, 즉 생활필수품을 생산하고 증대시키

---

6) Ibid., pp.121~123
7) 《문명화된 성윤리와 현대의 신경과민 : Civilized Sexual Morality and Modern Nervousness》S. 프로이트, 제2권, p.82

는 일의 진보를 말한다. 이러한 노동은 대개 만족을 수반하지 않는
다. 프로이트에 의하면 그것은 오히려 불쾌하고 힘겹다. 프로이트의
초심리학에는 본래 '일의 본능, 숙련의 본능' 등이 들어갈 여지가 전
연 없다.[8] 본능의 성질은 쾌락원리와 열반원리가 지배하고 있는 곳
에서는 보수적이라고 생각하는 사고방식은 이러한 가정을 부정한다.

프로이트가 "인간의 본성에 잠재하는 노동에 대한 혐오"[9]에 대해
서술할 때, 그는 자신의 이론을 단지 기본적인 개념에서 추론했을 뿐
이었다. '노동과 불행'이라고 하는 본능적인 증후군은 프로이트의 저
술을 통해 일관되어 나타나고 있다.[10] 그리고 프로메테우스 신화에
관한 그의 해석은 성욕적인 정열에 대한 제한성과 문명화된 노동과
의 결부에 집중하고 있다.[11]

문명에 있어서의 기본적인 일은 비리비도적이고 그것이 바로 노동
이다. 노동은 '불쾌한 것'으로서 이와 같은 성질은 제거되어야 할 필
요성이 있다. "만일 인간이 본능 에너지를 처리하는 것으로서 쾌락
을 만끽할 수 있었다면 어떤 이유를 들어 성적 에너지를 다른 방향
으로 돌리게 할 수 있을까? 인간은 결코 이 쾌락을 포기하려 들지 않
는다. 그리고 그 이상 전진하지는 않는다"[12] 만일 본래 '노동의 본능'
이 없는 것이라면 불쾌한 노동에 필요한 에너지를 원초적인 본능, 즉

---

8) 《노동과 쾌락원리 : Work & Pleasure Principl》I. 핸드릭, 1943년, 제12권, p.314
9) 《문명과 그의 불만》, p.34
10) 그는 1896년 4월 16일의 편지에서, 〈집중을 필요로 하는 노동에 불가결하고 적당한 비참〉
   에 대해 말하고 있다. 《S. 프로이트의 삶과 업적 : The Life and Work of Sigmund Freud》
   E. 존스, 1953년, 제1권, p.305
11) 《문명과 그의 불만》, pp.34, 50~51
12) 《에로스적 삶에 있어서 타락의 가장 보편적인 형태 : The Most Prevalent Form of Deg-
   radation in Erotic Life》S. 프로이트, 제4권, p.216

성본능과 파괴본능에서 이끌어 내야만 할 것이다.

문명은 주로 에로스가 해 나가는 일이므로 우선적으로 리비도로부터 도출해 내게 된다. 문화는 그것이 필요로 하는 심적 에너지의 대부분을 성욕에서 이끌어 내게 된다.[13] 그러나 이러한 일에의 충동만이 목표를 금지당한 성욕에 의해 유발되는 것이 아니다. 특히 '사회적인 본능' ─ 부모와 자녀와의 사이에 있어서의 깊은 애정 관계라든가, 우정이나 결혼에 있어서의 감정적인 결부와 같은 본능 ─ 이 목표에 도달하는 것은 내부의 저항에 의해 방해되고 있는 충동도 포함하고 있다.[14]

그러한 충동은 이와 같은 체념에 의해서만 사회적으로 유용하게 된다. 각 개인은 갖가지 형태로 체념하고 "이러한 근원에서 문명의 물질적인 부와 관념적인 부의 공유자원이 축적된다."[15] 프로이트는 이러한 사회적인 본능들은 승화된 것으로서 기술될 필요가 없다고 쓰고 있다. 그와 동시에 그런 본능들은 승화와 밀접한 관계가 있다고 말하고 있다.[16] 이리하여 문명의 중요한 영역은 승화로서 나타난다.

그러나 승화는 비성화非性化를 포함하고 있다. 승화가 자아와 이드의 내부에 있는 '전환시킬 수 있는 중성적 에너지'의 저장고에 의존해 있다 해도 이 중성적 에너지는 "리비도의 나르시시즘적인 저장고에서 생겨나는 것"[17]이며 그것은 역시 비성화된 에로스이다. 승화의

---

13) 《문명과 그의 불만》, p.74
14) 프로이트 전집 제5권 〈리비도 이론〉, p.134
15) 《문명화된 성윤리와 현대의 신경과민》, p.82
16) 프로이트 전집 제5권 〈리비도 이론〉, p.134
17) 《자아와 이드》, pp.38, 61~63
　　《정신분석의 국제 잡지 : International Journal of Psychoanalysis》, 1931년, 제12권, No3, p.264

과정은 본능 구조의 균형을 변형시킨다. 생명은 삶의 본능과 죽음의 본능이 융합된 것이며, 이러한 융합에 의해 에로스는 그의 상대자를 굴종시켜 왔다.

에로스적인 구성 요소들은 승화가 행해진 뒤에 일찍이 그것과 결부하고 있었던 파괴적인 전체 요소를 구속할 수가 없게 된다. 그리고 파괴적인 요소는 공격과 파괴에의 경향이라는 형태에서 해방된다.[18]

문화도 승화가 지속될 것을 요구하고 그것에 의해서 문화에 공헌하는 에로스를 약화시킨다. 그리고 비성화는 약화시킴으로써 파괴적인 충동을 풀어 주게 된다. 이리하여 삶의 본능을 지배하려고 노력하는 죽음의 본능은 체념에서 발생하여 체념의 진행을 통해서 발전하고자 하면서도 그 방향을 자기 파괴를 향해 나가게 된다.

이러한 논의는 너무도 논리 정연하므로 도리어 진실성이 결여된 것 같아 수많은 다른 견해가 따를 수 있다. 첫째, 모든 노동은 비성화를 포함하지 않으며 불쾌한 것도 체념도 아니다. 둘째, 문화가 강요하는 각종 금지는 죽음의 본능에서 파생된 공격성이나 파괴의 충동에 영향을 주고, 또 아마도 그것을 주요한 목표로 하고 있을 것이다. 이 점에서 문화가 행하는 금지는 에로스의 강도에 비견할 만큼 증대된다.

게다가 문화가 하는 일은 그 자체가 대부분 공격적인 충동을 사회에 유용한 것으로 만드는 것으로, 그것은 에로스에 봉사해 준다. 이 문제에 대해 충분히 논의하려 한다면 본능이론이 실행원리에는 전연 의존하지 않는다는 사실과 비억압적인 문명의 이미지가 본능이론의

---

18) 《자아와 이드》, p.80

실체를 밝혀 준다는 사실이 전제로 되어야 한다. 여기서는 그와 같은 시도의 몇 가지만 우선적으로 밝혀 보자.

　노동의 심적 근원이나 동력 및 그것의 승화에 대한 관계는 정신분석의 이론 속에서 가장 도외시되어 온 영역이다. 이 정도의 일관성으로 정신분석이 생산성을 고무시키는 공식적인 이데올로기에 굴종하고 있다는 것은 정신분석의 다른 영역에서는 찾아볼 수 없다. 신프로이트 학파에서는 정신분석 중의 이데올로기적인 경향이 그 이론에 압도적이지만, 그들이 주장하는 바와 같이 노동의 도덕이라고 하는 의도가 전체적으로 퍼져 있다.

　정통파의 논의는 거의 완전히 창조적인 노동, 특히 예술에 집결됨으로써 생활상의 요구 때문에 행해지는 노동은 뒷전으로 밀려나고 있다. 노동 중에는 물론 리비도적으로 흡족한 만족을 줌으로써 쾌락과 같은 것으로 볼 수 있는 노동도 있다. 그리고 예술적인 노동이 참된 것이라면 그것은 비억압적인 본능의 원형에서 발생하여 비억압적인 목표를 위해 노력한다. 그러나 문명의 밑바탕으로 되어 있는 대부분의 노동의 종류는 매우 다양하다.

　프로이트는 "생계를 유지해 나가기 위한 매일매일의 직업 활동도 그것이 자유롭게 선택될 수 있을 때에는 특별한 만족을 준다"[19]라고 쓰고 있다. 그러나 만일 자유로운 선택이라고 하는 것이 이미 필연적으로 확립되어 있는 것들 중에서의 선택이며, 활동의 의욕이나 충동이 억압적인 현실원리에 의해서 이미 변형된 것이 아닐 때 하루하루의 활동은 보기드문 특권이 된다.

　문명의 물질적인 기초를 창조하여 확대시킨 활동은 주로 소외된

---

19) 《문명과 그의 불만》, p.34

노동이었고 고통을 수반하는 비참한 노동이었다. 그리고 그것은 아직까지도 그러하다. 이와 같은 활동의 실행은 개인의 욕구에 거의 만족을 안겨 주지 않는다. 왜냐 하면 그러한 활동은 인간에게 불가피한 요구나 힘에 의해 주어졌기 때문이다. 만일 소외된 노동이 에로스와 연관성이 있다 해도 그것은 매우 간접적인 것이며, 게다가 매우 승화되고 약화된 에로스와의 관계이다.

그러나 문명이 노동 안에서의 공격적인 충동을 금지했던 것은 에로스의 약화와 상쇄되는 것이 아닐까? 공격적이고 리비도적인 충동은 승화를 거쳐서 노동 안에서 만족되는 것이라고 할 수 있으며, 흔히 문화에 유익한 노동의 '가학적인 성격'이 강조되어 왔다.[20] 기술과 기술적인 합리성의 발달은 광범위하게 변용된 파괴본능을 흡수하고 있다.

파괴본능이 완화되고 제어되어 — 즉, 그 목적이 금지되어 — 다른 각종 대상으로 향해지면 그것은 자아에게 그의 욕구 충족이나 자연에 대한 지배력을 제공해 주어야 한다.[21]

기술은 진보의 기초가 된다. 기술적인 합리성은 생산을 실행하기 위한 지적이고 행동주의적인 원형을 정립하고, 자연에 대한 지배력은 실제의 문명과 일치되었다. 파괴성은 에로스의 활동을 명백히 하기 위해 다른 방향으로 돌려진 이러한 활동으로까지 승화되어 있을까? 사회에 유용한 파괴성은 사회에 유용한 리비도만큼 승화되어 있지는 않다.

---

20) 《이마고Imago》, 제18권, p.141
21) 《문명과 그의 불만》, p.101

파괴성이 자아에서 외부세계로 향해진다는 사실은 문명의 발달을 확실하게 해 왔다. 그러나 외부세계로 전향하게 된 파괴 역시 파괴이다. 즉, 그 대상은 대부분 격렬하게 공격되어 국소적인 파괴가 행해진 후에 비로소 재건된다. 강제적으로 단위는 나누어지고 그것을 구성하는 분자는 새롭게 정돈된다. 그리하여 자연은 박해를 받게 된다. 이와 같은 폭격 행위는 단지 어떤 형태의 승화된 공격성에 있어서만 직접적으로 공격 대상의 생명을 강화한다. 파괴성은 그것이 미치는 범위이든 방향이든 간에 리비도보다도 문명 안에서 더욱 직접적인 만족을 구하게 된다.

파괴의 충동은 이렇게 만족되는데, 이러한 만족은 에로스에 봉사하기 위해서 그 에너지를 안정시킬 수가 없다. 충동은 그 파괴력으로 해서 이와 같은 굴종과 승화를 뛰어넘어 전진할 수밖에 없다. 왜냐하면 그의 목표는 물질도 자연도 어떠한 사물도 아닌 생명 그 자체이기 때문이다. 파괴 충동이 죽음의 본능에서 파생된 것이라면 그것은 결국 어떠한 대리물도 받아들일 수 없다.

그리하여 각가지 본능은 건설적·기술적인 파괴를 통해서, 건설적인 자연의 파괴를 통해서 생명을 전멸시키는 방향으로 작용하게 된다. 프로이트는《쾌락원리의 피안》에서 다음과 같은 혁명적인 가설을 제시하고 있다. 자기보존본능·자기주장본능·지배본능 등은 파괴성을 흡수하고 있는 한 생체의 죽음에의 길을 분명하게 하는 방향으로 작용할 것이라고 프로이트는 이 가설을 어느 정도까지 진행해 나가다가 곧 취소했다. 그러나《문화의 불안》에서는 그 내용을 실질적으로 재생시키고 있는 것 같다.

생명의 파괴가 문명의 진보를 동반하여 참혹성·증오·인간의 과학적인 절멸 등이 현실적으로 압박을 배제할 수 있는 가능성과 함께 증대해 왔다고 하는 오늘날 산업문명의 특징은 일체의 합리성을 넘어서 파괴성을 영속시키는 본능에 그 근거를 두고 있다. 갈수록 증대해 가는 자연의 지배는 노동의 생산성이 증대해 감에 따라 인간의 다양한 욕구를 단지 부산물로서만 발달시키고 실현시켜 나갈 뿐이다.

다시 말해서 문화의 부와 지식이 증대되어 가면 갈수록 파괴는 더욱 진행되고 증대하는 본능의 억압을 구하는 욕구도 주어지게 된다. 이러한 명제는 어떤 단계의 문명에 있어서 본능억압의 정도를 측정할 수 있는 객관적인 기준이 있다는 것을 뜻한다. 그러나 억압은 대부분 무의식적이고 자연적으로 이루어진다. 그리고 억압의 정도는 단지 의식의 빛에 조명되어서만 측정이 가능하다.

억압과 과잉억압[22]의 차이가 이 기준을 제공해 줄 수 있다. 억압된 퍼스낼리티의 전체적인 구조 안에서 과잉억압은 지배의 특수한 사회적 조건에서 생겨나게 되는 부분이다. 이러한 과잉억압의 범위가 측정의 기준이 된다. 즉, 그 범위가 작은 만큼 문명의 단계는 비억압적이다. 그러한 구별은 인간 고뇌의 생물학적인 원천과 역사적인 원천과의 차별과 일치된다.

프로이트가 제시한 세 가지 인간 고뇌의 원천, 즉 자연의 우월적인 힘과 인간의 육체적 노쇠경향, 그리고 가족·공동체·국가 안에서 인간 관계의 조정이 원활하지 못하다[23]라고 하는 것 중에서 적어도 자연의 우월적인 힘과 가족은 엄밀한 의미에서 역사적인 원천이다. 문명의 발달과 더불어 자연의 우월성과 사회 관계의 조직은 그 본질이

---

22) 본서 〈제2장 억압된 개인의 기원〉 참조.
23) 《문명과 그의 불만》, p.43

변화되어 나갈 것이다. 따라서 억압의 필연성과 억압에서 생겨난 고뇌의 필연성은 문명의 성숙에 따라 변화되고, 또한 자연과 사회의 합리적인 지배가 이룩된 범위에 따라 변화될 것이다.

본능의 금지와 억제의 요구는 노고와 지연된 만족의 요구에 의해 좌우된다. 만족의 요구와 같은 정도이거나 그보다 약한 본능의 규제라 할지라도 성숙한 문명의 단계에서는 그것이 강력한 억압이 된다. 그것은 체념과 노고의 요구가 물질적·지적인 진보로 인해서 매우 약화되어 지배와 노고를 위해 쓰여지던 많은 양의 본능 에너지가 해방되기 때문이다. 본능억압의 범위와 강도는 자유가 역사적으로 어느 정도로까지 확대되는가 하는 점과 비교해 볼 때 비로소 그 의미가 명확해진다. 프로이트에게 있어서 문명의 진보는 곧 자유의 진보인 것일까?

우리들은 프로이트 이론이 '지배·반역·지배'의 순환에 초점을 맞추고 있는 것을 보아 왔다. 그러나 두 번째 지배는 첫 번째 지배를 반복한다는 것이 아니다. 순환작용은 지배의 진보를 말한다. 지배는 가부장제에서 형제의 지배를 거쳐 성숙한 문명의 제도적 권위에 의해 유지되는 체계로 변형됨에 따라 점차로 비개인적·객관적·보편적으로 변화된다. 그리고 거기에서 다시 합리적·효과적·생산적으로 된다.

복종은 마지막으로 완전히 발달한 실행원리하에서 노동의 사회적인 배분을 통해 실현된다. 사회는 영속적으로 유용한 여러 가지 실행을 하며 그것을 확대해 나가는 체계로서 나타난다. 각종 기능이나 관계의 계층적인 조직은 객관적인 이성의 형태를 취한다. 법과 질서는 사회의 생명이라고 말할 수 있다. 이와 똑같은 과정에서 억압도 역시 비인간화된다. 그때 쾌락의 속박과 규제는 노동의 사회적 분업의 기능 중의 하나이다. 물론 부친은 가부장으로서 자식들이 성인이 되었을 때도 역시 사회에서 요구하는 과잉 억압에 대해 대비시키기 위한 기본적인 본능의 규제를 한다.

그러나 이러한 역할을 부친은 모친의 '소유자'로서라기보다 노동의 사회적 배분에 한 위치를 차지하고 있는 가족 구성원의 대표자로서 수행한다. 따라서 개인의 본능은 그의 노동력이 사회에 유용하게 되도록 조정된다.

개인은 삶을 영위해 나가기 위해 일을 해야만 하며, 또한 그 노동에 매일같이 8시간 내지 10~12시간을 바쳐야만 한다. 따라서 그에 부응하여 그의 에너지도 노동으로 이행되고, 그 결과 개인은 노동 시간과 그 나머지 시간을 통해 실행원리의 기준과 도덕에 의거한 행동을 하지 않으면 안 된다. 에로스가 생식적이고 일부일처제의 성욕으로 환원된다는 것은 역사적으로 개인이 그가 속하고 있는 사회 기구 안에서 노동의 주체이자 객체로 될 때 비로소 완전히 실현된다.

그런데 그것을 개체발생적으로 말한다면 유아성욕에 대한 최초의 금지가 그의 성취의 전제 조건으로 되어 있다. 사회적인 노동이 계층화된 체계로까지 발달하게 되면 지배를 합리화하고, 게다가 지배에 대한 반역도 그 속에 포함된다. 개인적인 측면에서 말할 때 원초적인 반역은 정상적인 오이디푸스의 갈등 범주 속에 포함된다. 사회적인 측면에서 되풀이하여 일어나는 반역과 혁명의 뒤에는 언제나 반혁명과 복구가 뒤따랐다.

고대사회에 있어서 노예의 반항으로부터 사회주의 혁명에 이르기까지 피압박자의 투쟁은 번번이 지배의 새롭고도 향상된 체계를 확립시키는 데서 끝나 버렸다. 진보는 지배의 쇠사슬을 개선하는 것을 통해서 이루어졌다. 모든 혁명은 한 지배 집단을 다른 집단에 의해 대체시키려고 하는 의식적인 노력이었다. 또한 모든 혁명은 '목표를 넘어서는 힘', 즉 지배와 착취의 멸절을 목표로 하는 힘을 해방시켜 왔다. 그러한 힘들을 타파하는 것이 수월하게 실행될 수 있었다고 하는 사실에는 납득할 만한 증명이 요구된다.

그것에는 그때 당시의 힘의 관계라든가, 생산력의 미숙성이라든가, 계급 의식의 결여 등의 이유로는 충분한 해답이 되지 못한다. 모든 혁명이 있어서는 지배에 대한 투쟁이 승리할 수 있었을지도 모르는 역사적인 순간이 있었다. 물론 그 순간은 항상 헛되이 지나가 버렸다. 그런데 그 역학 안에는 힘의 부족 등의 이유가 타당성의 여부와는 상관없이 자기패배라는 요소로서 포함되어 있는 것처럼 생각된다.

이러한 의미에서 말하자면 모든 혁명은 배반된 혁명이었다. 죄의식의 기원과 영속에 대한 프로이트 가설은 심리학의 술어로 표현할 때 그것은 반역하는 인간과 반역의 대상으로 되는 권력과의 동일화를 설명해 준다는 역학을 명확하게 밝혀주고 있다. 개인의 노동이 설명해 준다는 역학을 명확하게 밝혀 주고 있다. 개인의 노동이 계층적인 체계 안에서 경제적·정치적인 의미로 흡수될 때 거기에서는 동시에 지배의 대상으로 되는 인간이 자기 자신의 억압을 재생산하는 본능의 과정이 일어나게 된다.

그리하여 점차 권력이 합리화된다는 것은 억압이 점차 합리화된다고 하는 것과 마찬가지 의미로 여겨진다. 개인을 노동의 도구에 묶어 두고 체념과 노고 속으로 몰아넣을 때 지배는 이미 특권뿐 아니라 사회 전체를 유지하게 된다. 따라서 반역죄는 매우 중죄가 된다. 가부장에 대한 반역은 다른 개인에 의해 대체될 수 있는그리고 대체되도록 되었던 개인을 제거해 버린 셈이다. 그러나 부친의 주권이 사회의 주권으로까지 확대되면서 이와 같은 교대는 불가능하게 되고, 죄는 결정적인 것으로 된다.

이렇게 해서 죄의식의 합리화가 완성되었다. 부친은 가족이라는 범주 안에서의 제한과 생물적인 권위의 제한을 받고 있지만 사회를 유지시켜 나가는 행정기관, 그리고 그 기구를 유지하기 위한 법률에 힘입어 훨씬 더 강력한 권위를 부여받게 된다. 부친의 이와 같은 최종적이고도 가장 숭고한 부활은 결코 해방에 의해 정복되지는 않는다. 행정 기구와 그 법률에서 이미 자유는 존재하지 않는다. 왜냐 하면 그러한 것들은 자유의 궁극적인 보증인으로서 나타나기 때문이다.

행정 기구와 법률에 대한 반역은 다시 만족을 금지하는 전제자로서의 동물에 대한 반역이 아니라, 재산을 보호하고 인간의 욕구 충족을 전진시키는 문명의 질서에 대한 범죄로 취급되어 보수나 속죄로 보상한다는 것이 불가능하게 된다. 그러나 문명의 진보가 이러한 합리성을 완화시키려 할 것이다.

현재의 자유와 만족은 지배의 요구와 결부되어 그 자체가 억압의 도구가 된다. 억압을 제도화하는 데 적당한 구실이 되었던 결핍의 근거는 오늘날 인간의 욕구를 최소한의 노고로 수행하는 수단인 자연에 대한 지식과 조절이 발달함에 따라 훨씬 빈약해졌다. 오늘날도 아직 세계의 광대한 영역에 퍼져 있는 빈곤은 천연 자원이나 인적 자원의 결핍에 의하는 것이 아니라, 그러한 자원의 배분과 이용 방법에 의한다.

이러한 차이점은 정치학이나 정치가에게 있어서는 전혀 상관이 없는 것인지도 모른다. 그러나 인간의 욕망과 그것이 만족되는 환경 간의 자연적·영속적인 불균형에 있어서 이러한 차이점은 억압의 요구가 생겨난다고 하는 문명이론에 대해서 결정적인 역할을 한다. 만일 어떤 정치적·사회적인 제도가 아닌 자연 상태가 억압의 근거로 된다면 그것은 억압이라는 것이 불합리한 것으로 되었다는 것을 뜻한다.

산업문명이 야기시킨 문화는 개인을 그 어느 때보다도 더욱 분화되고 교환될 수 있는 도구로 바꿔서 이 도구를 목적으로 변형시키기에 충분한 정도의 사회적 부를 낳게 되었다. 이용 가능한 많은 자원은 인간의 욕구에 질적인 변화를 가져다 주었다. 노동의 합리화와 기계화는 노고소외된 노동에 분담되는 본능 에너지의 양을 감소시킨다. 그리하여 개인의 능력을 자유롭게 발휘하여 각종의 목표에 도달할 수 있는 에너지를 해방시킨다.

기술은 생활 필수품의 생산에 필요한 시간을 최소로 하는 한 에너지의 억압적인 이용에 대항하여 필수불가결한 낭비의 범위를 넘어서는 욕구의 발전을 촉진시키게 된다. 과거에는 결핍이나 미성숙에 의해서 정당한 것으로 간주되었던 속박으로부터 개인이 해방될 수 있는 가능성이 현실적으로 될수록 안정된 지배의 질서가 붕괴되는 일이 없도록 하기 위해 이러한 속박들을 지탱해 나가려는 욕구도 더욱 증대된다. 만일 사회가 그의 증대되어 가는 생산성을 억압의 감소에 사용하지 않는다면 생산성은 개인에 대항하는 것으로 된다.

그것은 일상적인 조절의 수단이 된다. 지배력이 생산력을 지배하고 그 발전 가능성을 방해하는 곳에서는 어느 곳에서나 전체주의가 후기 산업문명에 군림하게 된다. 그래서 인간은 내부적으로나 외부적으로 언제나 집중 체제에 놓여지게 된다. 지배의 합리성은 그 기초가 위태롭게 될 정도로까지 이르렀기 때문에 그 어느 시기보다도 더욱 새로운 것으로 확립되지 않으면 안 된다.

그렇게 되면 후계자란 존재하지 않을 것이므로 부친 살해라든가, '상징적인' 살해조차 사라질 것이다. 초자아의 자동화는 위협에 대처하기 위한 사회의 방어 기구를 표시한다. 그 방어는 본능에 대한 통제를 강화하기보다는 대개 의식에 대한 통제를 강화한다. 만일 의식이 자유롭게 될 때는 더욱더 향상된 욕구의 만족에 대한 억압 작용을 간파할 수 있게 될지도 모르기 때문이다.

현대 산업문명의 궤도를 통해서 행해져 왔던 의식의 조작은 전체주의적인 '대중문화'를 다양한 측면에서 해석하는 무렵에 서술되어 왔다. 즉, 그와 같은 문화에서는 사적인 생활과 공적인 생활, 자발적인 반응과 요구된 반응과의 조절이 행해지기 때문이다.

이러한 경향의 좋은 실례는 사고 활동을 수반하지 않는 여가 활동이 추진되고 반지성적인 이데올로기가 승리를 차지한다는 것에서 찾아볼 수 있다. 이전에는 이와 같은 조절이 의식과 여가가 자유였던 영역까지 확대되면서 성의 터부는 변화되었다. 전체적인 조절에 있어서 원만히 효과를 거두지 못했던 시대에는 성의 터부가 오늘날보다 훨씬 더 중시됐었다.

오늘날을 청교도시대나 빅토리아시대와 비교해 볼 때 설사 1920년대의 풍조에 대한 반동이 분명하게 나타난다 해도 역시 성의 자유는 점차 증대되고 있음을 의심할 수 없다. 그러나 성적인 관계는 사회적인 관계 속에 더욱더 뿌리 깊이 박히게 되었다. 성적인 자유는 동조성의 이득과 조화를 이루고 있다. 성과 사회적 효용과의 근본적인 적대 관계는 쾌락원리와 현실원리와의 갈등 반영으로 볼 수 있는데, 현실원리가 쾌락원리를 잠식해 감에 따라 그것이 모호하게 되어 버린다.

소외된 세계에서는 에로스의 해방도 필연적으로 파괴적이고 결정적인 힘이 되어 억압적인 현실원리를 완전히 부정하는 것으로 작용하게 된다. 서구문명에 있어서의 위대한 문학을 보더라도 단지 '비극적 연애'만을 찬미하고 있다는 사실과 트리스탄Tristan의 신화가 그 대표적인 표현으로 되어 있다는 사실은 결코 우연만은 아니다.

신화의 병적인 낭만주의는 엄밀한 의미에서는 사실주의이다. 해방된 에로스의 파괴성과 비교할 때 성도덕은 독점적인 조절에 의해서 체계 안에 폐쇄되어 있는 한 그 체계에 봉사하고 있다. 그 부정은 긍정적인 것과 잘 조정되어 낮과 밤, 꿈의 세계와 노동의 세계, 공상과 욕구 불만이 잘 조정된다. 그래서 이렇게 일률적으로 조정된 현실의 내부에서 안주하고 있는 개인은 꿈 대신에 낮을 동화同化 대신 고발을 상기한다.

개인은 자기의 에로틱한 관계를 통해서 매력과 로맨스, 그리고 자기가 좋아하는 유행가까지 총동원하여 자기의 언약을 이행하려 한다. 그러나 통일되고 강화된 조정의 체계 안에서 뚜렷한 변화가 일어난다. 그 변화는 초자아의 구조, 죄의식의 내용, 그 발현 등에 영향을 미친다. 더욱이 그러한 변화는 완전히 소외된 세계가 그 힘을 확장시켜 어떤 새로운 현실원리의 소재를 준비해 주는 상태로 나아간다.

초자아는 그의 근원에서 해방되어 부에 관한 심적 외상의 경험은 한층 더 외적 이미지에 의해 대체된다. 개인이 사회에 적응함에 따라 가족은 이전에 비해 결정적인 힘이 약해지기 때문에 부자간의 갈등은 전형적인 갈등의 양상을 벗어나게 된다. 이러한 변화는 금세기 초에 일어나 '자유로운' 자본주의에서 '조직된' 자본주의로의 이행을 특징 지어 주는 근본적인 경제 과정에서 유래되었다.

독립된 가족적인 기업과 개인기업은 사회 조직 단위로서의 위치를 차지하지 못하고 있다. 그러한 것들은 대규모의 비인간적인 집단과 단체의 하나로 간주되고 있다. 또한 개인의 사회적인 가치는 자율적인 판단이나 개인의 책임보다 규격화된 기술과 적응 능력에서 측정된다. 기술의 진보가 초래한 개인의 폐기는 가족의 사회적인 기능이 저하되었다는 것에 반영되고 있다.[24] 과거에 가족은 좋은 싫든 개인을 키우고 교육시켰다. 그리고 지배적인 규제나 가치는 개인적으로 이해되고 개인의 운명을 통해서 변형되었다.

분명히 오이디푸스 상황에서는 개인이 아닌 세대와 세대가 서로 마주 향하고 있었다. 그러나 오이디푸스적 갈등을 전하고 계승하는 것으로써 세대는 개인으로 되고, 갈등은 개인의 생활사 안에 계승되어 왔었다. 사랑과 공격의 목표인 부친과 모친의 투쟁을 통해서 젊은 세대는 대부분 그들 자신의 것들인 충동·관념·욕구를 갖고 사회생활에 발을 내디뎠다. 따라서 그들의 초자아의 형성, 충동의 억압에 의한 변용·체념·승화 등은 완전히 개인으로서 체험되었다.

바로 이 시점에서 그들의 적응은 아픈 상처를 남기게 되었으며, 실행원리하에서의 생활은 여전히 개인적이고 비동조적인 영역을 포함하고 있었다. 그러나 정치·경제·문화의 독점 형태가 지배하는 곳에서는 성숙한 초자아의 형성은 개인화의 단계를 뛰어넘을 수 있을 것으로 여겨진다. 다시 말해서 종의 원자는 그대로 사회적인 원자로 된다. 본능의 억압적인 조직은 집단적이고 자아는 미숙한 대로 가족 이외의 사람들이나 기관의 전체적인 기구에 의해 사회화된다.

미취학의 시절부터 장난감·라디오·텔레비전이 동조와 반항의 기

---

24) 이러한 과정의 분석에 대해서는 《이성의 실추 : Eclipse of Reason》를 참조.

본유형을 정하게 된다. 그러한 기본 유형에서 벗어나는 것은 가족 안에서 처벌되지 않고 가족 밖에서 가족에 대해 처벌된다. 매스 미디어의 전문가들은 사회가 요구하는 많은 가치를 전달한다. 그들은 능률·인내·꿈·퍼스낼리티·사랑 등에 대해 충분한 훈련을 제공한다. 가족은 이러한 교육과 대립될 수 없다. 세대간의 대립으로 위치는 오히려 역전된 것처럼 보인다. 훨씬 더 세상 물정에 밝은 자식이 구세대인 부친의 사고 방식에 대항하여 성숙한 현실원리를 대표하게 된다.

부친은 오이디푸스 상황에서는 최초의 공격 목표였지만, 그 이후에는 오히려 공격대상으로는 부적합한 것으로 된다. 부·기술·경험의 전달자로서의 부친의 권위는 점차 퇴조된다. 그가 전달해 주는 것이 적으면 적을수록 금지도 금지력도 그에 비례해서 힘이 약해진다. 진보적인 부친은 이미 적이 될 만한, 또 '이상'으로 삼을 만한 대상이 아니다. 그래서 자식들의 경제적·감정적·지적인 대를 이끌어 줄 수 없는 부친일 경우는 그런 대상이 되는 것을 피할 수 없다.

그러나 가족의 금지를 계속 지배하고, 지배의 억압적인 조정도 존속시키고 있는 부친에게는 공격의 충동도 잔존하고 있다. 과연 부친 대신 그러한 충동의 주요한 목표로 될 수 있는 사람은 누구일까? 지배가 행정 기구라고 하는 객관적인 존재로 응결되면 초자아의 발달을 이끌어 주는 각종 이미지도 이미 개인을 초월한다. 과거 한때 초자아는 주인·추장·수령에 의해 양성되어 현실원리가 그들과 같은 현실의 개인 안에 표현되어 있었다.

냉혹한 반면 인자하고, 잔인한 반면 애정 깊은 그들은 반역의 욕망을 유발시키고 그것을 처벌했다. 질서에의 동조를 강제한다는 것이 그들의 개인적인 역할이자 책임이었다. 따라서 존경과 공포에는 그들의 존재나 행위에 대한 증오가 수반되고 있었다. 그들은 충동과 그것을 만족시키려고 하는 의식적인 노력의 살아 있는 대상이었다. 그러나 이와 같은 개인으로서의 부친의 이미지는 점차 제도의 이면으로 사라져 갔다.

생산 기구의 합리화와 기능의 다양한 분화에 따라서 지배는 한결같이 행정 기구라는 형태를 띠게 된다. 그러한 정점에서는 경제력의 집중은 보이지 않게 변하는 것 같다. 설령 최고의 지위에 앉아 있는 사람일지라도 누구든지 그 기구의 운동과 법칙 앞에서는 무력해진다. 통제는 대개 통제받는 사람이 고용자이거나 피고용자인 사무실에서 행해진다. 지배자는 이미 개인으로서의 역할을 수행하지 않는다.

하나의 비유로써 가학적인 군주나 착취하는 기업가도 프러시아에서 봉급을 받고 있는 일원으로 되어 있고, 그들의 부하도 또 다른 관료 기구의 일원으로서 서로가 교섭을 갖게 되었다. 고도의 생산성·능률성으로 운행되는 체계 안에서 개인은 그 어느 때보다도 향상된 수준으로 생활하고 있는데, 바로 그러한 체계에서 개인의 고통·욕구불만·무능 등이 야기된다. 개인 생활을 조직화하는 책임은 전체의 체계, 즉 욕구를 결정하고 만족시켜서 조정하는 제도 전체와 관련되어 있다.

공격적인 충동은 대립이 잦다. 즉, 증오는 미소를 띠는 동료, 급히 서두르는 경쟁자, 온순한 공무원. 사회사업가와 부딪친다. 그들은 모두 자기들의 의무를 행하고 있는 무죄한 희생자들이다. 이런 식으로 되돌아오는 공격은 새롭게 자기 내부에 투사된다. 죄는 억압 자체에 있는 것이 아니라 억압된 것에 있다. 진정 무슨 죄가 있단 말인가? 물질적·지적인 진보는 죄의식을 반드시 종교적인 면에서가 아니더라도 충분히 설명될 수 있게끔 종교의 힘을 약화시켜 버렸다. 그래서 자아로 돌려지게 된 공격성도 느끼지 못하게 될 우려가 있다.

개인의 의식이 통제되고 개인적인 생활이 없어지고 감정이 획일화되면 개인은 이미 죄의식에 대항하는 자기 자신을 발전시켜서 자기의 양심으로 생활할 만한 정도의 충분한 심적 여유를 잃게 된다. 그의 자아는 위축되어 이드·자아·초자아 사이의 각종 적대적인 과정들이 이미 그 전형적인 형태에서 전개되지 못한다. 게다가 죄는 죄대로 남아 있다. 그 죄는 개인의 것이 아니라 사회 전체의 것이다. 그것은 집단의 죄이며, 물적 자원이나 인적 자원을 낭비하거나 저지하는 제도의 체계가 받게 되는 고뇌이다.

이와 같은 자원의 표준은 생산력의 유효적절한 이용으로 인간의 자유가 어느 정도 실현되느냐 하는 것으로 결정된다. 이 표준은 적용하면 고도로 발달한 산업문명에서 오히려 인간은 문화적·물질적인 빈곤에 처하게 되는 것으로 생각된다. 현대 대중문화에 나타나는 비인간화의 과정에 관해 사회학이 사용하는 일률적인 문제들은 잘못된 방향으로 돌려지고 있는 것 같다.

퇴보는 기계화나 표준화가 아니라 거기에 내포되어 있는 내용, 즉 진정한 자유가 아닌 자유라든가, 개인에 의한 주체적인 선택이라든가, 가상적인 개성의 이면에 전면적인 통제가 은폐되어 있는 것을 말한다. 대기업이 지배하고 있는 사회에서는 개인의 생활 수준도 사회학적인 의미에서 볼 때는 제한적이다. 다시 말해서 개인이 구입하는 각종 생활 물품이나 서비스는 그들의 욕구를 통제하고 그들의 능력을 잠식시켜 버린다.

개인의 생활을 풍요롭게 해 주는 상품 교환에 있어서 개인은 그들의 노동과 자유로운 시간까지도 매매한다. 보다 향상된 상황은 생활

위에서 군림하는 통제 때문에 어려워진다. 사람들은 아파트에 모여 살고 개인마다 자동차를 소유할 수는 있지만, 그것을 타고 유토피아로 향하는 것은 불가능하다. 그들은 똑같은 이상을 추구하는 신문이나 잡지를 많이 구독한다. 모두 동일한 종류의 물품이나 도구들이 널브러져 있으므로 원하는 대로 고를 수 있지만, 그로 인해 그들은 너무 편해져 가장 중요한 그들의 문제를 잊고 있다.

다시 말해서 그들은 노동 시간을 단축함으로써 자기들의 욕구나 만족도 자기들의 의지에 따라 결정할 수 있다는 사실을 주목하지 않는다. 오늘날의 이데올로기는 생산과 소비가 지배를 재생산하여 정당화시키고 있다는 것에 의존하고 있다. 그러나 그러한 이데올로기적인 성격이 현실적으로 여러 가지 많은 이득을 가져다 준다는 사실을 변경시키지는 못한다. 사회 전체가 어떻게 억압적으로 되어 있는가 하는 것은 대부분 그 유효성에 의해 결정된다.

억압은 물질문화의 자유로운 활동을 높이고, 생활 필수품의 획득을 쉽게 해 주고 안락과 사치를 만연하게 하며, 이제까지 볼 수 없었던 광대한 영역을 산업의 궤도 위에 올려놓게 된다. 그와 동시에 또 한편으로는 고통과 파괴는 그대로 지속된다. 그에 대신해서 개인은 자기의 시간·의식·꿈을 희생시킨다. 문명은 그 대신으로 자유·정의·평화라고 하는 그 자신의 약속을 대체물로 희생한다. 이렇게 해서 해방의 가능성과 실제 억압과의 불일치가 완전하게 드러나게 된다. 그리하여 세계 도처에서 모든 생활 영역에 침투하고 있는 진보에 대한 타당성이 그 조직과 방향의 비합리성을 증대시킨다.

사회의 결합력과 행정 기구의 힘은 직접적인 공격으로부터 전 사회를 수호할 만한 강력한 힘을 갖고 있지만, 축적된 공격성을 밀어낼 정도는 못 된다. 그 공격성은 전체 사회에서 벗어나고 있는 사람들을 향해 돌려진다. 왜냐 하면 그들의 존재는 사회의 부정을 의미하기 때문이다. 이러한 적은 신에게 대항하는 자라든가 반그리스도인으로 나타난다. 그는 언제 어느 곳에서라도 잠재해 있는 흉악한 힘을 발휘하기 때문에 널리 퍼져 있는 그의 존재에 어떻게 해서든 대항해야 한다.

전쟁과 평화, 시민과 군인, 사실과 선전 사이의 차이는 말살된다. 퇴행은 오랜 과거에 통과한 적이 있었던 역사적인 단계로 되돌아감을 의미한다. 이러한 퇴행은 국가적·국제적인 규모에서 다시 가학적·피학적인 단계로 활동한다. 그러나 그것은 새로운 '문명화된' 형태에서 행해지게 된다. 그와 같은 충동은 거의 승화되지는 않고, 강제 수용소·강제 노동소·식민지 전쟁·내란·유형죄 등에 있어서 사회적으로 유용한 활동으로 행해지게끔 되어 있다.

이와 같은 상황은 현대 문명이 여태까지 경과해 오는 과정에 있어서의 각 단계의 문명에 비해서 더욱 파괴적이냐 아니냐 하는 것의 당면 문제와는 거리가 먼 것 같다. 아무튼 이 문제는 역사를 통해서 파괴성이 우위를 차지해 왔다고 하는 점을 내세운다 해도 해소되지 않는다. 현대의 파괴성이 가지는 의미가 분명하게 밝혀지게 되는 것은 과거의 단계에 의해서가 아닌 현대 안에 잠재해 있는 가능성에 의해 측정될 때뿐이다. 전쟁이 제한된 지역에서 직업적인 군대에 의해 행해지는가, 아니면 전 지구의 인간을 상대로 행해지는가라는 차이는 단지 양적인 차이 이상이다.

또한 세계를 곤궁에서 구해 낼 수 있었던 기술상의 발명은 고통의 정복을 위해서 사용되는가, 아니면 고통의 창조를 위해 사용되는가, 또는 전투에서 수천 명이 살해되는 것과 의사나 기술자의 힘에 의해 과학적으로 수백만 명이 전멸되는 것과의 차이도 단지 양적인 차이를 의미하는 것은 아니다. 게다가 망명자는 그 안식처를 미개지에서 발견할 수 있는가, 아니면 지구상의 각처로 쫓겨다니게 되는가, 그리고 사람들은 본래부터 무지한가, 아니면 사회 속에서의 매스 미디어를 통해 무지화되는가 하는 경우도 마찬가지로 말할 수 있다.

공포를 주는 것과 정상적인 상태, 그리고 파괴와 건설은 매우 쉽게 동화된다. 그래도 진보는 여전히 계속되어 억압의 기초는 점점 더 협소화된다. 지배는 진보의 도상에서 여러 가지 일을 성취해 왔는데, 마침내 정점에 도달하게 되면 그 기초가 위태로워질 뿐더러 지배에 대한 반역도 결코 용납하지 않는다. 그리고서 남는 것은 이성의 부정적인 면이다. 그것은 부와 권력을 추진시켜서 실행원리의 본능적인 뿌리가 완전히 절멸되는 것과 같은 풍조를 야기시킨다.

노동의 소외는 거의 완전하게 이루어진다. 콘베이어 시스템, 일정한 사무, 매매 등의 일은 인간의 내부에 잠재해 있는 능력과는 별개로 되어 간다. 노동의 관계는 대부분 과학적이고 능률적인 경영 관리인에게 있어서는 언제든지 교환이 가능한 대상으로서의 개인 간의 관계로 되었다. 오늘날에도 분명 지배적인 경쟁은 어느 정도의 개성과 자발성을 요구하고 있지만, 이와 같은 특징은 그것이 기본으로 되어 있는 경쟁과 같이 완전히 표면적인 환영에 불과하게 되었다.

개성은 명목상에 지나지 않고 유형의 특별한 표현[25] — 예컨대 요부妖婦·주부, 매력적인 남성, 여성 전문가, 생계를 위해 노력하는 젊은 부부 등과 같은 — 인 데 지나지 않는다. 그것은 마치 경쟁이 도

---

25) 《철학과 사회과학의 연구 : Studies in Philosophy and Social Science》Leo Lowenthal, 1939년, 제8권, p.262 《사회학의 미국 잡지 : American Journal of Sociology》, 1950년, p.323

구·포장·맛·색상 등의 제조 과정에 의해 좌우되는, 미리 정해진 경쟁에 불과한 이치이다. 이러한 외면적인 환상 아래에서 전체 노동세계와 레크리에이션은 인간이라는 단순한 생물과 무생물에서 구성되는 체계로 자리잡히게 되었다.

그런 것들은 모두 다 행정 기구에 종속되어 있다. 본래 이 세상의 인간 존재는 그 자신의 운동원리를 가지지 않는 재료나 물질이나 소재에 불과하다. 이와 같은 화석화化石化는 본능과 그것의 금지와 변용에 영향을 미친다. 이드·자아·초자아 사이의 상호작용은 자동적인 반응으로 이어진다. 초자아의 육체화에는 자아의 육체화가 필수적으로 따르고, 그것은 적절한 시기와 기회에 굳어진 안색이나 행동으로 나타난다.

의식은 자율에 의해 점차 개인이 전체와의 조화를 조정하는 일에 머무르게 된다. 이와 같은 조정은 대단히 효과적이어서 보편적인 불행은 점점 감소되어 왔다. 개인이 지배적인 억압을 의식한다는 것은 그의 의식을 제한하는 조작에 의해 둔화된다.[26] 이 과정은 행복의 내용을 바꿔 버린다. 그 개념은 개인적·주관적인 조건 이상의 것을 제시하고 있다. 행복이란 단지 만족감에 그치는 것이 아니라 현실적으로 자유와 만족이 충족되는 데 있다.

행복에 지식이 내재되어 있다는 것은 이성적인 동물의 특권이다. 의식의 타락, 보도의 통제, 개인이 매스컴 속에 삼켜지게 되어 지식은 관리되고 한정되어 간다. 개인은 현실적으로 무슨 일이 일어나고 있는지 알지 못한다. 교육이나 오락 기구들은 해롭지 않다고 하는 마취적 상태에서 개인을 사회인 전체와 결부시킨다. 진실한 전모를 아

---

26) 이에 대해서는 〈제2장 억압된 개인의 기원〉에서 언급된 바 있다.

는 것으로써 행복을 얻을 수는 없으므로 이와 같은 전신 마취는 개인에게 행복을 가져다 준다.

만일 불안이 보편적인 병증 이상의 것이고 실존의 조건이라면, 이러한 '불안의 시대'는 그 불안이 표면적으로는 나타나지 않는 데 특징이 있다. 이러한 경향은 사람이 자기 자신의 여러 가지 긍지를 발달시키기 위해 에너지를 소비한다든가 노력하는 일이 완전히 사라졌다는 사실을 시사해 주는 것 같다. 개인과 문화와의 사이에 있어서의 생생한 연결은 느슨해져 있다. 그런데 이 문화는 개인 안에서 개인을 위해 지배적인 가치와 제도를 산출함으로써 재생하는 긍지의 체계였다.

현실원리의 억압적인 힘은 억압된 개인에 의해 다시 새롭게 되어 돌아오는 일은 결코 없다. 그들이 과거만큼 자기 자신의 삶에 대한 담당자 또는 희생자로서의 활동을 멈추게 되면 현실원리도 그만큼 '창조적인' 동일화와 승화를 통해서 강화되지 않게 된다. 더구나 이러한 동일화와 승화가 문화라고 하는 세대를 풍요롭게 하는 동시에 보호해 준다.

집단과, 집단의 이상과 철학, 게다가 여전히 타협하지 않고 인간의 공포와 희망을 표현하는 미술이나 문학작품들은 지배적인 현실원리에 대항하고 있다. 즉, 그러한 것들은 현실원리가 고발하지 않고서는 그대로 방치할 수 없는 것들이다. 소외현상이 심화됨에 따라 적극적인 면이 더욱 두드러지게 나타난다. 실행원리를 받쳐 주는 삶의 에너지는 점차로 사라지게 되어 아무도 영향을 받지 않게 된다. 필요와 낭비, 운동과 오락의 자동화는 이 분야에서 개인의 잠재적인 가능성의 실현을 방해하고 있다.

그것은 리비도적인 고착을 어렵게 만든다. 결핍과 노고에 대한 생산성의 이데올로기·지배·체념 등은 본능이나 합리성의 근간으로부터 벗어나게 된다. 소외의 이론은 인간이 노동을 통해 자기를 실현시키는 것이 불가능해지고 그의 생활이 노동의 수단으로 됨에 따라 그의 노동과 그 노동의 산물은 개인으로서의 인간에게서 독립된 별도의 어떤 형태와 힘을 갖게 되었다고 하는 사실을 제시해 주고 있다.

그러나 이러한 상태에서 해방되기 위해서는 소외가 정지되는 것보다 그 완성이 필요하다. 또한 억압된 생산적인 퍼스낼리티를 다시 활동시킬 것이 아니라 그 폐기가 더욱 절실히 요구된다. 노동의 세계에서 인간의 잠재적인 가능성을 배제한다는 것은 인간의 잠재적인 가능성의 세계로부터 노동을 제외시키기 위한 전제가 된다.

제5장

철학적인 간주곡

프로이트의 문명이론은 그의 심리학 이론으로부터 발달된 것으로 서, 그의 문명이론에서 전개된 역사 과정의 이론적인 통찰은 역사의 생생한 실체인 개인의 심적 구조를 분석하는 데에서 그 틀이 짜여지 고 있다. 이러한 방법은 문화적인 여러 제도가 개인에게 작용을 가하 여 산출하게 된 것을 중점적으로 고찰해 보면 그 제도를 옹호해 주 는 사상까지 이르게 된다. 그러나 심리학적인 방법은 결정적인 면에 서 실패한 것 같다.

역사는 '개인의 이면에서' 개인을 초월하여 흘러 왔다. 그래서 역사 과정의 법칙은 개인에게 있어서보다 도리어 규정된 제도를 지배하는 법칙이었다. 이러한 비판에 대해서 우리는 프로이트 심리학이 아직 까지 개인의 종種으로서, 또 현재가 과거와 같은 심적 구조의 차원에 도달해 있다고 논해 왔다. 프로이트 이론은 사회학적인 비개인화 아 래 은폐되어 생물학적인 비개인화가 존재한다는 것을 밝히고 있다.

생물학적인 비개인화는 쾌락원리나 열반원리에 따라 진행되고, 사회학적인 비개인화는 현실원리하에서 진행된다. 프로이트의 개인심리학은 그의 종이라고 하는 개념 때문에, 본질적으로는 종의 심리학이라고 할 수 있다. 그의 종의 심리학은 본능의 변천을 역사적인 변천으로 간파하고 있다. 삶의 본능에로스과 죽음의 본능과의 싸움, 문화의 건설과 파괴 및 억압과 피억압의 회귀가 순환되는 역학은 인류가 발달하는 역사적인 조건에 의해서 발현되고 조직화된다.

그러나 프로이트 이론의 초심리학이 포함하고 있는 의미는 사회학의 범주를 뛰어넘는다. 기본적인 본능은 삶과 죽음, 즉 유기물 자체에 결부되어 있다. 그리하여 그 본능은 배후에서는 유기물을 결부시키고 표면적으로는 한층 높은 심적 현상과 결부시킨다. 다시 말해서 프로이트 이론은 존재의 근본적인 양상의 구조에 관한 몇 가지 존재에 그치는 것이 아니라, 서구 철학의 기초가 되는 체계에 속하고 있음을 보여주려고 한다.

프로이트에 따르면 문명은 기본적인 본능을 방법적으로 억압하는 데서부터 시작된다고 한다. 본능을 조직화하는 두 가지의 주요한 형태는 다음과 같이 구별된다. 첫째는 집단의 관계를 유지하고 확대시키기 위해 성욕을 금지하며, 둘째는 인간과 자연을 지배하고 개인윤리와 사회윤리를 만들기 위해서 파괴 본능을 금지한다.

이 두 가지 힘이 융합되어 과거 어느 때보다 커다란 집단 생활이 보다 더 효과적으로 유지되면 에로스는 그의 적에 대해서 승리하게 된다. 말하자면 사회적인 유용성이 죽음의 본능을 삶의 본능에 봉사할 수 있도록 압력을 가하는 것이다.

그러나 문명의 진보 자체가 승화와 조정된 공격과의 사이를 벌려 놓는다. 아무튼 그렇게 해서 에로스는 약화되고 파괴성은 해방된다.

진보는 본능구조 안의 퇴행적인 경향, 즉 어디까지나 죽음의 본능에 의해 좌우되면 문명의 발달이 진정되는 것은 최종적인 만족을 얻은 다음이다. 다시 말해서 진보는 억압되어 있기는 하지만 영속적인 충동으로 중화된다고도 말할 수 있다. 지배와 힘과 생산성의 증대는 파괴를 통해서 합리적으로 요구되는 필요를 넘어선다. 해방의 추구는 열반 상태의 추구에 의해 달성된다.

사회적으로 유용한 갖가지 충동을 거쳐서 문화가 열반원리의 지배 하에 선다고 하는 좋지 못한 가설은 이따금 정신분석을 혼란시켰다. 진보는 퇴행을 수반한다. 오토 랑크도 '탄생의 외상外傷'이라고 하는 견해에 준해서 문화는 지금까지보다 훨씬 대규모로 태내 상태를 재현하고자 하는 호신護身의 외피를 구성한다는 결론을 내렸다.

우리는 이 '상징적 의미'를 실제로 적용시키는 중요한 수단으로써 그것을 다음과 같은 의미에서 이해할 수 있다. 즉, 문명과 기술이 끊임없이 추구하는 '안락'의 증대는 모두 영속적인 대리물로서 본래의 목표를 대체하는 데 불과하며, 게다가 오히려 그 목표에서 더욱더 멀어져 간다.[1]

페렌치의 이론 가운데 '성기로부터 멀리 떨어져 가는' 리비도라는 관념도 위와 같은 결론에 도달했고, 게자 로하임Géza Róheim도 문화의 발전 도상에서 결정적인 역할을 하는 본능적인 동기 중의 하나로 서의 대상의 상실 — 어둠 속에 버려진다는 식의 — 이라는 위험성을

----

1) 《탄생의 외상外傷》, pp. 99, 103

염두에 두었다.[2) 문명 안에서 열반원리가 끊임없이 강력하게 작용한다는 것은 에로스의 문화를 창조하는 힘에 어느 정도까지 각종 속박의 힘이 닿는가를 제시해 준다.

에로스는 죽음의 본능과 투쟁하여 문화를 창조한다. 에로스는 개인의 본능 충족을 도모하여 그것이 충족되지 않는다거나 절멸되는 위협으로부터 보호하기 위해 문화를 보다 풍요롭게 확장하려 한다. 삶에 만족할 수 없고 죽음의 본능의 가치가 높아지면 그것은 에로스의 실패이다. 가지각색의 형태로 나타나는 퇴행은 문명이 불완전하다는 것, 즉 쾌락보다도 노고가 우월하고 만족보다도 실행이 우월하게 되는 데 대한 무의식적 반항이다.

개인의 내부 깊숙이 숨어 있는 경향은 문명을 지배해 온 원리에 항의하고 소외에서의 귀환을 요구한다. 죽음의 본능의 파생물은 이와 같은 반역으로 에로스의 신경질적이고 도착된 각종 발현과 결부된다. 프로이트의 문명 이론은 이렇게 역류하는 경향을 반복해서 지적하고 있다. 이 역류는 안정된 문화에 대해 파괴적이라고 생각될 수도 있다. 그러나 그러한 경향은 그것이 파괴하려 하는 대상, 즉 억압 자체의 파괴성을 증명해 준다. 그것은 현실원리에 대항하여 비존재를 목표로 하고 있다. 그것은 현실원리의 역사적인 성격, 즉 그 타당성과 필연의 한계를 제시하고 있다.

이 시점에 이르러서 프로이트의 초심리학은 서구 철학의 주류와 마주치게 된다. 서구 문명의 과학적 합리성이 그의 충분한 성과를 산출하게 되자 점차 그 심적 의미를 의식하게 되었다. 인간과 자연의 환경을 합리적으로 변경시켜 나가는 역할을 떠맡은 자아는 본질적으로

---

2) 《문화의 조직과 기능 : The Orgin & Function of Culture》, p.77

공격적이고 직선적인 주체로서 등장하여 그의 모든 사상과 행위들은 객체를 지배하려고 벼르고 있다. 그것은 객체에 대립하는 주체였다. 선험적으로 적대시하는 이러한 경험이 사고하는 자아와 행위하는 자아를 한정했다.

자아에 있어서 자연인간과 외부세계를 포함한은 서로 투쟁하고 정복하고 탈취하지 않으면 안 되는 것으로서 주어졌다. 이것이 바로 자기보존과 자기 발전을 위한 전제 조건이었다. 투쟁은 개인의 '저급한' 능력으로서 간주되는 감각기관의 능력과 육체적인 욕구 충족의 활동을 내부에서 끊임없이 정복하는 데서 시작한다. 그와 같은 능력을 굴복시킨다는 것은 플라톤 이래로 인간의 이성을 구성하는 하나의 요소로서 간주되어 왔었다. 이와 같이 이성의 기능 자체가 억압적이라고 할 수 있다.

그러한 투쟁은 외부세계의 자연을 정복할 때 최고조에 도달한다. 외부세계의 자연은 인간의 욕구에 상응할 수 있도록 끊임없이 공격당하고 억압되어 이용되지 않으면 안 된다. 자아는 존재를 '도발'이라든가 '기도企圖'로서 경험하고 하나하나의 존재 조건을 정복하여 다른 형태로 변화시켜야만 할 하나의 제약으로 경험하게 된다. 자아는 이와 같은 태도가 요구되는 특정한 기회에 직면하게 되기 이전에 행위와 생산성을 습득하도록 미리 조건을 만들어 둔다.

막스 셸러Max Scheler에 의하면 근대인과 존재의 관계에서는 자연을 지배하려고 하는 의식적이거나 무의식적인 충동 또는 힘의 의지가 주도적이며, 그것은 심적 구조상에 있어서 근대 과학이나 기술 및 과학적인 사고나 직관보다 앞서는 '비논리적·반윤리적'인 것이라고 한다. 자연은 '지배를 목표로 하는 생체'에 의해서 선험적으로 경험되어, 그 때문에 지배와 조정이 용이한 것으로 경험된다. 따라서 자연과의 싸움에 있어서의 노동은 선험적으로 힘인 동시에 도발이다.

그것은 저항의 정복이다. 이와 같은 노동의 태도에 있어서는 객관적인 세계의 각종 이미지는 '공격 목표'의 상징으로써 나타난다. 행위는 지배로써 나타나고, 현실은 저항으로써 나타난다. 이러한 사고 방식을 셀러는 "지배와 달성으로 향해진 지식"이라고 불렀다. 그리하여 그는 거기에서 근대 문명의 발전을 인도해 온 지식의 특정한 양식을 간파하고 있다. 그것은 사고와 행위의 주체인 자아에 관한 관념만이 아니라 객관적인 세계와 존재에 대한 관념도 형성해 왔다.

그리스 인이 존재의 본질로서의 로고스Logos에 관해 어떠한 의미로서 파악하고 있었든지 간에, 아리스토텔레스의 이론학이 정통으로 간주되고부터는 그 말은 이성의 체계를 세우고, 그것을 분류하고 지배한다는 개념을 포함하고 있었다. 이와 같은 이성에 대한 개념은 점차 생산적이라기보다는 수동적으로 되고, 초월적이지 못하고 욕구 충족을 목표로 하는 능력이나 태도를 적대하게 된다. 그러한 능력이나 태도는 쾌락원리에 강력하게 지배되고 있는 동시에 부조리하고 비합리적인 것으로 나타나기 때문에, 이성의 진보에 도움이 되기 위해서는 그것들을 정복하고 차단시키지 않으면 안 된다.

이성은 자연을 좀더 효율적으로 변용시켜 이용함으로써 인간의 내부에 잠재하는 온갖 가능성을 보장할 수 있다. 그러나 그런 목적은 도중에서 후퇴해 버린다. 즉, 소외된 노동에 소요되는 시간은 개인의 욕구 충족을 위한 시간까지 흡수해 버려 욕구 자체를 규정하게 된다. 그래서 결국 로고스는 지배의 논리로서 등장한다. 논리와 사고의 단위를 기호나 상징으로 환원시킬 때 사고의 법칙은 계산과 조작의 기술로 되어 버린다.

그러나 지배의 논리는 언제나 도전받지 않고 승리할 수 있었던 것은 아니다. 주체와 객체 사이에 있는 적대 관계의 축도인 철학은 또한 이 양자의 화해의 모습도 포함하고 있다. 언제든지 초월의 기회만 엿보는 주체의 끈질긴 노력은 마침내 주체와 객체의 통합으로 끝맺는다. 그것은 그 자체의 충족에 있어서 완전히 존재를 실현하는 '즉자卽自·대자對自로서의 존재'가 존재한다는 관념이다.

만족의 로고스는 소외의 로고스와 모순된다. 만족과 소외를 조화시키려는 노력은 서구의 형이상학의 내면적인 역사를 생생한 것으로 만든다. 존재 양상을 계층으로 구분했던 아리스토텔레스의 시도는 고전적인 방식이다. 그에 의하면 존재에 있어서 최고의 양식은 신의 이성이다. 그 존재는 자신에 의거하는 외에 다른 어떠한 것에 의해서도 규정되고 한정되는 일이 전혀 없으며, 또한 어떠한 상태나 조건에 있어서도 완전히 자기 자체이다.

생성의 상승곡선은 자기 자신 안에서 운동하는 원 안에 한정되어 과거·현재·미래가 그 궤도 속으로 폐쇄되어 버린다. 아리스토텔레스의 경우 이와 같은 존재의 양상은 신에게서만 찾아볼 수 있으며, 단지 그와 가장 유사한 것은 사상의 운동, 다시 말해서 순수한 사고의 활동뿐이다. 그렇지 않으면 경험적인 세계는 이 같은 충족에 참여할 수가 없고 단지 '에로스와 같은 것이었으면' 하는 동경만이 현실세계와 목적을 결부시킬 수 있다.

아리스토텔레스의 관념은 종교적인 개념을 초월한다. 말하자면 신의 이성은 우주의 일부이며 거기에는 우주의 창조자·주권자·구제자들은 존재하지 않는다. 거기에서는 단지 모든 가능성이 현실성으로 남아 있으며, 존재의 '기도'가 이루어져 있는 것과 같은 하나의 존재 양상이다.

아리스토텔레스의 개념은 그 후의 갖가지 변용을 꿰뚫고 오늘날까지 생생히 살아 있다. '이성의 시대' 말기에 헤겔에 의해 대표되는 서구 사상은 그 범주와 세계에 대한 지배원리의 타당성에 대한 최후이자 최대의 시도를 했는데, 그것 역시 신의 이성이라는 결론에 다다를 수밖에 없었다. 충족은 다시금 절대적인 관념과 지식으로 위임된다. 그리하여 원운동이 다시 파괴적인 초월과 생산적인 초월과의 과정을 단절시킨다.

이제 그 원은 전체를 포괄한다. 모든 소외는 정당화되는 한편, 이성의 보편적인 원의 세계 속으로 소실되어 버린다. 그러나 철학은 그때서야 이성이라는 건물이 세워질 구체적인 역사의 토대를 납득하게 된다. 헤겔은 그의 저서 《정신현상학》에서 이성의 구조를 지배의 구조 및 지배의 극복으로 설명한다. 이성은 자연의 세계와 역사의 세계를 정복하여 그것을 자기 실현의 재료로 하는, 인간의 향상되는 자기의식을 통해서 발전한다. 단순한 의식이 자의식에 이르게 되면 그 의식은 자신을 자아로서 발견하고, 그 자아는 초기에 하나의 욕망으로서 존재한다. 즉, 자아는 '타인' 안에서, 그리고 '타인'을 통해서 자신을 만족시킬 때에야 비로소 자신을 의식하게 된다.

그러나 이와 같은 만족은 그 안에 타인의 부정을 포함하고 있다.따라서 자의식은 이와 같은 타인의 부정을 통해 자의식을 갖게 된다. 왜냐 하면 자아는 모든 타인에 대립해서, 그리고 진실로 대자적인 존재가 될 수 있는가 하는 것을 통해 자신을 증명해야 하기 때문이다. 이것이 현실적으로 실행되기 위해서는 끊임없이 자기 자신을 확인해야만 하는 개인이라는 개념이 있어야 한다. 이 같은 개념에 따른 개인은 그 자신의 '부정否定'으로서 자신의 자유를 부정하는 세계와 대립된다. 여기에서 개인은 그 자신의 존재를 위해 맞부딪쳐 오는 물체나 인간에 대항해서 끊임없이 자기 존재를 보호해야 한다.

자아는 자유로워지지 않으면 안 된다. 그러나 만일 세계가 부정적 성역을 갖고 있다면 자아의 자유는 과연 지배자로서 인지되고 승인되는가 하는 여부에 의존된다. 게다가 이러한 인지는 다른 자아, 즉 또 하나의 자의식을 가지는 주체에 의해서만 주어진다. 물체에는 생명이 없다.

그리하여 그 저항을 극복한다거나, 자아의 힘을 만족시킨다거나, 시험해 보는 것을 할 수 없다. 자의식은 오로지 다른 자의식에세 있어서만 만족된다. 왜냐 하면 이 두 자의식은 즉자적이라는 그 자신의 확실성을 타인 및 자기 자신에게 있어서 진실되게 체험되어야 하기 때문이다.

그리하여 물체의 세계에 대한 공격적 태도, 즉 자연의 지배는 결국 인간에 대한 인간의 지배를 목표로 하게 된다. 그것은 또 다른 주체를 향한 공격성이다. 자아의 만족은 다른 자아와 부정적인 관계로 된다는 것이 전제 조건으로 되어 있다.

이 두 자의식의 관계는 생사를 건 투쟁을 통해서 서로 상대의 존재를 확인하게 된다. 그렇게 오직 생명의 위험을 걸어야만 자유가 획득될 수 있다.

자유는 그의 내부에 생명의 위험을 포함하고 있는데, 그 이유는 자유라는 것이 예속으로부터의 해방을 의미하기 때문이 아니라, 인간의 자유 자체가 타인에 대한 '부정적 관계'를 통해 한정되기 때문이다. 그리고 이러한 부정적인 관계는 생명 전체에 영향을 미치기 때문에 자유는 생명을 온전하게 걸어야만 비로소 시험될 수 있다.

보편적인 죽음이나 불안이 아니라 인간의 온 존재에 대한 공포[3]로서의 죽음과 불안은 인간의 자유와 만족에 대해 필수적인 표현이다. 자의식의 부정적인 구조에서 주인과 노예 및 지배와 예속의 관계가 형성된다. 이러한 관계는 필연적으로 자의식이 가지고 있는 특정한 성질과 다른 주체와 객체에 대한 그의 특정적인 태도로부터 산출된다. 그러나 《정신현상학》이 단지 지배의 논리가 발전된 것에 불과하다면 그것은 서구 문명의 올바른 해석은 될 수 없다.

《정신현상학》은 타인과의 적대적인 관계에서 파생되는 자유의 형식을 극복하는 방향으로 향해 있다. 게다가 자유의 참다운 양상은 정복하기 위해 끊임없이 활동하는 것이 아니라 존재에 대한 철두철미한 지식과 만족을 얻어 휴식하는 것을 의미한다. 《정신현상학》의 최후에 강력하게 나타나는 존재론의 운율은 프로메테우스적인 역학과는 완전히 대조적이다.

정신에서 받은 상처는 흔적도 없이 완쾌된다. 행위는 영속적인 것이 아니다. 정신은 자기 자신에게로 귀환하여 그 안에 나타나는 특수성의 양상은 이내 소실되어 버린다.

서로에 대한 '승인'과 '인지'는 아직 자유의 현실성에 대한 시험이다. 거기에 사용되는 말들은 그때서야 '관용과 화해'이다. 화해라는 말은

---

3) 《헤겔과 프리드리히의 철학 : The Philosophy of Hegel & C. J. Friedrich》, 1953년, p.407

객관적으로 존재하는 정신이며, 게다가 그 정신은 그의 대립물 속에 보편적인 본질로서의 자기 자신의 순수한 지식을 직관한다 …… 그것은 절대정신이라는 상호적인 인지를 뜻한다.

　이러한 정식화들은 헤겔이 정신의 각종 발현을 분석해서 자기 자신을 의식하는 정신과 그의 즉자·대자적인 존재라는 위치에 도달했던 결정적인 곳에 나타난 것들이다. 여기에 타인과의 부정적인 관계는 신으로서의 정신의 존재에 있어서 피동성을 의미하는 생산성과 충족을 의미하는 활동으로 변형된다.

　헤겔은 그의 저서 《엔티클로페디Enzyklopädie》에서 전개한 체계는 '향수享受'라는 말로 결론을 내리고 있다. 서구 문명의 철학은 진리가 그 문명을 지배하는 원리를 부정하는 데 있다는 관념에서 그 절정에 이른다. 그리고 그 부정은 이중성으로 구성되어 있다. 즉, 첫째로 자유는 오직 관념 안에 있어서만 현실적이다. 둘째로 끝없이 시도하고 초월해 가는 존재의 생산성은 자기를 의식하는 수동성이 영속하는 평화 안에서 결실을 맺게 된다.

　《정신현상학》은 존재론적인 내용과 역사적인 내용 사이에 계속적으로 긴장을 유지시킨다. 다시 말해서 정신의 발달 과정은 각기 서구문명의 주요한 단계이다. 그러나 이러한 역사적인 각 단계들은 부정의 영향을 받는다. 정신은 절대지식으로서 그 안에서만 진정한 정신이 된다. 정신은 사상 및 존재의 참다운 형태이다. 존재는 본질적으로 이성이다. 그러나 헤겔에게 있어서 이성의 최고 형태는 현재의 가장 위력적인 힘과 대립한다. 즉, 그것은 도달되어 유지된 충족이고 주체와 객체 및 보편적인 것과 개인적인 것과의 순수한 통일이다.

거기에서의 모든 생성은 자유로운 자기의 외면화이며 잠재해 있는 가능성을 해방하여 향수하는 것과 같은, 정적이라기보다는 역동적인 통일을 말한다. 이제까지 역사가 수행해 온 노고는 역사 안에서 빛을 발한다. 소외가 소멸됨에 따라 시간의 흐름도 소실된다. 정신은 '그의 시간의 형식을 극복하여 시간을 부정한다.' 그러나 역사의 종말은 그의 내용을 다시 회복한다. 시간을 정복하는 힘은 기억이다. 정신의 진리를 달성하는 절대지식은 '자기적인 귀환이고, 거기에서 정신은 그의 존재를 버리고 그의 형태를 기억에 맡겨 버린다'.

존재는 이미 미래를 향해 고통스런 초월을 추구할 필요가 없어지고 과거를 회복하여 평화에 이른다. 기억은 과거에 존재하던 모든 것을 보존해 왔지만, 이제야 '실체의 내적인 형태로 되며, 현실적으로는 보다 높은 형태'로 된다. 여기서 기억이라는 것이 존재의 최고 형태에 대해 결정적인 실존의 범주로 나타난다고 하는 사실은 헤겔철학의 내적 경향을 제시해 준다. 헤겔은 진보의 개념을, 현존하고 있는 것은 소비하고 재생산하는 자기 충격적인 운동으로서의 순환적 발전이라는 관념으로 대치시키고 있다.

이러한 발전은 인간 — 그의 주관적·객관적인 세계 — 의 모든 역사를 전제로 할 뿐 아니라, 인간 역사의 이해로서의 과거의 기억도 전제로 하고 있다. 과거는 정신의 생명 자체이다. 이제까지 존재하고 있었던 것은 현존하고 있는 것을 결정한다. 자유의 의미 속에는 화해, 즉 과거의 보상이 포함된다. 만일 과거라는 것이 단지 단순히 망각을 의미한다면 파괴적인 위배 또는 영속될 것이다. 위배의 진행은 어떻게 해서라도 저지되어야 한다.

헤겔은 "정신의 상처는 흔적도 남기지 않고 완쾌된다"라고 생각했다. 그는 또 이성이 승리를 거두어 왔다면, 자유는 문명이 도달한 단계 위에서 현실로 되었을 것이라고 생각했다. 그러나 오늘날 자유의 궁극적인 형태를 실현한 국가나 사회는 하나도 없다. 어느 국가나 사회가 아무리 합리적인 조직을 이루었다 해도 아직은 부자유의 고통을 받고 있다. 진정한 자유는 오직 관념 안에서만 존재한다. 이렇게 해서 해방은 정신적인 것으로 된다. 헤겔의 변증법은 확립된 현실원리에 의해 구축된 범주 속에 머무르고 있다.

서구 철학은 관념으로 시작되어 관념으로 끝난다. 그 발달이나 결말에 있어서도 아리스토텔레스나 헤겔에 있어서도 이성과 자유의 최고 형태는 신 및 정신으로 귀결된다. 그렇게 해서 경험적인 세계는 부정성 안에 머무르러 있고, 정신 및 지상에서의 정신의 대표자에게 있어서는 그 재료나 도구에 불과하다. 현실에서는 기억이든 절대적 지식이든 간에 과거에 있었던 것과 현재 있는 것을 구해 낼 수는 없다.

게다가 이 철학은 경험적인 세계를 지배하는 현실원리를 입증하는 동시에 부정도 입증한다. 존재의 완성은 상승곡선이 아니라 원의 폐쇄 — 소외에서의 회귀이다. 철학은 이 상태를 순수한 사상의 상태로서 생각할 수가 있었다. 발단과 결말 사이에는 지배의 논리로서 이성의 발전, 즉 소외를 통한 진보가 있다. 억압된 해방은 관념 및 이상 안에서 유지된다.

서구 철학의 주류는 헤겔 이후 시들해졌다. 지배의 로고스는 그의 체계를 구축해서 그것에 잇따르는 종결이다. 즉, 철학은 현학적인 제도 안에서 어떤 특수별로 중요치 않은한 기능으로서 존속하고 있다. 사고의 새로운 원리는 이 제도의 외부에서 발전해 나간다. 그 원리는 전연 새로운 것으로서 이성의 다른 종류와 형태에 있어서의 현실원리에 속하고 있다. 그와 같은 변화는 형이상학에서는 존재의 본질이 이미 로고스라고 생각될 수는 없다는 사실에 의해 표현된다.

게다가 지배의 논리는 이와 같은 존재의 기본적인 본질에 있어서의 변화의 도전을 받게 된다. 쇼펜하우어가 존재의 본질을 의지하고 정의할 때 그것은 어떠한 희생을 치르는 한이 있어도 충족되지 않으면 물러나지 않는 욕망과 공격으로서 나타난다. 쇼펜하우어에 있어서 그런 것은 다만 절대적으로 부정될 때만 충족될 수 있다. 그때 의지는 활동을 중지하고 휴식하여 결국 결말을 보게 된다. 그러나 열반상태라고 하는 이상 안에는 긍정이 포함되어 있다. 즉, 결말은 충족이다. 열반 상태는 쾌락원리의 이미지이다.

이와 같은 열반원리는 아직 억압적인 형태이기는 하지만 R. 바그너 Richard Wagner의 극에 나타나 있다. 억압적이라고 표현하는 것은 여기서는 충족이 지상의 행복을 희생시킬 것을 요구하고 있기 때문이다. 개성화의 원리가 불충분하여 충족은 오직 그 원리의 세계를 넘어서야만 가능해진다. 가장 격렬한 '정사情死'는 가장 격렬한 체념을 찬미한다. 오로지 니체의 철학만이 존재론의 전통을 초월하고 있다. 그러나 그는 로고스를 '권력의 의지'의 억압이자 도착이라고 고발하고 있다. 그런데 그 고발은 너무 애매했기 때문에 널리 이해되기가 어려웠다. 우선적으로 고발 자체가 애매모호하다.

역사적으로 볼 때 지배의 로고스는 권력의 의지를 억압했다기보다 오히려 해방했다고 볼 수 있다. 그것은 인간을 노동의 노예로 만들어 생산을 위해서 그들 자신의 만족을 적대하고 단념시키는 방향으로 이 억압적인 의지를 돌리게 하는 것이었다. 더욱이 '권력의 의지'는 니체의 최후 말은 아니다.

"의지 — 해방자와 환희를 초래하는 자는 이렇게 불리어진다. 나의 친구들이여! 나는 이것을 너희들에게 가르쳐 주었다. 이제는 거기에 덧붙여서 이러한 사실을 하나 더 배워다오. 의지, 그 자신조차도 한 사람의 죄수라는 것을."

의지는 시간에 대해서 무력하다는 이유에서 죄수이다. 과거는 아직 해방되어 있지 않을 뿐 아니라, 과거와 마찬가지로 자유롭지 않기 때문에 해방을 초래하는 모든 것을 계속적으로 파괴한다. 생명을 지배하는 힘인 시간이 파괴되지 않는 이상 자유는 있을 수 없다. 시간은 순환하지 않는다는 사실이 연약한 마음에 상처를 남긴다. 그것은 복수심을 야기시키고 처벌의 욕구를 산출한다. 그리고 그 복수와 처벌의 욕구는 이번에는 과거와 죽음에 이르는 병을 영속시킨다.

기독교적인 윤리의 승리와 더불어 삶의 본능은 도착되고 압박되었다. 연약한 마음은 '신에 대한 죄'와 결부되었다. 인간의 본능 안에는 지배자이고 부친이고 "최초의 조상세계의 발단자에 대한 적대감·반역·폭동"4)이 생겨나게 되었다. 이렇게 해서 억압과 박탈은 정당화되고 긍정적으로 받아들여졌다. 그러한 것은 인간의 존재를 결정하는 난폭하고 공격적인 힘으로 되어 갔다. 그러한 것이 사회적으로 유용하게 됨에 따라 진보는 필연적으로 억압을 진전시켰다. 여기서는 정신적이며 초월적인 자유도 문화의 억압적인 근저를 보상할 수가 없다. '정신의 상처'는 완치되었더라도 그 상처를 남겨 둔다. 과거는 현재의 주인이 되고, 생명은 죽음에 대신해서 바쳐진다.

---

4) 《윤리의 계보》, 제2권. p.22

이제야 정신 위에 구름이 떼지어 회오리쳐 왔다. 드디어 광기가 설교하기 시작했다. "삼라만상은 멸망한다. 그러므로 삼라만상은 멸망할 만한 것이다"라고. 그리고 설교는 계속됐다. "시간은 그가 낳은 아이를 잡아먹지 않으면 안 된다. 이것이 정의이고 시간의 법칙이다."[5]

니체는 서구 철학과 윤리가 범한 거대한 오류, 즉 사실을 본질로 뒤바꿔 놓고, 역사적인 조건을 형이상학적인 조건으로 뒤바꿔 놓은 오류를 적발한다. 인간의 연약함과 무기력, 권력과 부의 불평등, 부정과 고뇌 — 이러한 것들은 어떤 선험적인 위법과 범행 탓으로 돌려졌다. 반항은 원죄인 동시에 신을 배반하는 것으로 되었다. 그리고 만족의 추구의 성욕으로 단정되었다.

게다가 이와 같은 오류의 모든 계열은 시간의 신격화에 이르러서 그 정점에 도달했다. 왜냐 하면 선험적인 세계에서는 어느 것 하나 변하지 않는 것 없고, 인간은 본질적으로 유한한 존재이고, 죽음은 삶의 본질 속에 내포되어 있기 때문이다. 오로지 보다 높은 가치만이 영원하고, 그래서 영원히 실재한다. 즉, 그것은 내적인 인간이나 신앙이나, 구하지도 요구하지도 않는 사랑이다.

이와 같이 해서 니체는 갖가지 변화를 산출한 역사적인 근원을 파고들어가 거기에서 두 가지 활동을 밝혀 냈다. 그 활동이란 지상에서 충분한 특권을 부여받지 못한 사람을 위안하고 보상해 주고 정당화해 주는 한편, 그들에게 특권을 부여하지 않고 방치해 두었던 사람들을 옹호한다. 그 과정은 눈덩이처럼 커져서 유효한 단계로 추진해 온 생산을 위해서 억압의 큰 물결 속에 휘말려들게 되었다. 그러나 효과

---

5) 《짜라투스트라는 이렇게 말했다 : Thus Spake Zarathustra》니체, p.25

의 증대는 삶의 본능을 퇴화시켜서 결국 인간의 조락을 초래했다.

니체의 비판은 그것이 의거하고 있는 입장에서 볼 때 모든 과학적인 사회 심리학과는 구별된다. 니체가 현실 원리라는 전제하에 말하는 것은 서구 문명의 그것과는 근본적으로 대립한다. 이성의 전통적인 형태는 원래 그 자체가 목적인 존재의 체험에 의거해서 쾌락이고 향락이라는 이유로 배척된다. 시간에 대한 투쟁은 이러한 입장에서 행해진다. 즉, 생성이 존재 위에 놓여지는 위력은 인간이 진실로 그 자신의 세계 안에서 자기 자신으로 될 때는 분명코 타파된다.

시간의 흐름이라는 것이 잡히지도 않고 정복되지도 않은 채 부질없이 사라지고, 두 번 다시 돌아오지 않는 가슴 아픈 지난날의 것으로 있는 한 존재 속에는 선을 악으로 역전시키고 악을 선으로 도착시키는 것과 같은 파괴의 씨앗이 들어 있다. 인간은 오로지 초월이 극복되어 영원성이 현존하게 되었을 때에만 자기 자신으로 된다. 니체의 개념은 폐쇄된 원, 즉 진보가 아닌 '영겁회귀'라고 하는 환영으로 끝맺는다.

모든 것은 가고, 모든 것은 되돌아온다. 존재의 수레바퀴는 영원히 회전한다. 모든 것은 죽고, 모든 것은 다시 소생한다. 존재의 다년간의 내력은 영속된다. 모든 것은 부서지고 다시 조립된다. 똑같은 존재의 집은 영속으로 자신을 건립한다.

모든 것은 헤어지고 다시 만난다. 존재의 고리는 영원히 자신에게 충실하다. 모든 찰나에 존재는 시작된다. 모든 '이곳'을 둘러싸고 반대편 원은 회전한다. 중앙은 도처에 있다. 영원의 길은 굽어 있다.[6]

닫혀진 원이라는 개념은 니체 이전에도 아리스토텔레스와 헤겔에

---

6) Ibid., p.25

의해서 근본적으로 자기목적적인 존재의 상징으로서 이미 등장해 있었다. 그러나 아리스토텔레스가 그것을 신의 이상 속에 머무르게 하고 헤겔이 절대개념과 동일시한 데 대해서 니체는 유한 그 자체가 그의 완전한 구체성과 유한성에서 영겁으로 회귀한다고 생각했다. 이것은 삶의 본능에 대한 전면적인 긍정인 동시에 모든 도피와 부정을 배척한다. 영겁회귀란 필요와 충족이 일치하는 존재로 향하는 에로스의 태도 의지이자 비전이다.

> 필연의 방패여!
> 존재의 별의 정상이여!
> 아무리 원해도 이르지 못하고
> 아무리 부정해도 오욕되지 않는
> 존재 영겁의 긍정.
> 나는 영겁을 영원히 긍정하노라.
> 그 이유는 나는 너를 사랑하기 때문에.
> 오, 영겁이여.

영원성은 "소외된 존재에 대해서 최후의 위안으로 되고부터는 오랫동안 선험적인 세계로 추방됨으로써, 다시 말해서 현실의 고뇌에 대해서 비현실적인 보수를 줌으로써 억압의 수단으로 되어 왔다. 여기서 영원성은 아름다운 지상에 그가 낳은 아들들인 백합이나 장미꽃의 영겁회귀로서, 산이나 호수들을 비추는 태양의 영겁회귀로서, 또 사랑하는 자와 사랑받는 자의 영겁회귀로서 그들 생활의 불안·고통·행복의 영겁으로서 되돌아올 것이 요구된다.

죽음은 존재한다. 죽음은 오직 죽음이 이 지상에서 생겨나기 전에 존재했던 모든 것이 다시금 현실에 탄생하게 될 때에만 그것도 단지 번복으로서가 아니고, 의지되고 바라지던 재창조일 경우에만 극복된다. 이리하여 영겁회귀는 고뇌의 회귀를 포함하게 된다. 그러나 그 고뇌는 보다 더 많은 만족이나 쾌락의 증대를 도모하는 하나의 수단이다. 고통의 공포는 고통이 불충분한 감정에 의해 극복될 수 없고, 거의 결정적·숙명적으로 된다고 하는 사실에서 파생되어 있다. 고통을 긍정의 자극으로 하고 쾌락의 쇠사슬을 연결하는 하나의 고리로 만들 만큼 인간의 힘이라는 것이 충분히 강하다면 고뇌는 긍정적으로 받아들여질 수 있다.

영겁회귀의 교의는 '모든 쾌락은 영원성을 향한다'라고 하는 것, 즉 쾌락 그 자체와 일체의 사물들이 영원히 존속하는 것을 향한다고 하는 중심 명제에 모든 의미가 포함되어 있다. 니체의 철학은 무서운 과거의 각종 요소를 충분히 구비하고 있다. 고통과 권력에 대한 그의 찬미는 그가 극복하려고 노력하는 윤리의 여러 특징을 영원히 잔존케 한다. 그러나 새로운 현실원리의 이미지는 억압적인 문맥을 파괴하여 고대 유산에서의 해방을 예견하고 있다. 지상은 너무 오랫동안 미친 사람이 살던 집이었다."[7]

니체에게 있어서 해방은 죄의식의 도치에 달려 있다. 인류는 양심의 책망을 삶의 본능의 긍정이 아닌 부정과 결부시키고, 억압적인 이념에 대한 반항이 아닌 인정과 결부시키지 않으면 안 된다.[8]

우리들은 이제까지 서구 철학이 발전해 가는 과정에서 그 이성 체

---

7) 《윤리의 계보》, pp.11, 22
8) Ibid., p.24

계의 역사적인 한계를 밝혀 주는 몇 가지 문제점과 이 체계를 넘어서려고 하는 노력에 관해서 언급해 왔다. 이러한 투쟁은 생성과 존재 간의 대립, 상승곡선과 완결된 원, 진보와 영겁회귀, 초월과 충족 안에서의 휴식 사이의 대립에 나타나 있다.[9] 그것은 지배의 논리와 만족을 구하는 의지 사이의 투쟁이다.

그것은 어느 것이나 현실원리를 규정하는 권리를 주장하여 전통적인 존재론에 도전하고 있다. 즉, 로고스에 의한 존재의 개념에 대해서 의지와 쾌락이라고 하는 로고스가 아닌 말에 의한 존재의 개념에 맞서게 된다. 이와 같은 경향은 그 자신의 로고스, 즉 만족의 논리를 구성하려고 애쓴다. 프로이트 이론은 그의 가장 발전한 견해에서 이 같은 철학적인 역학과 결부된다. 프로이트는 그의 초심리학에서 존재의 본질을 규정하려고 시도하여 그것을 로고스라고 하는 전통적인 정의와는 대조적인 에로스로서 규정한다.

죽음의 본능은 에로스 — 존재의 원리 — 에 대립되는 비존재 및 존재 부정의 원리를 확인한다. 프로이트의 개념에서는 두 개의 원리가 여러 곳에서 융합되는데, 그것은 존재와 비존재에 관한 전통적·형이상학적인 융합과 같은 것이라고 말할 수 있다. 확실히 프로이트의 에로스라고 하는 개념은 단지 유기체의 목적으로서 원래 유기물에 결부되어 있기 때문에 그의 개념에 일반적인 존재론적 의미를 줄 수 있다.

존재의 본질은 쾌락의 추구에 있다. 이 추구는 인간이라고 하는 존재의 목표가 된다. 즉, 생체를 보다 크고 보다 영속적인 단위에 결합시키려고 하는 에로스적인 충동은 문명의 본능적인 원천이다. 성본능은 삶의 본능이다. 발전해 가는 생명의 욕구에 일치하도록 자연

---

9) 《영원한 회귀의 신화 : The Myth of the Eternal Return》M. 엘리아드, 1955년

을 지배하는 것을 통해서 생명을 보호하고 풍부하게 하는 충동은 본래 에로스적인 충동이다. 결핍은 쾌락을 추구하여 안전성을 구하지 않는 삶의 본능의 만족을 방해하는 장해로 경험된다.

게다가 생존경쟁이란 본래 쾌락을 위한 투쟁이다. 즉, 문화는 이 목표를 집단적으로 성취하는 데서 시작한다. 그러나 생존경쟁은 지배의 이해관계 안에서 조직되어 문화의 에로스적인 토대는 변형된다. 철학이 존재의 본질을 로고스라고 생각할 때, 그것은 이미 지배의 로고스이다. 그러한 로고스는 이성에 명령하고 지배하고 방향을 지시하는 로고스이며, 인간과 자연은 그것에 복종해야만 한다. 존재를 에로스라고 해석한 프로이트의 가설은 문화를 억압적인 승화로 보지 않고 에로스의 자유로운 발전으로 보았던 플라톤의 초기 철학을 부활시킨다.

플라톤처럼 그의 이 개념은 일찍이 고대 신화의 잔재물로 나타난다. 에로스는 로고스 안에 흡수되는 데 반해, 로고스는 각종 본능을 복종시키는 이성이다. 존재론의 역사는 세계를 더욱 더 완전하게 지배하는 현실원리를 반영한다. 즉, 에로스의 형이상학적인 개념에 포함되어 있는 각종 통찰은 지하에 추방되어 종말론의 왜곡을 받고 많은 이교적인 활동, 또는 쾌락주의 및 향락주의적인 철학 속에 잔류하게 되었다.

에로스가 기독교적인 사랑아가페으로 변형되는 역사와 마찬가지로 그와 같은 통찰의 역사에 대해서는 좀더 기술될 필요가 있다. 프로이트의 이론은 그러한 보편적 경향에 의거하고 있다. 그는 자신의 저술을 통해 지배적인 현실원리의 합리성이 에로스에 관한 형이상학적인 이론과 대체되고 있음을 보여주고 있다.

제3부
프로이트 이론의 명암

Erich Fromm

E. 프롬

제 1 장
프로이트의 위대성과 한계

1. 무의식의 발견에 대하여

인간이 잠재된 의식이나 생각을 가지고 있고 감추어진 정신적 생활을 영위하고 있다는 사실을 최초로 발견한 사람이 물론 프로이트는 아니다. 그러나 이 발견을 최초로 자신의 심리학적 체계의 중심으로 삼았던 사람은 프로이트임이 확실하다.

그는 인간의 무의식에 대한 집중적인 연구로 커다란 성공을 거두었다. 또한 그는 기본적으로 '생각한다'는 것과 '존재한다'는 것의 차이에 대해 연구했다. 우리들은 자신의 행동이 사랑·헌신·의무감 등에 이해 유발된다고 생각하고 있으나, 그것이 실제로는 권력욕·매저키즘·의타심에 의해 유발된다는 것을 알지 못하고 있다.

프로이트는 우리들의 생각 속에 존재하고 있는 것과 그것의 실제 모습과는 전혀 다르며, 서로 모순 되는 관계에 있다는 것을 밝혀 냈다. 그리고 그는 대부분의 사람들은 자기 기만의 세계에 빠져 있으며, 그 속에서의 자신의 생각이 마치 현실을 대변하는 것처럼 여기고 있다고 말했다.

전통적으로 생각한다는 것과 존재한다는 것은 서로 동일하다고 가정되어 왔다. 좀더 엄밀한 철학적 관념론에 입각하면 현실에 존재하는 것은 관념이나 언어이고, 현상세계는 그 자체로서의 현실감이 없다.

그러나 프로이트는 인간의 의식적 사고는 무의식에 의해 유발된 자신의 행동을 합리화시키기 위한 구실에 지나지 않는다고 함으로써 합리주의의 기초를 붕괴시키는 데 큰 역할을 했다. 즉, 그의 이러한 발견은 서양 관념론의 전통을 온통 뒤흔들어 놓았을 뿐만 아니라, 윤리학의 분야까지도 커다란 영향을 끼쳤다. 프로이트 이후에는 이것이 옳지 않은 정의가 되고 말았다. '말하는 것'과 '믿는 것'과의 사이에는 바로 무의식적 신념이나 의도가 자리잡고 있다. 자기 자식을 때리는 이유가 오직 그의 발달을 돕기 위해서라고 굳게 믿는 부모가 있다면 그는 프로이트 이전의 시대에 있어서는 정직한 사람이라고 평가될 수 있다.

그러나 프로이트의 등장 이후에 그것은 자신의 가학적인 욕망의 단순한 합리화에 불과한 것이라고 생각되었다. 즉, 부모는 단순히 자식을 때리는 것에 쾌락을 느끼고 있으며, 매질이 자식을 위해서라고 생각하고 있는 것은 그럴 듯한 구실에 불과하다. 윤리적으로는 자신의 행동에 대한 참다운 동기를 인정할 수 있는 솔직한 사람이 오히려 훌륭하다고 할 수 있을지도 모른다.

사실 그런 사람이 보다 정직할 뿐만 아니라 위험성도 훨씬 적은 편이다. 개인적·역사적 측면의 잔혹성과 악랄함은 그것이 선의를 동기로 하고 있다는 이유로 인해 정당화되어 왔다.

그러나 프로이트 이후에는 '나는 선의로써 행동했다'라는 말이 진정한 행동 동기로서의 역할을 잃고 말았다.

선의라고 하는 것은 옳지 못한 행위를 합리화하기 위한 최고의 구실이며, 인간이 이런 합리화에 빠져드는 것은 어쩌면 매우 쉬운 일일지도 모른다. 더욱이 프로이트의 이러한 발견은 예상치 못한 제3의 결과를 야기시켰다. 언어라는 것이 어처구니없는 역할을 하는 우리의 문화에 있어서 말에 가해지는 무게가 경험을 왜곡시킨다고까지는 할 수 없더라도 그것을 무시하는 데까지는 이르고 있다. 예컨대 어떤 사람이 "나는 당신을 사랑합니다" 또는 "나는 하느님을 사랑합니다" "나는 나라를 사랑합니다"라고 말했다고 가정해 보자.

그의 이러한 말을 그 자신은 자기의 양심에서 우러난 진실이라고 굳게 믿고 있음에도 불구하고 어쩌면 그 말은 전적으로 허위일지도 모른다. 아니면 헛된 욕망에 대한 합리화나 특정인또는 집단에 대한 의타심의 표현에 지나지 않을 수도 있다. 그리고 대부분의 경우 그 말은 사실이다. 이러한 이유에도 불구하고 사람들이 선의의 표현이나 모범적 행동에 관한 이야기를 들었을 때 즉각적으로 비판적인 태도를 취하지 않는 것은 그의 이론이 아직 일반 사람들에게는 낯설게 받아들여지기 때문이다.

그러나 프로이트의 이론은 마르크스의 이론과 마찬가지로 기존의 세계에 대한 비판적 성질을 띠고 있다. 그는 드러난 사실을 액면 그대로 받아들이지 않고 회의적으로 보았다.

그가 인간의 의식적인 성실성을 믿으려 하지 않았던 원인도 바로 여기에 있다. 그러나 한 인물의 개성을 이루는 전체 구조 속에서의 의식적 성실성은 그리 큰 역할을 차지하지 못한다. 프로이트의 가장 위대한 업적은 생각한다는 것과 존재한다는 것 사이의 갈등을 발견한 일이다. 그러나 그는 자신의 발견의 중요성을 성적 욕구로만 연결시켜 자신의 이론을 스스로 한정하고 말았다. 즉, 인간이 본질적으로 억압당하고 있는 것은 유년 시절부터의 성적 욕구이며, 생각한다는 것과 존재한다는 것 사이의 갈등은 바로 이 유년 시절의 성애와 이성적 사고와의 갈등이라고 규정했던 것이다.

그가 이런 식의 한정을 할 수밖에 없었다는 것은 그리 놀라운 사실이 아니다. 앞서 언급했듯이 프로이트는 유물론의 영향을 받고 있었다. 그러한 그가 유물론에 입각해서 자신의 이론을 한정한 것은 어쩌면 생리적인 현상이었을 뿐만 아니라, 프로이트 자신이 속했던 빅토리아 시대 중류 계급의 표현이었을지도 모른다. 그는 당시 사회의 계급적 구조와 여러 가지 사회 문제를 인간 존재에 깊이 뿌리박고 있는 것과 동일시했다. 이것이 바로 프로이트의 맹점의 하나였다. 그는 부르주아 사회와 다른 독자적인 문화의 존재를 인정하기는 했으나 원시적이고 미발달된 문화라고 생각했다.

유물론에 입각한 성적 욕구의 억압이 그가 발견한 인간의 무의식의 근저를 이루었다. 그런데 그는 다음과 같은 사실을 무시하고 있었다. 즉, 대부분의 경우 성적 충동의 유발과 그 강도는 성애라고 하는 생리적 하층에서 생기는 것이 아니라, 성적인 것과는 거리가 먼 전혀 다른 충동의 산물이었다는 사실이다. 그러므로 성욕은 나르시시즘·사디슴, 복종적인 마음, 단순한 권태로움 등에 의해 유발될 수도 있다. 그리고 권력과 부가 성욕을 일으키는 중대한 요소라는 사실은 이미 널리 알려져 있다.

대중으로서의 인간은 소비적 성향을 띠고 있기 때문에 성은 행복과 만족의 환상을 낳는 소비의 값싼 품목의 하나가 되어 버렸다. 인

간에게 있어서 의식적 지향과 무의식적 지향 사이에 일어날 수 있는
갈등은 매우 다양하다. 이들 중에서 비교적 많이 발견되는 몇 가지
를 예로 들기로 한다.

자유의 의식 : 무의식적 부자유

의식적 결백함 : 무의식적 죄악감

의식적 행복감 : 무의식적 우울

의식적 정직 : 무의식적 기만

개성의 의식 : 무의식적인 암시에 걸려들기 쉬움

권력의 의식 : 무의식적 무력감

신념의 의식 : 무의식적 냉소벽과 신념의 완전한 결여

사랑에 대한 의식 : 무의식적 무관심이나 증오

능동이라는 데 대한 의식 : 무의식적·심적 수동성과 나태

현실에 대한 의식 : 무의식적인 현실성의 결여

오늘날에는 비록 자기합리화로 가리워져 있기는 하나 이것이야말로
진정 모순이 아닐 수 없다. 이러한 모순은 프로이트의 시대에도 이미
존재하고 있었으나 오늘날처럼 그리 극단적인 양상을 띠지는 않았다.

그러나 프로이트는 성욕과 그것의 억압에만 집착하고 있었기 때문
에 이러한 모순들에 대해서는 전혀 주의를 기울이지 않았다. 정신분
석학의 계속적인 발전에도 불구하고 정통 프로이트학파의 인간 정신
에 대한 견해는 유년 시절의 성애가 아직도 그 체계의 기초를 이루고
있다. 그리하여 정신분석은 인간 내부 및 인간 상호간의 갈등원리에
위배되는 것에 대한 저항으로서 작용했다.

2. 오이디푸스 콤플렉스에 대하여

또 한 가지 프로이트의 위대한 업적은 오이디푸스 콤플렉스의 발견이다. 그가 말하는 오이디푸스 콤플렉스의 의미는 이렇다. 남자아이는 네 살 내지 다섯 살 정도의 어린 나이에 이미 성적 욕구를 느끼기 시작하므로 성장하면서 어머니에 대한 강한 성적 집착과 욕구가 쌓여 간다.

그러나 어머니에 대한 성적 집착은 아버지로 인해 좌절된다. 그는 아버지에게 적의를 품게 되고, 결국은 아버지를 죽이고 싶은 충동까지 느끼게 된다. 그리하여 그는 경쟁자인 아버지로부터 거세를 당할지도 모른다는 불안감을 갖게 된다.

프로이트가 이러한 복잡한 관념을 오이디푸스 콤플렉스라고 부르게 된 이유는 그리스 신화에서 유래되었다. 그리스 신화에 나오는 오이디푸스라는 청년은 자신의 친어머니인 줄 모르고서 그 어머니를 아내로 취한다. 마침내 근친상간임이 밝혀지자 그는 스스로 자신의 눈을 뽑고 딸 안티고네를 데리고 가족과 고국을 떠나고 만다. 이때 오이디푸스의 눈을 뽑는 행위는 스스로 자신을 거세하는 것을 의미한다.

오이디푸스 콤플렉스는 남자아이가 그의 어머니나 모친상에 대해 강한 집착을 가지고 있음을 말해 준다. 그는 어머니에게서 사랑과 보살핌을 받고 싶어하고, 그녀의 보호를 잃고 싶어하지 않는다. 심지어 자신과 같은 연령의 애인에게서조차 어머니를 느끼고 싶어한다. 이와 비슷한 집착이 여자아이에게도 있다. 그러나 그 경우에는 약간 다른 결과를 초래하며, 프로이트도 그 결과에 대해 명확한 말을 하지 않고 있다. 실제로 여성에 있어서의 그러한 집착은 이해하기가 쉽지 않다.

그러나 남성의 어머니에 대한 집착은 쉽게 이해할 수 있다. 왜냐 하면 자궁 속에 있을 때부터 어머니는 그의 세계였던 까닭이다. 그는 어머니의 몸 속에 자리잡고 앉아 그녀에게 감싸여 양분을 받고 보호받는다. 출생 이후에도 상황은 별로 달라지지 않는다. 만약 어머니의 사랑이나 보살핌이 없다면 그는 정신적으로 병들고 죽게 된다. 어머니는 그에게 있어 생명을 주는 자이며, 또 그것을 좌우하는 자이다. 그러나 그녀는 어머니로서의 역할 수행을 거부하고 생명을 빼앗을 수도 있다이러한 모순된 기능은 생명의 창조자이며 파괴자이기도 한 인도의 여신 칼리와 비슷하다.

유년 시절에 있어서의 아버지의 역할은 아이를 낳을 때의 그의 부수적 기능과 마찬가지로 거의 보잘것없다. 과학적 진리로는 정자와 난자가 결합해야 생명이 탄생된다. 그러나 경험적 진리에 의하면 아버지는 아이를 낳고 양육하는 일에는 아무런 역할도 수행하지 못한다. 생리적으로 그의 존재가 전혀 불필요하게 되어 있으며, 인공적 수정에 의해서도 그 역할은 똑같이 수행할 수 있다.

다시 말하면 아이를 가르치고, 아이의 모범이 되고, 아이의 지적·도덕적 양육에 책임을 갖는 자로서의 똑같은 역할을 수행할 수 있다. 그러나 유감스럽게도 남성은 공격성·비합리성·비도덕성의 모범이 되고 있다. 남성은 자식을 자신과 같은 모습으로 키워서 일을 돕게 하고 재산을 물려주고 자신이 미처 달성하지 못한 일을 달성하게 함으로써 자신이 맛본 좌절을 메우려 한다.

남자아이는 어머니에 대한 집착과 의존성은 단순히 자신의 어머니로서의 집착만을 의미하는 것은 아니다. 그것은 사랑과 보호의 갈망이며, 그녀와의 관계에 있어서 자신은 아무런 책임을 질 필요가 없다는 편리한 상황에 대한 동경이다. 이러한 동경은 비단 어린아이에만 국한되는 것은 아니다. 어린아이가 단지 무력하기 때문에 어머니를 필요로 한다면 그것은 마치 모든 인간이 전세계에 대해 무력하다는 것과 같다. 남성은 어느 정도까지는 자신을 지키며 돌볼 수 있다. 그러나 그는 온갖 위험·모험·불안에 직면하게 되고, 질병과 가난, 그리고 권리의 침해에 대처해야 한다.

이런 상황하에서 그의 힘이 얼마나 무력한가를 생각해 보면 어른이 어린아이보다 나을 것도 없다. 어린아이에게는 사랑으로 모든 위험을 막아주는 어머니가 있다. 그러나 어른의 곁에는 아무도 없다.

사실 그에게도 친구·아내, 어느 정도의 사회적 안정이 있을지 모른다. 그러나 성인 남성이 자신을 지키고 필요한 것을 얻어낼 수 있는 가능성은 극히 희박하다. 그러한 그가 모성에 대한 계속적 동경을 갖는 것은 어쩌면 당연한 일인지도 모른다. 유년 시절의 낙원적 생활과 어른으로서의 존재로부터 생기는 갈등과의 모순이 모든 신경증의 중요 원인이 된다고 해도 과언이 아니다.

프로이트의 착오는 남자아이의 어머니에 대한 집착을 성적인 것으로만 파악했다는 점이다. 유년 시절의 성애에 관한 그의 다음과 같은 연유에서이다. 즉, 그녀가 그의 인생에 있어서 최초의 여성이라는 사실과 그의 성욕이 지금까지 추구해 온 가장 가까운 곳에 있는 자연스러운 대상이라는 것이다. 이 가정은 대부분 옳다. 남자아이에게 있어서 어머니는 애정의 대상일 뿐만 아니라 성욕의 대상이기도 하다.

이것을 증명해 줄 증거는 많이 있다. 그러나 여기에 프로이트의 커다란 잘못이 있다. 유년 시절뿐만 아니라 한 인간의 전생애를 통해 어머니와의 관계를 강렬하고 중요한 것으로 만들고 있는 것은 사실상 성욕이 아니다. 이와 같은 강렬함은 유년 시절의 낙원적 상태에 대한 동경에서 기인한 것이다.

프로이트는 성욕 자체가 매우 불안정하다는 주지의 사실을 간과하고 있다. 아무리 강렬한 성적 관계라 할지라도 정서적 유대 관계나 애정이 없다면 오래 가지 못한다. 아니, 단 6개월도 지속할 수 없다. 성애 그 자체는 매우 변하기 쉽다. 여성은 자식에 대한 책임감 때문에 성에 대해 진지한 자세를 갖는 데 반해, 모험을 찾아 방황하는 남성들의 경우에 있어서는 그렇지 못하다.

성적으로 만족스러운 결혼을 한 남성도 단 3년 만에 아내와의 유대관계가 서먹서먹해진다는 것을 가정해 보면 20년, 30년, 혹은 50년 전의 성적 유대 관계의 강렬함 때문에 남성이 어머니에게 집착하고 있다고 생각한다는 것은 참으로 어리석은 일이라 할 수 있다. 남자아이에게 있어서 어머니는 제일 가까운 곳에 있는 최초의 여성인 까닭으로 성적 욕구의 대상이 될 수 있다.

그러나 프로이트 자신이 말하고 있는 것처럼 남성은 자기와 비슷한 연령의 여자를 만나 사랑을 나누게 되고, 어머니에 관해서는 어느 정도 잊어버리게 되는 것 또한 사실이다. 남성은 여성에게서 자신의 어머니와 같은 느낌을 받고 싶다는 원망과, 또 한편으로는 될 수 있는 한 어머니와는 거리가 먼 다른 느낌의 여성을 발견하고 싶다는 원망 사이에서 방황한다.

이 같은 갈등이 이혼의 근본적 원인의 하나가 되고 있다. 결혼 초에는 전혀 모성적 애정을 갖고 있지 않았던 여성도 가사를 돌보는 가운데 모성적 경향을 띠게 되고, 그로 인해 남자는 자기 아내에게 유년 시절의 어머니에 대한 인상을 받게 된다. 그래서 아내를 더욱 사랑하게 되는 경우도 있다. 바로 이런 사실 때문에 그녀는 어머니의 역할을 마치 자신의 역할인 양 도맡아 하게 되고, 남성은 그런 여성에게 계속적으로 어머니상을 요구하게 된다.

그러나 다른 한편으로는 남성은 그녀를 두려워하게 되고 반발하게 된다. 종종 나이 많은 남성이 젊은 처녀를 사랑하게 되는 것은 그녀가 모성과 아무런 연관이 없기 때문이다. 프로이트는 어머니에 대한 오이디푸스적 유대 관계를 발견함으로써 가장 의미심장한 현상의 하나인 어머니에 대한 두려움을 설명했던 것이다. 하지만 그는 이 위대한 발견을 성적인 현상으로만 국한시킴으로써 그 의미를 왜곡시켜 버렸다. 그 결과 어머니에 대한 동경심은 남성의 존재 자체에 뿌리박고 있는 깊은 정서적 욕구의 하나라고 하는 그의 발견의 중요성을 스스로 애매하게 만들어 버렸다.

오이디푸스 콤플렉스의 또 하나의 측면인 아버지에 대한 적대감은 결국 아버지를 죽이고 싶다는 욕망에까지 이르게 된다. 이것 역시 타당한 관찰이기는 하지만, 어머니에 대한 집착과 어떤 관계가 있는 것은 아니다. 프로이트는 가부장제도의 사회만이 가지고 있는 특징을 일반적인 사회에 적용시켰다. 가부장제도의 사회에서 아들은 아버지의 권위에 예속되어 있다.

그는 아버지의 소유물이며, 그의 운명은 전적으로 아버지에 의해 결정된다. 아버지의 후계자가 되기 위해서 아들은 아버지의 마음에 들어야 할 뿐만 아니라, 아버지에게 순종하고 그의 뜻을 자신의 뜻으로 수용해야만 한다. 항상 그렇듯이 압박은 증오감을 낳게 하고 압박자로부터 벗어나고 싶은 욕망을 불러일으킨다. 이런 상황은 산업사회보다는 농촌에서 더 많이 일어난다. 늙은 농부는 죽을 때까지 독재자처럼 아들과 아내를 지배한다. 아들이 성인이 되고 늙어 가면서까지 아버지의 억압을 받아야 한다면 실제로 많은 경우에 있어서 아들은 아버지를 증오하기에 이른다. 현대 산업사회는 이러한 상황이 많이 완화되어 있는 편이다.

일반적으로 아버지는 아들에게 물려줄 만한 재산을 가지고 있지 못하다. 왜냐 하면 젊은 사람들의 승진은 대부분 그들 자신의 능력에 의한 것이며, 개인 소유의 기업처럼 아버지의 장수 때문에 아들이 하급 지위를 감수해야 하는 일은 거의 없기 때문이다. 그러나 이러한 상황은 매우 최근의 일이며, 수천 년 동안의 가부장제 사회에서는 아들에 대한 아버지의 억압과 그것에 반역하려고 하는 아들의 욕망에 기초를 둔 갈등이 파생되었던 것이라고 말할 수 있다.

그러나 프로이트는 이것을 가부장제 사회의 특색으로 파악하지 않고 아버지와 아들 사이에 있어서 본질적인 성의 대결로 해석했다. 어머니를 향한 성적 욕구에 의해 생기는 아버지에 대한 증오심의 표현은 '어머니, 아버지가 죽으면 나하고 결혼해야 해'라는 말에 나타나 있다고 생각해 왔다. 그러나 나는 그렇게 생각하지 않는다. 태어날 때부터 남자아이는 아버지처럼 커지고 싶다는 충동을 가지고 있다. 더 이상 어린아이가 아닌 남자아이가 성인이 되고 싶다는 원망을 갖는다는 것은 당연한 일이다.

어린아이는 죽음이 무엇인지 알지 못한다. 그러므로 어린아이가 진정으로 말하고 있는 것은 '아버지가 안 계시면 엄마의 주의를 내가 독점할 수 있을 텐데'라는 의미에 불과하다. 아들이 아버지를 증오하고, 이 증오감이 곧 아버지가 죽기를 바라는 뜻을 내포하고 있는 것이라고 결론을 내린다면, 그것은 어린아이의 상상의 세계 및 어른과 어린아이의 차이점에 대해 거의 주의를 기울이지 않았다는 말이 된다.

여기서 오이디푸스 신화를 다시 한 번 살펴보기로 하자. 프로이트는 이 신화에 의해 남자아이의 근친상간적 욕망과 아버지에 대한 증오심 등에 대한 자신의 이론을 확증했다.[1] 프로이트는 소포클레스의 3부작 중 제1부, 즉 《오이이푸스 왕》만을 취급했다.

이 신화는 어느 신탁이 테베의 왕인 라이우스와 그의 아내 이오카스테에서 만일 아들을 낳는다면 그 아들이 아버지를 죽이고 어머니와 결혼하게 될 것이라고 예언하는 데서부터 시작된다. 아들이 오이디푸스가 탄생하자 이오카스테는 불길한 운명을 피하기 위해 아들을 죽이려 한다. 그녀는 어느 양치기에게 자신의 아들을 숲 속에 버려 죽게 하라고 명령한다. 그러나 양치기는 갓난아기가 가엾다는 생각이 들어 코린트 왕의 신하에게 주어 버린다.

그 신하는 아이를 자신의 왕에게 데려간다. 왕은 아이를 양자로 삼고, 어린 왕자는 자신이 코린트 왕의 친자식이 아니라는 사실을 모르고 성장한다. 그는 델피의 신탁에 의해 자기가 아버지를 죽이고 어머니와 결혼할 운명을 지니고 있다는 사실을 알게 된다. 그는 자기의 운명을 피하기 위해 부모에게 돌아가지 않기로 결심한다. 델피에서 돌아오는 도중 그는 수레를 탄 노인과 격렬한 언쟁을 벌이다가 흥분한 나머지 노인과 그의 종을 죽이고 만다.

그러나 그는 그 노인이 바로 테베의 왕이었다는 사실을 전혀 몰랐다. 오이디푸스는 이런 사실도 모르고 여기저기 방랑을 계속하다가 테베에 다다랐다. 테베에서는 스핑크스여자의 얼굴을 한 날개 달린 괴물가 도시의 젊은 남녀들을 잡아먹고 있었다. 스핑크스는 다음과 같은 수수께끼를 내고, 그것을 맞추는 자가 나타날 때까지 살육을 계속하겠다고 했다.

그 수수께끼는 "처음에는 네 개의 다리로, 다음에는 두 개의 다리

---

1) 《The Greatness & limitation of Freud's Thought》E. 프롬

로, 마지막에는 세 개의 다리로 걷는 것은 무엇이냐?"라는 것이었다. 테베에서는 이 수수께끼를 맞추고 도시를 스핑크스로부터 구해 주는 자에게 왕위를 물려주고, 동시에 선왕의 미망인인 이오카스테를 아내로 맞이할 수 있게 한다는 약속을 내걸고 있었다. 오이디푸스는 자신이 그 수수께끼를 풀 결심을 했다. 결국 오이디푸스는 답을 찾아낸다. 그것은 바로 인간이었던 것이다.

갓난아기 때는 네 개의 다리로 기고, 성인이 되면 두 다리로 걷고, 노인이 되면 지팡이까지 합해서 세 개의 다리로 걷는다. 스핑크스는 약속대로 바다에 몸을 던져 죽고, 테베는 재앙으로부터 해방된다. 마침내 오이디푸스는 왕이 되고 이오카스테를 왕비로 맞아 결혼식을 올리게 된다. 오이디푸스는 통치도 잘 하고 한동안 행복하게 산다. 그러나 테베에 천연두가 돌아 많은 주민들이 죽게 되자 예언자 티레시아스는 그 병이 오이디푸스가 범한 이중의 죄, 즉 부친 살해와 근친상간에 대한 천벌 때문이라고 했다.

오이디푸스는 처음에는 이 사실을 완강하게 부인했지만 결국은 그것을 인정하게 된다. 마침내 이오카스테는 목매어 죽고 오이디푸스는 스스로 자신의 눈을 뽑아내고 딸 안티고네와 함께 방랑의 길을 떠난다. 자신의 운명을 피하려고 노력했음에도 불구하고 어쩔 수 없이 죄를 범하고 말았던 오이디푸스는 결국 그렇게 죄의 대가를 받았다는 데서 이 비극은 끝난다.

프로이트는 무의식적인 근친상간적 욕구와 그로 인해 빚어지는 아버지에 대한 증오심이 어떤 남자아이에게나 발견되고 있다는 자신의 견해가 이 신화에 의해 확증되었다고 결론을 내렸다. 하지만 이것이 과연 정당한 이론일까? 분명이 이 신화는 그의 이론을 확증하고 있는 것처럼 보인다. 그럼에도 불구하고 이 신화를 더욱 세밀하게 검토해 보면 다음과 같은 의문점이 생긴다. 가장 핵심적인 의문은 바로 이것이다.

만일 프로이트의 해석이 정당하다면 그 신화는 오이디푸스가 이오카스테를 자신의 어머니인 줄 알면서도 사랑하게 되고, 자신의 아버지인 줄 알면서도 라이우스를 살해하도록 꾸며져 있어야만 했다. 그러나 오이디푸스가 이오카스테를 사랑한다는 대목은 이 신화의 어디에도 나타나 있지 않다. 오이디푸스가 이오카스테와 결혼을 하게 되는 이유는 그녀가 왕위와 더불어 존재하고 있었다는 것뿐이다. 어머니와 자식의 근친상간적 관계를 중심으로 하고 있다는 이 이야기가 그 두 사람이 서로 사랑하고 있다는 사실을 전적으로 생략할 수 있는 일인가?

이러한 의문은 다음과 같은 사실을 고려해 볼 때 더 확실해진다. 즉, 어머니와의 결혼을 예언하는 것은 다마스커스의 니콜라우스B.C. 1세기의 그리스 역사가가 전하는 것에만 있을 뿐이다. 이 의문점을 고찰해 보면 다음과 같은 가설을 수립할 수 있다. 즉, 이 신화는 어머니와 자식의 근친상간적인 사랑을 상징하는 것이 아니라, 가부장적 가정에서 아버지의 권위에 대한 아들의 반역을 상징하는 것으로 이해될 수 있다.

오이디푸스와 이오카스테의 결혼은 부차적인 요소에 지나지 않으며, 아버지의 지위 및 거기에 부수되는 모든 특권을 빼앗아 버린 아들에게 있어서 승리의 상징에 지나지 않는다. 《오이디푸스 왕》 부분만을 따로 떼어서 생각한다면 이 가설은 그저 가설로만 머물 뿐이나 소포클레스의 3부작 중 나머지 두 편인 《콜로노스의 오이디푸스》《안티고네》 등을 검토하면 이와 같은 사실을 분명히 알 수 있다.

《콜로노스의 오이디푸스》에서는 오이디푸스가 크레온에 의해 추방을 당하고 딸 안티고네와 이스메네가 그를 수행한다. 그러나 아들 에테오클레스와 포뤼네이케스는 아버지에게의 복종을 거부하고 외부의 도움을 받아 도시를 정복한 후 동생으로부터 권력을 빼앗으려 한다. 지금까지 우리가 보아 왔던 것은 3부작 중의 제1부에 국한된 가부장제 사회에 있어서의 아버지와 아들과의 증오심에 결부된 문제였다.

그러나 3부작 전체를 놓고 보았을 때 우리들은 소포클레스가 가부장제 세계와 그 이전의 가부장제 사회와의 갈등을 이야기하고 있다는 사실을 발견하게 된다. 가부장제 세계에 있어서의 자식들은 아버지와 싸우고 있으며, 또한 형제들끼리도 싸우고 있다. 오이디푸스를 수행하는 것은 아들이 아니라 딸이다. 아들과는 상호 적대적 관계이다.

역사적으로 그리스에 존재했고, 소포클레스의 비극의 근본이 되었던 본래 형태의 오이디푸스 신화가 중요한 실마리를 제공해 주고 있다. 이러한 형태에 있어서의 오이디푸스 상이 가부장제 종교를 대표하는 대지의 모신母神 신앙과 연결되어 있다. 대부분의 오이디푸스 신화에는 버려진 아이를 다룬 부분에서 그의 죽음을 중심으로 하는 부분에 이르기까지 이어지는 추적을 발견하게 된다.[2]

그리하여 에테오노스 — 아마도 모든 오이디푸스 신화는 오이디푸스 신앙의 유일한 사당을 가지고 있는 보에오치아테베가 수도인 고대 그리스의 국가라는 도시에서 발생했을 것이다 — 에는 대지의 모신 데메테르의 사당도 있었다. 오이디푸스가 최후의 휴식처를 발견했던 클로노스에는 복수의 여신과 데메테르의 사당이 있었는데, 이것은 아마도 오이디푸스 신화가 생겨나기 전부터 있었던 것일지도 모른다. 소포클레스는 《콜로노스의 오이디푸스》에서 오이디푸스와 대지의 여신들과의 이러한 연결을 강조하고 있다.

---

2) 〈오이디푸스의 신화〉F. W. Schneidewin, 1852년, 제5권, p.192

오이디푸스가 여신들의 숲으로 돌아가는 것은 가모장적 질서의 대표자로서의 그의 위치를 이해하는 데 있어서 가장 중요한 것이기는 하지만 유일한 단서는 아니다. 소포클레스는 그 외에도 가모장제에 대해 매우 분명하게 언급하고 있다. 그것은 오이디푸스가 두 딸과 이야기하면서 이집트의 가모장제에 대해 언급하는 데 나타나 있다.

오이디푸스는 딸들을 찬양하면서 이렇게 말했다.

"오, 딸들아. 너희들의 마음과 생활 양식이 꼭 이집트의 방식 그대로가 아닌가. 이집트에서는 남자가 집 안에서 베틀을 짜고, 아내들은 매일매일의 빵을 얻기 위해 밖에서 일을 한다. 딸들이여, 수고를 해야 할 남자들은 여자처럼 집 안에 틀어박혀 있는데, 너희들은 그들 대신 불행한 아버지의 무거운 짐을 지고 있구나."

오이디푸스가 자신의 딸들과 아들들을 비교할 때에도 이와 같은 경향의 사고방식이 계속되고 있다.

안티고네와 이스메네에 대해서 그는 이렇게 말한다.

"오히려 내가 부양을 해야 할 내 딸들이 지금은 나를 지켜주고 있구나. 그 정성스러운 효성으로 보아 두 딸은 남자이지 여자가 아니다. 그러나 딸이란 것은 남이지 나의 자식은 아니다."

《안티고네》에는 가부장제 원리와 가모장제 원리와의 갈등이 가장 첨예하게 표현되어 있다. 가혹한 권위주의자였던 크레온은 테베의 폭군이 되어 오이디푸스의 두 아들을 살해했다. 한 명은 그가 왕권을 차지하기 위해 죽였으며, 나머지 한 명은 테베를 지키는 싸움에서 전사했다. 크레온은 정당한 왕위 계승자 에테오클레스는 시체가 매장되어야 하나, 도전자는 매장할 필요없이 그대로 버려 두도록 명령한다.

그리스의 풍습에 따르면 이것은 인간에게 주어진 최대의 굴욕이며 불명예이다. 크레온이 대표하고 있는 원리는 혈연적 유대 관계에 대한 국가법의 지상권, 그리고 자연법칙으로서의 인간성의 충성에 대한 권위에의 복종의 지상권이다. 그러나 안티고네는 권위주의적이고 계급적인 원리를 위해서 모든 인간 연대의 법칙을 깨뜨리기를 거부하고 있다. 그녀는 남성 지배의 횡포에 대항함으로써 인간의 자유와 행복을 나타내고 있다. 그러므로 코러스는 "불가사의한 것은 수없이 많지만 인간 이상으로 불가사의한 것은 없다"라고 말한다.

여자는 남자의 권력에 복종해야 한다고 생각하는 동생 이스메네와는 대조적으로 안티고네는 가부장제 원리에 도전한다. 그녀는 자연과 평등 그 모든 것을 포함한 모성애의 법칙에 따라 "나는 증오하기 위해서가 아니라 사랑을 하기 위해 태어난 사람이다"라고 말한다.

크레온은 안티고네에게 남성의 우월성에 대한 도전을 받고 다음과 같이 말한다.

"진정 내가 남자가 아니라 이 여자가 남자인 것만 같구나. 만일 이 것으로 나를 이기고 벌도 면할 수 있기만 한다면 ⋯⋯."

그리고 그는 안티고네를 사랑했던 아들 하이몬을 향해서 "아들이여, 이 사실을 명심하도록 해라. 모든 일에 있어서 너의 아버지의 뜻에 따라야만 한다는 것을 말이다"라고 말한다.

그는 계속하여 "불복이야말로 가장 나쁜 죄악이다. 그것이 국가를 멸망시킨다. 또한 그것은 가정을 황폐하게 만든다. 그것으로 말미암아 동맹군의 전열은 파괴되고 완전 붕괴되고 있다. 평온한 생활은 대부분 복종에서 온다. 그러므로 우리는 질서를 존중하고 여자들의 말에 좌우되어서는 안 된다. 권력의 자리에서 물러나야 할 때도 남자의 손에 의해 밀려나야만 한다. 그렇게만 한다면 여자보다 약하다는 말은 듣지 않게 된다"라고 말한다.

가부장적 지도자였던 크레온과 가부장제도에 대한 반역자이며 여성 평등권의 옹호자였던 하이몬과의 갈등이 마침내 절정에 달하게 된다. "나에게 나 이외의 인간에게서 나온 판단에 따라 국가를 지배하라는 말인가?"라는 아버지의 질문에 대해 하이몬은 "국가는 한 사람의 소유가 아닙니다. 당신은 아무도 없는 사막에서라면 훌륭한 왕이 될 것입니다"라고 대답한다.

이 말에 크레온은 다시 말한다.

"아무래도 너는 그 여자의 변호인처럼 보이는구나."

그리하여 하이몬은 가모장적 여신의 힘을 지적한다.

"그것은 당신과 나와 '지하의 모든 신대지의 모신母神들을 위해서입니다."

이 갈등은 드디어 종말에 다다른다. 크레온은 안티고네를 산 채로 동굴 속에 가둔다.

이것 역시 그녀와 대지의 여신의 관념에 대한 상징적 표현이다. 당황한 하이몬은 안티고네를 구출하려 했으나 때를 맞추지 못해 실패하고 만다. 그는 아버지를 죽이려 했으나 뜻을 이루지 못하자 스스로 자살하고 만다. 크레온의 아내인 에우뤼디케는 아들의 운명을 깨닫고 남편과 자식을 살해한 자라고 자신을 저주하며 아들을 뒤따라 자살한다. 크레온은 표면상으로는 승리한 셈이었다. 즉, 아들을 죽이고 아들의 애인과 아내마저 죽게 하였기 때문이다.

그러나 정신적으로는 그가 파멸한 것이었으며, 그 스스로도 그것을 인정하고 있다.

"아, 이 죄를 모면할 길은 없다. 바로 내가 너를 죽인 것이다. 죄 많은 내가 말이다. 나는 진실을 인정한다. 나를 어디로든지 데려가주렴. 오, 나의 시종들이여. 한시라도 빨리 어리석은 나를 데려가다오. 나의 삶은 죽음에 지나지 않는다…… 경솔하고 어리석은 나를. 오, 내 아들아. 나는 너를 마음에도 없이 죽여 버렸구나. 그리고 아내마저도. 오, 나는 얼마나 불행한 인간인가! 나는 어디로 눈을 돌려야 한단 말인가? 어디에다 구원을 간청하면 된단 말인가? 내 손에 있는 것은 모두가 잘못된 것뿐…… 그리고 모든 것을 파멸시켜 버리는 운명이 내 머리에 떨어지려 하고 있구나."

소포클레스의 3부작 전체를 놓고 보면 근친상간은 틀림없이 소포클레스가 이 작품에서 표현했던 테마가 아니며 본질적인 것도 아니라는 결론에 도달한다. 《오이디푸스 왕》만을 따로 떼어 읽는다면 근친상간을 테마로 하고 있다고 생각될지 모르지만, 3부작 전체를 살펴보면 소포클레스는 오이디푸스가 대표하고 있는 평등과 민주주의의 가모장제 원리와 크레온이 대표하고 있는 '법과 질서'의 가부장제적 독재원리 사이의 갈등을 다루고 있다.

권력을 획득했다는 점에 있어서는 가부장제가 승리한 것으로 볼 수 있지만, 자신이 죽음 이외의 아무것도 성취하지 못했다는 것을 인식하고 있던 크레온의 파멸에 의해 그 원리는 정신적으로 패배할 수밖에 없다.

3. 전이에 대하여

전이는 프로이트의 정신분석 체계에 있어서 결정적으로 중요한 또 하나의 개념이다. 이 개념은 임상적 관찰에서 비롯되었다. 프로이트는 피분석자가 정신분석 치료를 받는 동안 분석자에게 매우 강한 유대 관계를 만들어 내고 있다는 것, 그리고 그 유대 관계 자체가 하나의 복잡한 성질의 것임을 발견했다.

그것은 사랑과 찬미와 집착이 뒤섞인 것이며, 음성전위의 경우에는 증오와 반발과 도전이 뒤섞인 것이다. 분석자와 피분석자가 이성간일 경우는 전이의 본질은 피분석자가 분석자를 사랑하게 되는 사례로써 기술되기 쉽다분석자가 동성이라 할지라도 피분석자가 동성애자일 경우에는 똑같은 일이 발생하게 될 것이다. 분석자는 사랑·찬미·의존의 대상이 되고, 다른 어떤 경쟁자가 될 만한 사람이 나타나면 그만큼 강한 질투의 대상이 된다.

다시 말해서 피분석자는 분석자를 사랑하는 사람처럼 행동한다. 이 경우에 있어서 흥미로운 사실은 피분석자의 분석자에 대한 감정이 분석자의 자질 때문이 아니라 그 상황에서 기인했다는 사실이다. 피분석자에게 이와 같은 감정을 일으키지 못할 정도로 어리석고 매력 없는 분석자는 있을 수 없겠지만, 그 피분석자도 평소에는 현명한 인물이었던 것이며, 만일 상대가 자기의 분석자가 아니라면 거들떠보지도 않았을 것은 자명한 사실이다. 이와 같은 전이는 환자와 의사와의 관계에서 빈번하게 발견된다. 그러나 이런 특이한 현상에 주의를 기울이고 그 성질의 분석을 시도한 사람은 프로이트가 처음이었다.

그에 의하면 피분석자는 분석 과정 중에 유년 시절에 부모 중의 어느 한편에 대해서 품고 있었던 많은 감정을 축적해 간다는 것이다. 프로이트는 분석자에 대한 피분석자의 애정혹은 적대감이 담긴 집착을 유아기에 가질 수 있는 아버지나 어머니에 대한 증오와 사랑의 반복이라고 설명했다.

 즉, 분석자에 대한 피분석자의 감정은 원래의 대상으로부터 분석자에게로 전이되었음을 말하는 것이다. 프로이트는 전이의 분석을 통해서 어린아이가 그의 부모에 대해 어떤 태도를 가지고 있었는가를 알아낼 수 있었다는 것이다.

 피분석자의 마음 속에 잠재해 있던 유아기적 사고가 전이된 감정의 영향을 너무 강하게 받기 때문에 그는 자신이 사랑하고 있는^{혹은 증오하고 있는} 사람이 현실의 분석자가 아니라, 그 분석자가 대표하고 있는 자신의 부모라는 사실을 깨닫는 것이 어렵게 되어 버린다. 이러한 발견은 대단히 독창적이다.

 프로이트 이전 시대에는 아무도 의사에 대한 환자의 이러한 감정을 연구하려고 한 사람은 없었다. 의사는 일반적으로 환자가 자신을 '찬미하고' 있다는 사실을 알고서 만족했으며, 만일 그렇지 않은 환자가 있을 경우에는 '좋은 환자'가 아니라는 이유로 그를 싫어하는 일이 종종 일어난다.

 사실상 전이는 분석자의 직업병을 조장하는 하나의 요인이 되고 있는 셈이다. 즉, 직업에 있어서의 자신의 가치와는 별도로 피분석자로부터 애정이 담긴 찬사를 듣게 됨으로써 그들은 나르시시즘에 깊이 빠지고 마는 것이다. 실제로 그것은 찬사를 당연히 받을 만한 가치가 있는 찬미의 표시가 아니라, 부모에 대한 아이의 찬미의 표현으로서 해석해야 한다. 정신분석 과정에서 전이의 발달은 프로이트가 선택한 특별한 방법에 의해 더욱 조장되었다.

 피분석자는 긴 의자에 누워 있고 분석자는 그 뒤쪽 보이지 않는 장소에 앉아서 이야기를 듣기도 하고 해석을 해주기도 했다. 프로이트는 자신이 이러한 방법을 사용하게 된 동기를 분명히 언급했다.

즉, 그는 하루에 몇 시간씩이나 다른 사람들과 마주 앉아 지내는 것이 견딜 수 없었다고 했다. 또 다른 이유로서 정신분석 학자들이 진술하고 있는 것은 다음과 같다. 분석자는 어느 피분석자에 대해서든지 백지 상태로 있어야만 한다. 그렇게 해야만 분석자에 대한 피분석자의 반작용을 전이의 표현으로 이해할 수 있기 때문이다. 그러나 이러한 이유 설정은 거의 환상에 가깝다. 상대방을 직접 눈으로 보는 것이 그에 대해 많은 것을 알 수 있는 자료가 될 수 있기 때문에 분석자가 보이지 않는 곳에 있으면 서로 알려질 까닭이 없다는 생각은 지나치게 단순한 발상에 지나지 않는다.

이 경우에 있어서는 이러한 방법의 기술적인 면을 간단히 비판해 두고 넘어가는 것이 타당하리라고 여겨진다. 미지의 분석자가 아무 말 없이 피분석자의 뒤쪽에 앉아 있는 전체적 배치^{자극이나 조건전체를 의미한다}로 인해, 피분석자는 분석을 하는 동안 실제로 어린아이가 된 것 같은 기분이 든다. 성인이 된 인간이 이처럼 완벽한 수동적 입장에 놓이게 되는 경우가 또 있겠는가? 모든 특권은 분석자가 가지고 있고, 피분석자는 마음 속 깊은 곳에 응혈되어 있는 자신의 생각이나 환상을 이야기해야만 한다.

그것은 피분석자의 자발적인 행위가 아닌 일단 환자로서 분석에 동의했기 때문에 인정했던 도덕적 의무였다. 프로이트의 입장에서는 피분석자의 이런 유아화가 매우 편리한 방법이었다. 정신분석의 주요 목적은 피분석자의 유아기의 발견이나 재구성에 있었기 때문이다.

인간의 유아화에 대한 중요한 비판의 하나로 다음과 같은 것이 있다. 만일 피분석자가 면담을 하는 동안 어린아이로 변하게 된다면 성인으로서의 그의 현재 상황은 제거되는 것이며, 그는 유년 시절에 가지고 있었던 관념이나 감정을 숨김없이 진술하게 된다. 그리고 이것은 유아적 인물에 관련을 가지고 있는 그의 내적인 성인을 무시하는 셈이 된다. 즉, 그는 어린아이로서의 자아와 성인으로서의 자아의 갈등을 전혀 느끼지 못하게 된다.

이런 갈등은 치료의 회복이나 변화에 사용되고 있다. 자신의 유아기적 목소리가 들려왔을 때 과연 누가 그것에 대답하거나 그것을 억제할 수 있겠는가? 그것은 역시 피분석자에게 달려 있는 성인으로서의 자신의 목소리 이외에는 없지 않겠는가? 그러나 나의 주요한 목적은 치료의 입장에서 본 내재적 비판이것은 사실상 정신분석 기법에 대한 논의의 문제이다이 아니라, 다음과 같은 사실을 제시하는 데 있다.

즉, 프로이트는 전이에 있어서의 특징적인 감정과 태도는 유아기의 생활에서 분석의 입장으로 바뀌었다는 것을 설명함으로써 얼마나 전이에 관한 자신의 임상 경험을 제한시켜 놓았는가 하는 것을 밝히는 것이다. 만일 이 사실을 무시해 버린다면 우리들은 프로이트가 발견한 현상이 그 자신이 생각하고 있었던 것보다 훨씬 더 중대한 의의를 가지고 있는 것처럼 생각하게 된다. 사람들은 전이에 의해 권위적인 다른 인물에게 자진해서 의존한다.

이것은 개인이 무력감에 의해 자신보다 더 강력한 권위를 갖고 있는 지도자를 필요로 하며, 또한 그 권위에 스스로 복종하려는 상황이라고 볼 수 있다. 전이는 개인의 사회생활에 있어서 가장 많이 볼 수 있는 현상의 하나이며, 실제로 정치·사회·종교적인 면에서 막대한 역할을 수행하고 있다.

히틀러나 드골과 같은 카리스마적 지도자에게 갈채를 보내고 있는 군중의 얼굴을 보기만 해도 그들이 한결같이 맹목적인 두려움과 숭배와 애정의 표정을 짓고 있다는 사실을 알 수 있다.

실제로 이러한 표정은 일상의 단조로운 생활로 인해 무덤덤한 사람들의 표정을 정열적인 신앙인의 표정으로 변모시킨다. 그 대상이 반드시 격렬성을 지닌 히틀러나 우렁찬 목소리와 큰 키의 드골과 같은 지도자인 것은 아니다. 가령 미국의 대통령 후보혹은 대통령를 바라보고 있는 사람들의 얼굴에서도 거의 똑같은 표정을 발견할 수 있다.

정신분석에 있어서 전이의 경우처럼 이것은 찬양을 받고 있는 인물의 인간으로서의 참다운 자질과는 거의 아무런 관계가 없다. 직위나 단순한 제복이 그를 숭배할 만한 인물로 만들고 있다. 분석에 있어서의 전이와 성인세계에 있어서의 지도자 숭배는 별 차이가 없다. 그 둘은 모두 무력감이나 허약성에 기초를 두고 있으며, 어린아이의 경우에 있어서 이와 같은 느낌은 부모에 대한 의타심을 유발시키게 된다.

실제로 어린아이들은 어머니나 그 대리인에게 보살핌을 받고 있으며, 보호자가 없이는 도저히 살 수 없다는 사실을 누가 부정하겠는가? 이처럼 어린아이는 무력한 존재이므로 도움을 필요로 한다. 그러나 이따금 우리가 간과하고 있는 것은 어른 역시 무력하다는 사실이다. 어린아이가 모르는 많은 사실에 대해 어른들은 잘 알고 있다. 그러나 어른 역시 결국은 극히 무력한 존재이다.

그가 직면하고 있는 자연과 사회의 힘은 너무나 압도적이기 때문에 어른도 어린아이와 마찬가지로 무력하다. 어른들은 실제로 자신을 방어하는 많은 방법을 터득하고 있으며, 타인과의 유대 관계를 맺음으로써 공격이나 위험을 방어할 준비를 강화할 수 있다.

그러나 비록 그렇게 준비가 되어 있다 하더라도 자연과의 싸움에서는 무력할 수밖에 없으며, 더구나 더욱 월등히 무장된 사회 계급이나 국민과의 싸움이 있어서는 더욱 그러하다. 어른은 어린아이보다 훨씬 뛰어난 방위 수단을 가지고 있고 위험에 대한 의식도 훨씬 강하다. 그러나 어른도 어린아이와 마찬가지로 확실성과 안정을 확보해줄 인물을 동경하고 있다.

그러므로 어른들은 비록 겉으로는 반쯤 미친 사람처럼 보이는 자라 할지라도 구원자 내지는 원조자로 보이는 인물상, 그리고 의식적으로라도 그와 같은 모습을 과시하려고 하는 인물상을 숭배하는 의지나 경향을 갖고 있다. 정신분석에 있어서의 전이와 똑같은 무력감에서 발생하는 사회적 전이는 가장 중요한 사회 현상의 하나이다.

프로이트는 정신분석의 입장에 있어서의 전이의 발견으로써 또다시 보편타당한 발견을 했지만, 자신의 전제에 얽매여 있었기 때문에 자신이 발견한 사실의 폭넓은 사회적 중요성을 인식하지 못했다. 전이에 관한 이러한 논의에 있어서 부언해 둘 것이 있다. 즉, 인간은 유년 시절뿐 아니라 성인이 되어서도 역시 무력하지만, 성인의 무력감은 극복할 수 있다는 사실이다. 사회가 합리적으로 조직되어 있어서 현실의 상황을 속이려고 사람의 마음을 혼란시킬 필요가 없을 때에는, 그리고 인간의 독립성과 합리성을 파괴하지 않고 발전시키는 사회에서는 무력감은 모두 제거되며, 그와 더불어 사회적 전이의 필요성도 사라지게 된다.

무력한 구성원을 가지고 있는 사회는 우상을 필요로 한다. 이 필요성은 인간이 현실과 자기 자신의 힘을 충분히 파악하고 있다면 극복될 수 있다. 언젠가는 자신도 죽게 되리라는 통찰이 반드시 인간을 무력하게 만들지는 않는다. 왜냐 하면 이 같은 지식 또한 그가 대응할 수 있는 현실의 원리를 대표하고 있기 때문이다.

내가 말하고 싶은 것은 이것을 분석의 입장에 적용시킴으로써 분석자가 피분석자에 대해 보다 현실적으로 되며, 스스로의 환상적인 성격을 없애면 없앨수록 그만큼 피분석자는 무력한 마음의 자세를 버리고 현실에 대응하기가 쉬워질 것이라는 사실이다.

그러나 정신분석의 과정을 통해서 환자가 유년 시절로 퇴행함으로써 성인이기에 억압해야만 하는 욕구나 불안을 표현하게 되는 것은 바람직하며, 오히려 필요한 일이 아니겠는가?

지당한 말이다. 그러나 그러기 위해서는 전제 조건이 있다. 만일 분석이 행해지는 동안 피분석자가 전적으로 어린아이처럼 되어 버린다면 꿈을 꾸는 것과 다름이 없을 것이다.

그는 자신이 말하고 있는 사실의 의미를 이해할 수 있는 판단력과 독립성의 결핍을 가져온다. 피분석자는 분석을 받는 동안 어린아이와 성인으로서의 존재 사이를 방황하게 되며, 이러한 과정이야말로 바로 분석 절차의 유효성을 의미한다.

4. 나르시시즘의 개념에 대하여

프로이트는 나르시시즘Narcissism[3]이라는 개념을 통해서 인간을 이해하는 문제에 대해 더할 나위 없이 중대한 공헌을 했다. 프로이트의 기본적인 가정은 인간이란 두 갈래의 상반되는 양상으로 자신의 방향을 설정할 수 있다는 것인데, 그것은 다시 말해서 인간의 주된 관심, 그리고 사랑과 마음의 방향 — 프로이트의 용어로는 '리비

---

3) 《나르시시즘 입문》S. 프로이트, 1914년 참조.

도Libido'— 은 자기 자신을 향할 수도 있고, 아니면 다른 인간들·관념·자연·인공물 같은 외부세계를 향할 수도 있다는 것이었다.

1909년에 개최된 빈 정신분석학회의 대회에서 프로이트는 나르시시즘이란 자기애와 대상에 대한 사랑과의 사이에 필요한 중간적 단계라고 설파했다. 그런데 사실 프로이트는 이 용어를 처음으로 소개했던 P. 네케와는 달리 1889년에 이미 나르시시즘을 일종의 성적 도착, 즉 자기보존본능의 하나의 보완물로 간주했다. 나르시시즘의 존재는 무엇보다도 정신분열증의 분석을 통해 증명되었다.

정신분열증 환자들은 두 가지 현저한 특색을 보이고 있었다. 그것은 과대망상과 외부세계 — 인간과 사물 — 로부터의 관심의 이탈이었다. 그들은 다른 사람에 대해서는 관심을 갖지 않으며, 대신 그 관심을 자기 자신에게 돌림으로써 과대망상이 축적된다. 즉, 전지전능한 자아상이 확립된다.

극단적인 나르시시즘 상태로서의 정신병이라고 하는 개념이 나르시시즘의 관념에 있어 하나의 기초가 되었다. 그리고 또 하나의 기초는 어린아이의 정상적인 발달이었다. 프로이트의 가정에 의하면 어린아이는 태어났을 때 어머니의 태내에 있었을 때와 마찬가지로 완전한 나르시시즘의 상태로 있다. 그러다가 서서히 사람들과 사물에 대한 관심을 갖게 된다.

이와 같은 본래의 자아에 대한 리비도와 카덱시스Cuthexis : 리비도가 어느 특정인과 사물 또는 관념으로 집중된다는 것의 상태는 기본적으로 줄곧 지속되며, "아메바의 몸이 그곳에서 나오는 위족偽足과 관계가 있는 것처럼"[4] 대상 카덱시스와 관계가 있다.

----

4) 《나르시시즘 입문》, p.75

프로이트에 의한 나르시시즘의 발견이 갖는 중요성은 어떤 것이었나? 그 발견은 정신병의 성질을 설명했을 뿐만 아니라, 똑같은 나르시시즘의 어린아이뿐 아니라 보통의 성인에게도 존재하고 있음을 보여주었다. 다시 말해서 정상적인 사람도 많건 적건 간에 어느 정도 그러한 성향을 가지고 있으며, 그러한 성향이 점차 강화되면 결국 정신병을 구성하게 된다는 것도 입증해 주고 있다. 그런데 어떻게 프로이트는 그의 개념을 제한시켜 버린 것일까? 그것은 다름아닌 그의 개념을 다른 많은 개념들처럼 리비도의 틀 안에 끼워 맞추었기 때문이다.

리비도는 원래 자아 속에 자리잡고 있었기 때문에 어떤 종류의 조건, 예컨대 육체적인 고통이라든가 리비도의 카덱시스의 상실이 생길 경우에는 다시 자아로 돌아오게 된다. 나르시시즘의 본질은 리비도 체재 내부의 방향 변화였다. 프로이트가 인간을 과학적인 구조체로 보지 않았다면 그는 다방면에서 자신의 발견 의의를 고양시킬 수 있었을 것이다.

첫째로, 그는 생존을 위한 나르시시즘의 기능을 더욱 강조했을지도 모른다. 가치의 관점에서는 나르시시즘을 될 수 있는 한 적게 하는 것이 바람직한 일이겠지만, 생물학적인 생존의 관점에서는 지극히 정상적이며 바람직한 현상이다. 만일 인간이 자기 자신의 욕구와 목적을 다른 사람의 그것보다 우선으로 생각하지 않는다면 어떻게 생존할 수 있겠는가?

그렇게 되면 인간은 아마 스스로의 생명까지도 지킬 수 없게 되어버릴 것이다. 다시 말해서 종족의 생존이라는 생물학적 중대사는 어느 정도 구성원 사이의 나르시시즘을 요구하게 된다. 이와 반대로 개인의 윤리적·종교적 목적은 가능한 한 나르시시즘을 무에 가깝게

끌어 내린다.

그러나 보다 중요한 사실은 프로이트가 나르시시즘을 사랑의 반대적 관점에서 정의를 내리지 못했다. 그것은 그에게 있어서 불가능한 일이었을 것이다.

왜냐 하면 프로이트에게 있어서 사랑은 음식을 제공해 주는 여성에 대한 남성의 집착으로만 존재하고 있을 뿐이었기 때문이다. 프로이트는 사랑받는다는 사실은 힘을 강화시키는 것이며, 능동적으로 사랑한다는 것은 힘을 약화시키는 일이라고 했다.

이 견해는 프로이트가 《서동시편西東詩篇 : West-östlicher Divan》의 괴테를 오해했을 즈음에 가장 명백하게 나타나고 있다. 프로이트는 다음과 같은 글을 쓰고 있다.

무미건조한 과학적 이미지를 먼저 제시한 다음 나르시시즘과 연애와의 경제적 대조에 관한 시적 표현을 제시하게 되면 틀림없이 기분 전환이 될 것입니다. 여기에 인용하는 것은 괴테의 《서동시편》입니다.

주라이카
노예도, 승리를 거듭하는 왕후도
그리고 군중도 물으면 대답하리라.
온전히 자기 자신을 되찾는다는 것은
인간의 진정한 행복일 것이라고.

진실한 자신을 상실하지만 않는다면
어떠한 삶도 괴롭지 않으리라.
나 자신이 나일 수만 있다면

모든 것을 잃어도 아까울 리 없을 것이라고.

하템
그렇게 말한다면 그것도 좋으리라.
그러나 다른 길을 나는 가노라.
이 세상이 가져다 주는 모든 복을
주라이카에게서 발견하면서.

그이가 그 몸을 제공한다면
이 몸도 가치 있는 것이 되리라.
그이에게 버림받게 되는 그때야말로
이 몸은 아무 의미도 없을 것이리라.

그날이야말로 하템의 전부는 끝나리라.
나는 변하리라.
그이가 행복한 남사에게 정을 주게 될 때,
나는 그 몸으로 옮겨가리라.

괴테가 묘사하고 있는 '나 자신이 나일 수' 있는 인물상은 나르시시즘적 인물이라고 오해를 받고 있다. 그러나 괴테는 그것을 전체성을 지닌 성숙된 인간이란 뜻으로 사용했다. 프로이트는 이 두 번째 시는 뚜렷한 자아를 가지지 못하고 사랑하는 사람 속으로 녹아들고 있는 의존적 인물을 묘사하고 있다고 생각했다.

남성의 사랑은 의타적이고 여성의 사랑은 나르시시즘적이라고 프로이트는 말하고 있다. 즉, 여성은 자신만을 사랑할 수 있을 뿐이고 남성이 할 수 있는 위대한 '달성'에는 이를 수 없다고 가정한다.

프로이트가 속했던 계급의 여성들이 냉담함을 지녔던 까닭은 남성들이 여성을 재산의 일부로 생각하고 침대 속에서조차 '다르기는 하지만 동등한' 역할을 여성에게 부여하기를 거부했기 때문이라는 사실을 그는 파악하지 못하고 있다. 부르주아 계급의 남성은 여성을 자신이 상상하는 대로 만들어 냈으며, 스스로의 우월성을 합리화하기 위해 이 '부족한' 여성 — 사실은 그가 불구로 만든 것이었으나 — 이 보살핌을 받기만을 바라고 있다고 굳게 믿었다.

이것은 남성과 여성 간의 싸움에 있어서 남성측의 전형적인 주장이었으며, 여성은 남성보다 비현실적이고 비겁하다는 것이 그러한 주장의 한 가지 실례이다. 파멸을 향해 줄달음치고 있는 듯한 이 세계는 바로 남성에 의해 지배되고 있다. 사랑을 하게 되면 여성은 남성보다 심오하고 성실하게 사랑을 하는 반면, 남성은 이리저리 방황을 하면서 그들이 유일하게 자부하고 있는 페니스를 믿고 나르시시즘을 만족시키려 한다.

프로이트가 자신의 잘못된 여성상을 제시했을 때 그는 자신의 견해가 과연 객관적인가를 고려하지 않을 수 없었다. 하지만 그는 그러한 의구심을 다음과 같이 풀어 주고 있다.

"나에게 여성을 경시하려는 저의가 있다는 것은 오해이므로 이번 기회에 그에 대해 밝혀 두는 것이 좋으리라 여겨진다. 나는 이들 다른 방향의 발달이 고도로 복잡화된 생물학적 전체에 있어서의 남녀의 기능 분화에 대응하는 것임을 잘 알고 있다. 더욱이 남성적 형태에 의거해서 사랑하고 고유한 성을 과대 평가하고 있는 여성들이 많다는 사실을 인정하는 데 있어서도 과히 주저하지 않는다."

이것은 훌륭한 방법이기는 하지만 정신분석적인 해결 방법은 아니다. 이와 같은 정서적인 문제에 있어서까지 '나는 정의와는 전혀 관계가 없는 인간이다'라는 식으로 확언할 수 있다는 것은 얼마나 자기 기만적인 일인가!

대상에 대한 나르시시즘과 대립하는 것으로서 자아에 대한 리비도의 카텍시스가 가지고 있는 이러한 생리학적 개념 때문에 전문가가 아닌 사람이 나르시시즘의 성질을 자신의 경험에 입각해서 이해하는 것은 매우 곤란한 일이다. 그렇기 때문에 나는 이것을 좀더 이해하기 쉬운 방법으로 기술하려고 한다.

나르시시즘적 인물에게 현실적으로 보이는 부분은 오직 자기 자신뿐이다. 감정·사고·야심·소망·육체·가족 등이 곧 자신의 존재 이유이며 소유하고 있는 것의 전부이다. 그들에게는 지금 자신이 생각하고 있다는 이유만으로 자신의 견해가 진실한 것이 되며, 그들의 악한 성품까지도 자신의 소유물이라는 이유 때문에 아름다운 것이 된다. 그들에게는 자신과 관련된 것이라는 사실만으로도 아름다운 색채와 충분한 현실성을 갖는다. 그 밖의 모든 사물은 회색이며, 추하고 아무런 색채도 가지고 있지 않으며, 거의 존재하지 않는 것이라고 여긴다.

하나의 실례가 있다. 한 남자가 면담을 신청하기 위해 전화를 걸어왔다. 나는 그 주일에는 시간이 없었기 때문에 다음 주로 약속을 하자고 대답했다. 그는 대답을 듣고 나더니 자기는 내 사무실 근방에 살고 있으므로 찾아오는 데 시간이 걸리지 않는다고 말했다.

그래도 나에게 시간적 여유가 없는 사실에는 변함이 없다고 말했으나 그는 계속 고집을 부렸다. 이것은 나르시시즘의 중증에 해당하는 예이다. 그 남자는 자신의 요구와 타인의 요구를 전혀 구별할 줄 모르고 있었다. 아무리 나르시시즘적인 인물이라 해도 그의 지성, 예술적 재능, 지식의 정도에 따라 커다란 차이가 생긴다. 미술가·작가·지휘자·무용가·정치가 등의 대부분은 극도로 나르시시즘적이다. 하지만 그들의 나르시시즘은 자신이 주관적으로 느끼는 사실을 표현해야 하기 때문에 오히려 그들의 일에 도움을 주고 있다. 그리고 표현상에 있어서 주관성이 뚜렷하면 뚜렷할수록 그들은 훌륭한 표현에 성공한다.

나르시시즘적인 인물은 나르시시즘 그 자체로 인해서 오히려 매력적으로 보이는 경우가 있다. 예를 들어 나르시시즘적인 예술가를 생각해 보면 그의 온몸은 자기 자신에 의해 충만되어 있다. 그는 마치 귀중한 보석을 소유하고 있는 사람과 같은 자부심을 가지고 그의 육체와 재능을 과시한다. 그는 자신의 언어·행동·걸음걸이·태도를 연기를 하듯 즐길 뿐만 아니라, 그 자신에 대한 최대의 찬미자가 된다.

나르시시즘적인 인물의 매력은 그가 보통의 인간이 되고 싶어하는 이상형을 연출한다는 데 있다고 나는 생각한다. 그는 자신에게 확신을 가지고 있으며, 아무런 의심도 가지고 있지 않고 항상 자신이 모든 상황을 지배하고 있다고 느낀다. 그러나 대부분의 인간들은 이러한 확신을 가지고 있지 않다.

그는 의심 때문에 자주 고통을 받으며, 다른 사람이 자신보다 월등하다고 생각한다. 사람들은 흔히 이런 질문을 한다. "왜 극단적인 나르시시즘이 사람들에게 불쾌감을 주지 않는가? 그리고 어찌하여 참다운 사랑의 결핍에 불만을 느끼지 않는 것인가?"

이 질문에 대한 대답은 매우 쉽다. 오늘날에는 참다운 사랑이라는 것이 매우 드물기 때문에 보통 사람들의 눈에는 거의 보이지 않는다. 하지만 나르시시즘적인 인물은 적어도 자기 자신만은 진실로 사랑하고 있다.

한편, 전혀 아무 재능도 없는 나르시시스트는 우스꽝스러운 존재일 뿐이다. 만일 나르시시즘적 인물이 재능이 많은 사람이라면 그는 거의 성공을 보장받은 것과 다름이 없다. 성공한 정치가들 중에 간혹 나르시시즘적인 인물을 발견할 수 있다. 가령 정치가가 천부적 재질을 갖고 있다 하더라도 그들의 몸에서 배어나오는 나르시시즘이 없다면 군중에게 강렬한 인상을 주지 못할 것이다.

대부분의 사람들은 '어떻게 그토록 거만할 수 있을까?'라고 느끼는 대신 그의 나르시시즘적 자아상에 이끌리고 있기 때문에 그곳에서는 재능에 넘친 인간의 타당한 자기 평가만을 보고 있을 뿐이다. 무엇보다 중요한 사실은 나르시시즘이란 '자기 도취'와 마찬가지이기 때문에 만일 사랑이 자신보다 타인을 더 소중히 여기는 것이라면 사랑과는 대조적이라는 사실을 이해하는 것이다. 또 하나의 중대한 사실은 나르시시즘과 이성과의 모순이다. 앞에서 나르시시즘적인 개성의 예로 정치가를 들었기 때문에 나르시시즘과 이성理性과의 갈등에 관한 논의가 불합리하게 생각될지도 모르겠다.

그러나 내가 말하고 싶은 것은 지성이 아니라 이성이다. '조작적인' 지성은 외부세계를 인간의 목적을 위해 조작할 수 있도록 한다. 이성은 사물을 가치라든가 위험성과는 관계없이 있는 그대로 인정하는 능력을 말한다. 이성은 또한 사물과 인간 그 각각에 대하여 주관적인 관심에 왜곡되지 않고 참다운 모습 그대로를 인식하려고 한다.

현명함은 조작적 지성의 한 형태이며, 지혜는 이성의 산물이다. 나르시시즘적 인물은 조작적 지성이 최고조에 있을 때 가장 현명해질 수 있다. 그러나 그는 커다란 과오를 범하기 쉽다. 이유는 그가 자신의 나르시시즘에 매혹된 나머지 자신의 소망과 사고의 가치를 과대평가하고 어설프게 결론을 내려 버리기 때문이다.

나르시시즘은 간혹 이기심과 혼동을 일으킨다. 프로이트는 나르시시즘을 이기심의 리비도적 측면으로 보았다. 즉, 이기심이 가지고 있는 정열적 성격은 그것의 리비도적 성격 때문이라고 생각했다. 그는 자신의 생각이나 감정에 대해 객관적인 가치 이상을 부여하지는 않았다. 그는 세계를 완전히 객관적으로 바라보았다. 이기심이란 본래 탐욕의 한 가지 형태라고 볼 수 있다.

이기주의자는 모든 것을 자기 자신만을 위해 탐내며, 함께 나누기를 싫어하고 타인을 친구로 생각지 않으며, 오히려 위협하는 존재로 간주한다. 프로이트가 초기 저서에서 '사욕'이라고 불렀던 것이 모든 이기적 인간을 지배하고 있는 것은 사실이다. 그러나 나르시시즘적인 인물의 경우와는 달리 이기주의자의 사욕이 자아상과 주변의 세계상을 왜곡하고 있다고는 볼 수 없다.

모든 성격적 지향 가운데 자기 자신 속에서 가장 인정하기 힘든 것이 나르시시즘이다. 나르시시즘적 인물은 정도가 심하면 심할수록 자신을 미화하게 되며, 자신의 결점이나 한계를 볼 수 없게 된다. 그는 자신의 자아상이 옳다고 확신하고 있으며, 그것에 대해 전혀 의심을 하지 않는다. 나르시시즘을 발견해 내는 것이 어려운 또 하나의 이유는 그러한 인물의 대부분이 자신을 결코 그렇지 않다고 생각하고 있기 때문이다.

가장 두드러진 예를 하나 들어보자. 나르시시즘적인 인물이 다른 사람에게 베푸는 배려나 도와주려 하는 행동의 배후에는 스스로의 나르시시즘을 숨기려고 하는 의도가 숨어 있다.

그들은 많은 시간과 정력을 낭비하면서 타인을 도와주고 희생을 감수하고 친절을 베풀지만, 그것은 실상 모두 자신의 나르시시즘을 부정하려는 목적을 가지고 행해진다. 겸허하고 단정한 인물도 예외는 아니다. 이러한 인물은 자신의 나르시시즘을 숨기려 할 뿐만 아니라 친절하고 겸허한 것으로 자부심을 가짐으로써 오히려 나르시시즘을 만족시키고 있다.

우스운 예를 하나 들어 보자. 죽음을 눈앞에 둔 어떤 남자가 침대에 누워 친구들이 자신을 칭찬하는 것을 듣고 있었다.

"학식이 풍부하고 지성적이며 친절하고 정말로 배려깊은 사람이었어."

죽어 가던 남자가 귀를 기울이고 있다가 갑자기 화를 벌컥 내면서 소리쳤다.

"겸허가 빠졌단 말이야!"

나르시시즘은 수많은 가면을 쓰고 있다. 즉, 성인다움과 의무에 관한 복종, 그리고 친절·사랑·겸허함·자부심 등이 그것이다. 나르시시즘은 뻔뻔하고 거만한 인물에서부터 겸허하고 조심성 있는 인물에까지 영향을 미친다. 모든 인간들은 스스로의 나르시시즘을 은폐시키는 많은 방법을 지니고 있음에도 불구하고 제대로 그것을 깨닫지 못하고 있다. 만일 나르시시즘적인 인물이 타인으로부터 칭찬을 받는 데 성공하게 되면 그는 행복감을 느끼고 자신의 기능을 충분히 수행하게 된다.

그러나 타인을 납득시키는 일에 실패하면 — 다시 말해서 나르시시즘에 구멍이 뚫리게 되면 — 그는 마치 바람이 빠진 풍선처럼 위축되고 만다. 또 화를 벌컥 내면서 노기가 가득 차게 된다. 나르시시즘에 상처를 받게 되면 우울증이나 증오심이 생기게 마련이다.

특히 흥미로운 것은 집단적인 나르시시즘이다. 이것은 정치적으로 커다란 의미를 지닌다. 보통의 인간이 살고 있는 사회는 강렬한 나르시시즘의 발달을 억제한다. 사회적인 위신은 아무것도 없으면서 자식들에게까지 경멸당하기 쉬운 가난한 인간의 나르시시즘을 키워 주는 것이 과연 존재할 수 있을까? 그것은 불가능한 일이다. 그러나 만일 개인이 자기 나라의 국민과 통일화할 수 있거나 개인적인 나르시시즘을 국민에게 전이시킬 수 있다면 그는 최고의 존재가 될 수 있다.

만일 이와 같은 인물이 '나는 이 세상에서 가장 훌륭한 사람이다. 나는 모든 사람들 중에서 가장 정결하고 현명하고 유능하고, 그리고 가장 훌륭한 교육을 받았다. 나는 어느 누구보다 우수한 사람이다' 라고 말한다면 사람들은 모두 그를 머리가 이상한 사람이라고 생각해 버릴 것이다. 그러나 그가 만일 '우리 국민은 모든 나라의 국민들 중에서 가장 강하고 문화적이고 평화를 사랑하며, 그리고 가장 재능이 풍부한 국민이다'라고 말한다면 그는 머리가 이상하다는 평을 듣기는커녕 오히려 매우 애국적인 국민이라고 일컬어질 것이다.

종교적 나르시시즘에도 이와 같은 가정이 적용될 수 있다. 어떤 종교는 몇 백만이나 되는 신자가 자신들만이 진리의 소유자이며, 또한 자신들의 종교만이 구원의 유일한 길이라고 주장하고 있다. 그리고 이것은 극히 정상적인 일로 받아들여지고 있다. 그 이외의 집단적인 나르시시즘의 예로는 정치 단체나 학술 단체를 들 수 있다. 개인은 집단에 소속되고 집단과 동일화됨으로써 자신의 나르시시즘을 만족시킨다. 개인은 위대하다. 이 세상에서 가장 훌륭한 집단의 일원인 그가 위대하다.

그러나 어떤 사람은 이의를 제기할지도 모른다. 자신이 소속된 집단에 대한 그의 비판이 반드시 현실적으로 옳지 않다고 말할 수는 없다. 어떤 집단을 그 소속 구성원이 기술하고 있는 것처럼 완전하게 기술할 수는 없다. 그러나 보다 중요한 이유는 다음과 같다.

즉, 집단에 대한 비판은 개인적인 나르시시즘을 상처받게 된 사람에게 특징적인 것이 되어 있다고 볼 수 있는 격렬한 분노의 반작용이 되돌아온다. 집단이 한 개인에게 집단 나르시시즘의 구체화를 이루었을 때 그 개인은 집단에 대한 비판을 자신에 대한 공격이라고 느끼게 된다.

냉전과 열전의 경우에 나르시시즘은 한층 극단적인 양상을 나타낸다. 즉, 우리의 국민만 완전무결하고 평화를 사랑하고 문화적이라고 생각하며 적은 그 반대라고 생각한다. 실제로 대부분의 국민에게 있어서 선과 악은 균형을 이루고 있으며, 다만 특유의 미덕과 악덕을 가지고 있을 뿐이다. 나르시시즘적인 국가주의가 행하고 있는 것은 자기 국민의 미덕과 상대 국민의 전쟁 준비에 있어서 중요한 조건의 하나이다.

제1차 세계대전이 발발했을 당시의 감정은 나르시시즘의 지배하에서는 이성이 침묵해 버린 좋은 예이다. 영국의 전시 선전 기관은 독일군이 벨기에에서 갓난아기를 총검으로 찔렀다고 비난 티무니없는 거 짓말이었으나 많은 유럽인들은 사실로 믿고 있었다했으며, 독일인은 영국인을 이중적인 장사꾼이라고 불렀고, 자신들은 자유와 정의를 위해 싸우는 영웅이라 일컬었다.

결국 이와 같은 집단적 나르시시즘이 소멸하고 그로 인해 전쟁의 한 가지 중요한 조건이 소멸하는 일이 있을 수 있을까? 단연코 그런 일은 일어날 수 없다고 확언할 수는 없다. 그러한 소멸의 조건은 여러 방면에 걸쳐 있다. 그 한 가지는 개인의 생활이 풍요롭고 흥미로운 것이 됨으로써 사람들이 서로서로 관심과 사랑을 가지고 관련을 맺는 것이 가능하다. 그렇게 되기 위한 전제 조건으로서 존재한다는 것과 나누어 가진다는 개념을 넓혀야 하며, 갖는다는 것과 소유한다는 것의 증대를 억제하는 사회 구조를 필요로 하는 것이다.

타인에 관한 관심과 사랑의 증대는 나르시시즘의 감소를 가져온다. 가장 중요하고 곤란한 문제는 집단적인 나르시시즘이 사회의 기본 구조에 의해 만들어지는 것이며, 이것이 왜 일어나는가 하는 문제이다. 이 문제에 대한 해답으로서 산업적 정보과학Cybemetics 사회의 구조와 개인의 나르시시즘의 발달과의 관계를 분석해 보기로 하자.

산업사회에 있어서 나르시시즘을 한층 발달시키는 첫째 조건은 개인이 서로 개별화되고 있으며, 적의를 품고 있어야 한다. 이러한 적의는 지나치게 가혹한 이익원리에 입각한 경제 체제의 필연적 결과라 할 수 있다. 균등한 분배와 상호협조가 존재하지 않을 때 나르시시즘은 번창하게 된다. 그러나 이러한 나르시시즘의 발달은 산업 생산의 숭배를 가져왔다. 인간은 스스로를 신으로 만들었다. 그리고 새로운 세계를 창조해 냈다. 이 세계는 인공적인 사물의 세계이며, 기존의 것들은 단지 그 재료로만 사용되었다. 현대의 인간은 대우주뿐만 아니라 미소한 세계의 비밀까지도 밝혀 냈다.

인간은 원자의 비밀과 우주의 비밀을 발견하고 우리들의 지구를 별무리들 속의 무한히 작은 존재로 격하시켜 버렸다. 이러한 발견을 했던 과학자는 사물을 있는 그대로 인정해야만 했다. 그러나 소비자는 과학자의 정신을 가질 필요는 없었다. 모든 사람들이 새로운 기술을 스스로 고안할 필요는 없다. 그들은 그 기술을 이론적 통찰에 따라 만들어 내고 찬미하기만 하면 된다.

따라서 현대인은 자신의 창조물에 대해 이상한 자부심을 축적해 나간다. 그는 자신을 신격화하고 인공적인 새로운 지구의 웅대함을 바라보면서 스스로의 위대함을 찬양한다.

이렇게 자신의 제2의 창조를 찬양하면서 그것으로 하여금 다시 자신을 찬양하게 만든다. 석탄·석유·원자 에너지 등과 무한하다고 여겨지는 두뇌의 능력을 사용해서 그가 만들어 낸 세계는 스스로의 모습을 볼 수 있는 거울이 되었다. 인간은 창의와 힘을 비추어 주는 바로 그 거울을 들여다보고 있다. 나르시스가 물에 비친 자신의 아름다운 육체를 바라보다가 익사한 것처럼 인간은 과연 이 거울 속에 익사할 것인가?

5. 성격에 대하여

성격에 관한 프로이트의 개념은 그의 무의식·억압·저항의 개념에 못지않게 중요하다. 이것에 대해서 프로이트는 인간을 전체로서 취급하고 있으며, 오이디푸스 콤플렉스, 거세 공포, 남근 선망과 같은 단일한 콤플렉스나 메커니즘만으로 취급하고 있지는 않다.

물론 성격이라는 개념은 새로운 것은 아니었다. 그러나 프로이트가 사용한 역학적인 의미에 있어서의 성격의 개념은 심리학에서는 정말 새로운 것이었다. 역학적이라는 것은 비교적 항구성을 가진 정열의 구조로서의 성격적 개념이다.

오늘날에는 많은 학자들이 그러한 것처럼 프로이트 시대의 심리학자는 순수하게 기술적인 의미에 성격에 관해서 말한 것이었다. 어떤 사람들 예의가 바르고 야심적이며, 근면하고 정직하다고 묘사한 것은 가능한 일이겠으나, 이 경우에도 그 인물 속에서 발견될 수 있는 단일한 특성에 대해 진술하고 있는 것이지 정열의 조직된 계통에 관해서 진술한 것은 아니었다. 셰익스피어 같은 위대한 극작가나 도스토예프스키·발자크 같은 위대한 소설가만이 역동적인 의미의 성격을 묘사할 수 있었다. 발자크는 당대 프랑스 사회의 다양한 계급의 성격까지도 분석할 의도를 지니고 있었다.

프로이트는 그의 선구자로서의 소설가들과는 달리 예술적으로가 아닌 과학적인 성격을 분석했던 최초의 사람이었다. 그의 연구 결과는 몇몇 제자들, 특히 K. 에이브러햄에 의해서 더욱 풍부해지고 뚜렷해졌다. 프로이트와 그의 학파는 성격의 구조를 네 가지 유형으로 구축해 놓았다. 그것은 곧 구순애 — 수용적 성격·구순애 — 사디슴적 성격·항문애 — 사디슴적 성격·성기애적 성격이다.

프로이트에 의하면 정상적인 발달을 하는 사람의 경우에는 성격 구조의 이 네 단계를 모두 거치게 된다. 그러나 거의 대부분의 사람들이 이들 중 몇 번째의 발전 단계에 머물러 버리고, 성인이 된 후에도 그 이전 단계의 특색을 그대로 지니고 있다.

프로이트에 의하면 구순애 — 수용적 성격의 인물은 물질적으로나 정서적으로, 그리고 지적으로 양육되어지기를 기대하고 있다. 그는 수동적이고 의존적이며, 단지 입을 벌리고 자신이 필요로 하는 것이 주어지기를 기대하는 인물이다. 이들은 자기가 착하거나 온순하기 때문에 그에 해당한 가치가 있어서 자신은 훌륭한 인간이며 다른 사람의 보살핌을 받은 자격이 있다고 믿는다. 이런 형태의 인물은 온갖 만족이 자신에게 주어지기만을 기대할 뿐 보답할 줄은 전혀 모른다. 구순애 — 사디슴적 인물도 마찬가지로, 그가 필요로 하고 있는 것들은 모두 외부를 통해서 주어지며 자신의 행동 때문은 아니라고 믿고 있다.

그러나 구순애 — 수용적 성격과는 달리 그는 자기가 필요로 하고 있는 것이 타인으로부터 저절로 제공되리라고 기대하지 않고 다른 사람으로부터 힘으로써 탈취하려고 한다. 그는 약탈적 또는 착취적 성격이다. 항문애 — 사디슴적 성격의 사람은 새로운 것은 결코 생기지 않는다고 믿고 있으며, 무엇인가 얻을 수 있는 유일한 방법은 자기가 가지고 있는 것을 보호하는 일이라고 생각한다. 즉, 그들은 자기 자신을 아무것도 빠져나갈 수 없는 일종의 요새로 보고 있다. 그들은 고립 속에서 안전을 도모한다. 프로이트가 발견한 이런 인물의 세가지 성격적 특징은 규율이 바르고 검소하고 완고하다. 충분히 발달되고 성숙된 성격은 성기애적 성격이라고 할 수 있다.

앞의 세 가지 신경증적인 성격 유형은 분명히 인정을 할 수가 있으나 성기애적 성격은 매우 모호하다. 프로이트는 성기애적 성격이 사람에게 주어지는 사랑하고 일하는 능력의 기초라고 말하고 있다. 그러나 프로이트가 사랑의 개념에 대해 말하는 것은 자본주의 사회에 있어서의 타락된 형태이 사랑에 지나지 않는다는 것을 알 수 있다.

프로이트가 말하는 성기애적 성격이란 부르주아적 인간, 즉 극히 제한된 능력밖에는 갖고 있지 않으며, 다른 사람들의 노동력을 조직하고 이용하는 일에 힘쓰고 관리자는 될 수 있으나 노동자는 될 수 없는 그런 인간을 의미한다. 앞의 세 가지 신경증적 성격 — 프로이트가 말한 '전성기애적' 성격 유형 — 이 인간을 성격을 이해하는 데 있어서 결정적인 열쇠가 된다는 이유는 바로 그러한 것들이 단일한 특성이 아닌 전체로서의 성격 계통을 가리키고 있기 때문이다.

한 사람의 인물이 어떤 형태의 성격에 속하는가 하는 것은 일반적으로 쉽게 알 수 있다. 입을 굳게 다물고 내성적이며 올바르고 정확한 것을 최우선으로 하지만, 자발성은 거의 찾아볼 수 없는 검은 피부를 갖고 있는 사람이라면 거의가 항문애적 성격을 지녔으리라는 것을 쉽게 알 수 있다.

그가 인색하고 무엇이든 남에게 베풀기를 꺼려하며 냉담한 경향이 있다는 것을 알면 그것은 더 한층 확실해진다. 착취적이고 수용적인 성격 유형에 대해서도 그와 같은 말을 할 수 있다. 물론 타인에게 알려지는 것을 싫어하는 성향이 자신의 얼굴에 나타나고 있다는 사실을 알았을 때 사람은 그것을 감추려고 노력한다.

따라서 얼굴 표정은 성격 구조의 확실한 지표가 될 수 없다. 중요한 것은 얼굴 표정보다 더욱 통제하기 힘든 그 밖의 표정, 즉 우리들이 어떤 사람을 보았을 때 시야에 들어오는 동작이나 음성·걸음걸이· 몸짓 등이다. 위와 같은 세 가지 전성기애적 특성을 이해한 사람은 어떤 성격 유형의 특성을 이야기해도 쉽게 이해할 수 있을 것이다.

프로이트는 천재였기 때문에 여러 가지 성격 유형 중 인간이 생존에 필요한 것을 획득하는 '동화同化'의 과정에 있어서 세계와 관련되는 모든 가능한 방법을 파악해 낼 수 있었다. 중요한 문제는 우리들이 외부로부터 무엇을 얻어야만 하는가가 아니라, 그것을 얻는 방법이 무엇이냐 하는 것이다. 프로이트와 그의 제자들이 이 같은 성격학을 제시한 후 인간 및 문화에 대한 우리들의 이해는 크게 발전되었다. 사회 역시 모든 인간들의 성격 구조에 의해 규정지어지는 것이기 때문이다.

사회를 구성하는 대부분의 사람들에게 공통된 성격의 핵심도 이들 중 어느 한 가지 형태에 속하고 있기 때문이다. 그 한 예를 들어 보기로 하자.

19세기 프랑스 중류 계급의 성격은 항문애적 성격이 지배적이었다. 그 당시의 사업가들은 전반적으로 착취적인 성격을 띠었다.

프로이트가 구축해 놓은 성격학의 기초는 다른 형태의 성격 유형의 발견을 가져왔다. 또한 권위주의적 성격 대 평등주의적 성격, 파괴적 성격 대 애정적 성격이라는 성격 구조를 결정하는 현저한 특성에 대해서도 언급할 수 있게 되었다. 성격의 연구는 이제 그 시작 단계라고 할 수 있으며, 프로이트의 발견이 끼친 영향은 아직 완전히 논의되었다고 할 수는 없다.

그러나 프로이트의 이론을 찬양한 나머지 그가 그 이론을 성욕에만 국한시켜 스스로 자신의 이론 의의를 제한시켜 버렸다는 사실을 간과해서는 안 된다. 이것은 그의 《성욕론》 3편에 매우 분명하게 나타나 있다.

"우리들이 인간의 성격이라고 부르고 있는 것은 대부분 성적 흥분을 소재로 하여 만들어지고 있다. 그것을 구성하고 있는 것은 유아기로부터 고정되고 승화되어 얻어진 충동이라고 할 수 있으며, 쓸모없다고 인정된 도착 감정을 효과적으로 억제하는 사명을 지닌 구성체이다."[5]

성격 유형에 대한 그의 명명법은 다음과 같은 사실을 분명히 말해 주고 있다. 처음 두 가지는 구순애의 리비도부터 그 에너지를 획득하고 있고, 세 번째는 리비도, 네 번째는 남녀 성애의 리비도로부터 그것을 획득하고 있다. 성격학에 대한 프로이트의 가장 위대한 업적은 〈성격과 항문애〉1908년라고 하는 그의 논문이다.

항문애적 성격의 세 가지 특성은 항문애적 리비도의 직접적인 표현이나 반동형성 또는 승화라고 간주되고 있다. 구순애의 리비도와 성기애의 리비도가 서로 관련되어 있는 그 밖의 성격 구조에 관해서도 이와 같은 말을 할 수 있다. 프로이트는 사랑·증오·야심·권력욕·탐

---

5) 《성욕론》 S. 프로이트, 1905년, pp.123~243

욕·잔혹성 등을 여러 가지 종류의 리비도로 분류했다. 사랑과 증오는 죽음의 본능과 삶의 본능에 관한 프로이트의 새로운 이론에서는 본질적으로 생물학적으로 기원을 가지고 있는 것으로 가정되었다.

삶의 본능과 죽음의 본능이론 구축을 위해서 정통파 정신분석 학자들은 공격을 사랑과 마찬가지로 인간성에 내재하는 근원적인 충동이라고 가정했다. 권력욕은 항문애 — 사디슴적 성격과 관련해서 다루어져 왔다. 그러나 현대인에게 가장 중요한 충동의 하나인 권력욕은 정신분석의 여러 문헌들 가운데서 별로 중요시되지 않는다는 것은 명백한 사실이다.

의타심은 복종심의 일종이라는 관점에서 오이디푸스 콤플렉스와 관련이 있는 것으로 취급되어 왔다. 주요한 정열을 여러 종류의 리비도에다 환원시키는 것은 프로이트에게 있어서 이론적인 필연이었다. 왜냐 하면 생존을 향한 지방 이외의 인간의 모든 에너지가 성적인 성질을 띠고 있다고 간주되어 왔기 때문이다.

만일 인간의 모든 정열이 성애를 뿌리박고 있는 것으로 여겨지지 않았다면 우리는 프로이트의 설명을 받아들일 필요가 없으며, 인간의 정열을 더욱 간단하고 정확하게 분석할 수 있다.

배고픔이나 성욕처럼 생물학적이며 개인과 종족의 생존에 필요한 정열과 사회적·역사적의로 조건 지어진 정열과는 구별할 수 있다. 즉, 인간의 생물학적 정열 이외의 모든 정열을 형성하는 책임은 사회의 구조에 달려 있다. 사회적 성격 안에는 협력과 조화의 정열이 지배적인 문화 — 예컨대 북미의 주니 인디언 — 가 있는가 하면 극단적인 소유욕과 파괴성이 지배하는 — 예컨대 도부족 — 문화도 있다. 여러 가지 형태의 사회적 성격 형성에 있어서 경제적·지리적·역사적·유전적 조건이 어떻게 작용했는가를 이해하기 위해서는 특정한 사회에 대한 상세한 분석이 필요하다.

간단한 예를 들어 보기로 하자. 먹을 것이 충분하지 않은 부족은 대단히 호전적이며 공격적인 성격을 띤다. 왜냐 하면 그들이 생존하기 위해서는 다른 부족으로부터 음식물을 탈취하거나 도둑질하는 방법밖에는 없기 때문이다. 반면에 살아가는 데 충분한 식량을 생산할 수 있는 부족은 너그럽고 협력적인 성격을 지닌다. 이와 같은 예는 지나치게 단순하다고도 할 수 있다. 과연 어떤 조건이 그 특유의 사회적 성격을 발달시키느냐 하는 것은 난해한 문제이며, 모든 요인 — 오히려 외견상으로는 무관련한 요인까지도 — 을 분석할 필요가 있다.

이것은 사회분석 또는 역사분석의 한 분야이다. 이 분야에는 커다란 장래성이 있으나 지금까지의 상황은 겨우 기초가 닦아진 데 불과하다. 역사적으로 조건 지어진 정열은 매우 강렬하기 때문에 생존·공부·갈증·성욕 따위의 생물학적 정열보다도 강하다고 할 수 있다.

그 이유는 보통 대부분이 인간의 정열은 생리학직인 요구를 만속시킬 때까지는 약화되어 있기 때문이다. 그러나 이것은 역사상의 어느 시대에 있어서도 자신의 명예·사랑·존엄을 위해서 생명을 걸었던 많은 사람들에게 해당된다.

성서는 이 사실을 간결하게 표현하고 있다.

"사람이 떡으로만 살 것이 아니요……"마태복음 4장 4절

가령 셰익스피어가 주인공의 성적 욕구불만과 식욕에 대해 극을 썼다고 가정해 보자. 그러면 그것은 브로드웨이에서 공연되는 몇 편의 현대극과 같이 흔해 빠진 것이 되고 말 것이다.

인생의 극적 요소는 비생물학적 정열에 근거를 두고 있으며, 배고픔이나 성욕에 근거를 두지 않는다. 성적 욕구불만 때문에 자살하는

사람은 거의 없지만, 야심이나 증오에 대한 불만으로 자살하는 사람은 대단히 많다. 프로이트는 개인을 고립된 존재로 보지 않았으며 언제나 다른 사람과의 관계 속에서 파악했다. 프로이트는 "개인심리학은 개인으로서의 인간을 다루며, 그의 본능적 동기를 만족시키는 방법을 검토하는 것이다"라고 말했다. 그러나 이것이 타인과의 관계를 전혀 무시하는 입장에 있지 않다. 개인의 심적 생활에 있어서는 타인은 모범인이나 조력자나 적대자로서 고려된다. 그러므로 애초부터 개인심리학은 사회심리학이라고 할 수 있다.

그럼에도 불구하고 정당한 의미에 있어서 사회심리학의 핵심은 그이상 발견하지 못했다. 왜냐 하면 가정생활만이 어린아이의 발달에 결정적인 영향을 미친다고 생각되었기 때문이다. 프로이트는 미처 깨닫지 못했지만 인간은 유아기 이후에 몇 개의 집단 속에서 생활하기 마련이다. 가장 작은 집단은 가정, 다음은 학교, 그 다음은 사회, 그리고 네 번째는 인간이기 때문에 그보다 더 큰 집단, 즉 태양계를 포함하는 집단의 일부이다.

그런데 프로이트에게는 가정이라고 하는 가장 협소한 집단만이 문제시되고 있으며, 이러한 이유로 해서 그는 가정 자체가 계급과 사회구조에 의해 결정된다는 사실을 인정하려 하지 않았다. 그리고 가정은 어린아이에게 사회를 대신해서 사회적 성격을 전달하는 집단이라는 사실도 인정하려 들지 않았다. 프로이트는 부르주아 계급의 가정을 모든 가정의 원형으로 생각했으며, 다른 문화권의 가정 형태를 무시했다. 또한 가정이 존재하지 않는 경우도 있다는 사실을 간과했다.

한 가지 예로써 프로이트는 어린아이가 부모의 성행위를 목격하는 이른바 '원초적 광경'에다 커다란 의의를 두고 있었다. 상류층의 가정에서는 어린아이들과 부모가 다른 방을 쓰고 있으므로 이러한 경험의 의의가 더욱 커진다는 것은 분명한 사실이다. 그러나 만일 프로이트가 훨씬 더 빈곤한 가정의 예를 생각하고 있었다면 그런 가정에서는 부모의 성행위가 일상적인 일로 목격되고 있으므로 그러한 초기의 경험은 그리 중요하게 생각되지 않았을 것이다.

모든 정열은 성적인 성질을 지니고 있다는 그의 전제 때문에 프로이트는 1차적 현상이 가정이 아니라 사회 구조이며, 그 구조가 스스로의 정상적인 기능과 생존을 위해서 필요한 성격을 창조한다는 사실을 알지 못했다.

프로이트가 사회적 성격의 개념에 도달하지 못한 이유는 성욕이라는 좁은 기초 위에서 그와 같은 개념이 발달될 수 없었기 때문이다. 사회적 성격은 많은 사회 구성원에게 있어서는 공통적인 성격 구조가 되고 있으며, 그 내용을 움직이는 것은 특정한 사회의 필요이다. 또 개인의 성격은 그 필요에 따라 사회의 정상적인 기능을 확보하기 위해서 꼭 행해야 하는 것을 하려는 의도로 형성된다. 사람들이 무엇을 하기를 바라고 있는가는 특정한 사회 체제의 필요나 요청에 의해 형성된, 그들의 성격 내에 있는 지배적인 정열에 달려 있다.

가정 환경에 따라 생기는 차이는 각기 다른 사회의 구조나 계급에 의한 차이에 비한다면 대수롭지 않다. 봉건제도에 있어서의 구성원은 타인을 지배하고 그의 불행을 담담히 지켜볼 수 있는 성격을 발달시켰으며, 19세기 부르주아 계급은 절약·저축한다는 소망에 의해 결정되는 항문애적 성격의 발달을 유발시켰다. 20세기에 들어와서는 절약이 악덕이라고까지는 할 수 없다 하더라도 작은 미덕에 불과하게 되었다. 이와 같은 발달은 근본적인 경제적 필요에 따라 좌우된다.

자본의 근원적인 축적의 시기에는 절약이 필요했다. 그리고 대량 생산의 시기에는 소비하는 것이 커다란 경제적 중요성을 갖게 되었다. 만일 20세기 인간의 성격이 돌연 16세기 인간의 성격으로 역행되었다면 우리들의 경제는 중대한 위기에 직면하고 말았을 것이다.

지금까지 나는 개인과 사회심리학과의 관계를 단순히 언어로 기술했다. 이러한 문제를 심층적으로 분석한다는 것은 이 책의 범주를 벗어나는 일이다. 그러나 그러한 분석에 의해서 구별되어야 하는 것은 인간 존재에 뿌리박혀 있는 요구나 정열, 그리고 사회가 아니라 인간성 자체에 의해 조건 지어져 있기 때문에 그것들의 부재를 억압이라든가, 혹은 무거운 사회병리의 결과로서 간주해야 할 요구 내지는 정열이다. 이와 같은 지향이란 곧 자유와 사랑에의 지향을 의미한다.

만일 프로이트의 체계가 그의 리비도 이론에 의한 한계로부터 해방된다고 한다면 성격의 개념은 프로이트 자신이 부여한 것 이상의 중요성을 띨 수 있다. 여기에는 개인심리학에서부터 사회심리학에로의 변모다 필요하다.

지금까지 프로이트의 성격 개념을 비판해 보았다. 결론적으로 그가 발견한 역학적인 성격 개념은 개인 행동 및 사회 행동의 동기부여를 이해하고 어느 선까지는 그 행동을 예언하기 위한 단서를 제공해 주고 있다는 사실을 강조해 두어야겠다.

6. 유년 시절의 의의에 대하여

프로이트의 위대한 발견 중의 하나는 유아기의 의의에 대한 발견이다. 이 발견에는 몇 가지 중요한 측면이 있다. 어린아이는 이미 성적 — 리비도적 — 지향을 가지고 있다. 이것은 성기애적 성애를 의미하는 것이 아니라 프로이트가 전성기적 성애라고 명명했던 것이다. 그것은 입·항문·피부 등의 성감대를 중심으로 하고 있다. 프로이트는 '순진무구한' 어린이는 태어날 때부터 전성기적 성질을 띤 리비도적 성향을 가지고 있다는 사실을 제시했다.

프로이트 시대에는 어린이의 성에 대해 무지한 존재라는 신화가 지배하고 있었다. 이러한 구별은 18세기까지는 거의 존재하지 않았다. 어린이는 작은 어른에 지나지 않으며, 로맨틱하다고 볼 수도 없고, 단지 능력에 따라 여러 가지 일을 해왔다. 더욱이 어린 시절의 경험이 그 아이의 성격 발달이나 일생의 운명에 얼마나 커다란 중요성을 부여하고 있는가는 알려져 있지 않았다. 그런데 프로이트의 등장과 더불어 이 모든 것이 변하고 말았다. 프로이트는 수많은 임상적인 예를 통해 유아기에 있었던 사건이 어린이의 성격 형성에 커다란 영향을 미치고 있음을 발견했다. 그리고 사람의 성격은 사춘기 이전에 고정되고 그 이상의 변화는 받지 않는다는 사실을 알아냈다.

프로이트는 어린이가 얼마나 많은 사실을 알고 있고, 얼마나 민감한가, 그리고 성인에게는 사소하게 느껴졌던 일이 어린이의 발달에 얼마나 깊은 영향을 미쳤는가를 제시했다. 사람들은 비로소 어린이에게 일어나고 있는 일을 진지하게 생각하기 시작했으며, 그것이 너무 지나친 나머지 그 후의 모든 발달에 대한 열쇠를 유아기에 있었던 사건 가운데서 발견할 수 있다고 굳게 믿게 되었다.

풍부한 임상적 자료들이 프로이트 관찰의 정확성과 현명함을 보여주고 있으나 이것들 역시 그의 다른 이론과 마찬가지로 한계점을 지니고 있다. 첫째로 프로이트는 어린이의 성격 형성에 미치는 체질적·유전적인 요인의 의의를 과소 평가했다. 이론상으로는 체질적인 요인이나 경험이 모두 그 인물의 발달에 영향을 끼친다고 진술하고 있으나 실제로는 인물의 유전적 성향을 무시하고 있다.

프로이트의 이론에 의하면 어린이의 발달에 크게 영향을 미친다고 볼 수 있는 것은 가정과 그 안에서의 어린이의 경험뿐이다. 그리하여 부모뿐 아니라 정신분석 학자까지도 어린이의 신경증이나 불량성 같은 나쁜 상태를 야기시키는 것은 부모의 책임임에 틀림없다고 믿게 되었다. 반대로 행복하고 건강한 어린이는 그에 상응하는 좋은 환경 속에서 자라났다고 믿었다. 그래서 부모는 어린이의 불건전한 발달에 대한 책임까지 한몸에 지고 있다. 그런데 실상 모든 자료는 이것이 잘못이라는 사실을 보여주고 있다.

좋은 예를 한 가지 들어 보자. 정신분석 학자가 매우 신경증적이며 비뚤어진 성격의 인물이 불행한 유년기를 보냈음을 알게 된다면 그는 그 불행한 결과는 유년기의 경험에서 비롯된 것이 틀림없다고 말할 것이다.

그러나 그와 똑같은 형태의 가정 환경 속에서 자라났으면서도 극히 행복하고 건강한 성격을 지닌 인간을 얼마나 많이 보아 왔는가를 자문해 본다면 그는 한 인물에게 있어서의 유아기의 경험과 정신적 건강 및 질병을 결부시킨다는 사실에 대해서 의구심을 갖기 시작할 것이다.

이와 같은 이론적인 기대에 어긋나는 사실을 설명하는 첫째 요인은 틀림없이 분석학자가 유전적 성향의 차이를 무시했다는 데 있다. 간단한 예로써 정도의 차이는 있지만 신생아에게도 공격성과 비겁성을 발견할 수 있다. 만일 공격적인 성격의 아이에게 공격적인 성격의 어머니가 있다면 이 어머니는 어린이에게 해를 끼치기보다 오히려 커다란 이익을 줄 것이다. 어린이는 어머니와 싸우면서 공격성을 두려워하지 않게 된다. 만일 겁 많은 어린이가 공격적 성격의 어머니를 상대하게 된다면 그 아이는 어머니의 공격성에 두려움을 갖게 되는 동시에 소심하고 유순한 인물이 되어 나중에 아마도 신경증적인 인물이 되고 말 것이다.

실제로 이 문제는 과거에 자주 논의의 대상이 되었던 '출생과 교육 환경'의 문제, 즉 유전적인 성향과 환경에 대한 문제와 관련이 있다. 이 문제에 대한 논의는 아직도 결정적인 결말을 보지는 못하고 있다. 나는 정신분석 학자에게는 출생 당시의 어린이의 성격을 재구성하는 것이 필요하다고 생각한다. 이것은 피분석자의 특성 중에서 어느 것이 유전적 성질의 것이며 어느 것이 환경의 영향에 의해서 획득된 것인가를 연구하기 위해서이다. 또한 획득된 자질 중의 어느 것이 유전적 자질과 충돌하고, 어느 것이 그것을 강화하고 있는가를 연구하기 위해서이다. 부모의 바람에 따라 어린이가 자신의 본래 성향을 억압하고 약화시키는 대신, 사회가 바라는 특성을 발달시키는 현상은 흔히 볼 수 있는 현상이다.

여기에서 우리는 신경증 발달의 근원을 발견하게 된다. 즉, 이러한 인물은 거짓 동일성의 감각을 발달시키게 된다. 참다운 동일성이 태어날 때부터의 본성 인식에 기초를 두고 있는 데 반해, 거짓 동일성은 사회가 우리들에게 강요한 개성에 기초를 두고 있다. 그러므로 자신의 균형을 유지하기 위해서는 사회의 인정이 필요하다. 참다운 동일성은 이와 같은 인정을 필요로 하지 않는다. 왜냐 하면 그 인물이 지니고 있는 자아상은 그의 진정한 개성 구조와 일치하고 있기 때문이다.

한 인간의 발달에 있어서 유아기에 일어난 사건의 의의를 발견했다는 사실은 그 후에 일어난 사건에 대한 과소 평가와 연결되어 있다.

프로이트의 이론에 의하면 성격은 7세 내지 8세 때 완전히 형성되며, 그 후에는 근본적인 변화가 불가능하다고 한다. 그러나 경험적인 자료는 이러한 가정이 유아기의 역할을 과장하고 있다는 것을 보여주고 있는 것으로 생각된다. 분명히 유아기의 성격을 형성하는 데 소용되었던 모든 조건이 그대로 지속된다면 성격 구조는 아마도 변하지 않을 것이다.

더욱이 다수의 사람들은 성장한 후에도 유아기와 동일한 조건하에서 생활을 계속하게 되는데, 그들의 경우에는 확실히 성격 구조가 그대로 유지되리라는 사실을 인정해야만 한다. 그러나 프로이트의 가정은 전적으로 새로운 경험으로 인해 급격한 변화를 겪을 사람들의 경우에 있어 문제점을 보이고 있다. 예를 들어, 누군가가 자신을 사랑하는 것은 그가 자기에게서 무엇인가를 구하고 있기 때문이라고 믿으며, 또한 모든 동정이나 사랑을 오로지 자신의 봉사에 대한 대가이거나 뇌물이라고 생각해 온 사람이 있다고 하자.

그는 아무런 대가도 바라지 않고 사랑을 하거나 관심을 베풀어 주는 사람도 있다는 것을 경험하지 못한 채 일생을 마칠 수도 있다. 그러나 만일 이런 사람이 아무 보답도 바라지 않고 자기에게 진정한 관심을 가져 주는 사람이 있다는 것을 알게 된다면 자기는 타인으로부터 사랑을 받지 못할 것이라고 생각하던 그의 성격적 특성이 완전히 바뀌어 버릴지도 모른다.

물론 프로이트의 부르주아적 관점과 사랑에 대한 신뢰 부족으로는 이러한 종류의 경험을 기대할 수 없었다. 성격의 변화가 극단적일 때는 그것을 진정한 '회심'이라고까지 말할 수 있다. 이는 그 사람의 인생에 뭔가 전적으로 새로운 사건이 일어남으로써 그의 가치관·기대·태도 등이 완전히 변했음을 의미한다. 그러나 이와 같은 회심이 가능해지는 것은 그 사람의 내부에 그러한 가능성이 은밀히 잠재되어 있기 때문이다.

표면적으로는 이러한 가정을 입증할 증거가 없다는 것을 나도 인정하고 있다. 대부분의 경우에 있어서 사람이란 거의 변하는 존재가 아니기 때문이다. 그러나 대부분의 사람들은 진정한 의미에 있어서의 새로운 것을 경험하게 되지는 않는다는 것을 고려에 넣지 않으면 안 된다. 사람들이 일반적으로 발견하게 되는 것은 모두 자신이 예기했던 것이라고 할 수 있으며, 따라서 새로운 경험으로 인해 근본적인 성격의 변화가 야기될 수도 있다는 가능성은 배제해야 한다.

갓 태어났을 때나 태어난 지 수개월에서 1년 정도 되었을 때의 자기 모습을 기억할 수 없는 것은 그 무렵에 자신이 무엇을 느꼈었는지에 대한 기억이 전혀 없기 때문이다. 보통 최초의 기억은 생후 2년에서 3년 이전으로 거슬러올라가지는 못한다. 바로 이 점이 유아기의 의의에 관한 프로이트의 가정이 안고 있는 결정적인 난점 중의 하나이다. 프로이트는 전이에 대해 연구함으로써 그와 같은 난제를 해결하려 했다.

그러나 이러한 노력이 성공을 거두는 경우도 간혹 있기는 하지만 프로이트 학파에서 주장하는 유아기의 경험이라고 하는 것은 대부분 재구성된 것임이 발견된다. 더욱이 이들 재구성된 내용은 프로이트의 이론에 의한 가정에 기초를 두고 있으며, 그것들이 진실에 입각한 것이라는 확증은 의도적인 결과일 때가 종종 있다.

분석자는 경험적 차원의 사실에 의거하고 있는 것처럼 되어 있으나 실제로는 환자에게 그가 경험했음직한 사실을 교모하게 암시하고 있다.

분석자는 환자에게 어떠한 설득도 해서는 안 된다. 민감한 환자들의 경우에는 ― 혹은 그다지 민감하지 않은 환자들의 경우에도 ― 얼마 후에 실제로 분석자가 기대하는 사실을 받아들이고 분석자의 어떤 해석에도 동의하고 만다. 그러나 이것은 일어났음직한 사실을 분석자가 이론적으로 구축해 놓은 것에 대해 환자가 양보를 한 것에 불과하다. 더욱이 분석자의 기대라는 것이 이론의 요청에 기초를 두고 있을 뿐만 아니라 정상적인 사람이란 어떠어떠한 것이라는 부르주아적 이미지의 요청에 근거하고 있다는 점을 고려해야 한다.

예를 들면, 타율적인 요청에 의해 무엇인가를 결정해야 한다는 사실에 특별히 강한 거부감을 나타내는 사람의 경우에는 그의 반항심 자체가 비합리적인 것으로 되고 만다. 예컨대 그것을 아버지에 대한 아들의 오이디푸스적 증오심에 의해서 설명하거나, 아니면 그 증오심의 뿌리에는 어머니 ― 곧 아내 ― 를 찾는 성적 반항이 있다고 할 것이다. 어린아이들은 유아기에 있어서나 성장한 후에도 통제되고 조종되는 것이 정상이라고 생각하게 된다.

따라서 반항심은 합리성이 결여된 표현 방식이라고 간주된다. 문제를 복잡하게 만드는 또 한 가지 요인은 ― 비록 이것이 지금까지 거의 주목을 받지 못했던 사실이기는 하지만 ― 부모와 자식 사이의 관계는 거의 부모가 자식에게 영향을 미치게 되는 일방 통행의 관계로 간주되었다는 점이다.

그러나 부모와 자식의 관계는 결코 일방적인 것이 아니다. 부모가 자식에 대해서, 심지어는 갓난아기에 대해서까지도 혐오감을 갖게 되는 경우도 있을 수 있다. 즉, 바라지 않았던 자식이었다든가, 부모의 성격이 파괴적이라든가, 가학적인 경우에 있어서만이 아니라 자식과 부모가 갖는 근본적인 성격차로 인해 그 양자의 관계가 좋을 수만은 없다. 부모는 자기가 낳은 아이를 아무런 이유도 없이 미워하게 될 수도 있으며, 어린아이도 애초부터 자기가 미움을 받고 있다는 것을 느낄 수가 있다. 그와 동시에 자식도 나름대로의 이유로 부모를 미워할 수 있으나, 단지 약자이기 때문에 부모로부터 온갖 형태의 크고 작은 제재에 의해서 그의 미움에 대한 벌을 받게 된다.

어린아이나 그의 어머니가 마음 속으로 서로 미워하고 있으면서도 어머니는 자식을 돌보지 않으면 안 되고 자식은 어머니에 대한 미움을 말로 표현할 수 없다. 그래서 만약 어머니가 자신이 낳은 아이를 좋아하지 않는다는 사실을 인정하게 되면 반드시 죄의식을 느끼게끔 되어 있다.

그러므로 양자는 다같이 특수한 압박감 속에서 행동하게 되며, 원하지 않는 친교를 맺지 않으면 안 된다. 어머니는 자식을 사랑하는 체하면서 그런 결과를 빚게 한 자식을 교묘하게 학대하며, 자식은 자기 운명이 전적으로 어머니 손에 달려 있기 때문에 어떻게 해서든 어머니를 사랑하고 있는 것처럼 행동하고 있다.

이러한 상황 속에서 속임수는 점점 커져 가는데, 아이들은 이따금씩 그들 나름대로의 감정적 반항을 통해 자식의 감정을 표현하지만, 어머니는 대개의 경우 자신의 속마음을 인정하려 들지 않는다. 왜냐하면 자기 자신의 자식을 사랑하지 않은 것처럼 부끄러운 일은 없다고 생각하기 때문이다.

제 2 장

꿈 해석에 관한 프로이트 이론

1. 꿈 해석에 관한 프로이트 발견의 위대성과 한계

프로이트가 신경증의 이론과 치료법을 창시하지 않았다고 해도 역시 그는 인간과학에 있어서 커다란 공헌을 한 위대한 인물 중의 한 사람임에 틀림없다. 그것은 그가 꿈 해석의 이론을 정립했기 때문이다. 어느 시대를 막론하고 사람들은 꿈을 해석하고자 했었다. 아침에 눈을 뜨면 간밤의 특이한 경험이 떠오를 경우, 그러한 생각을 갖는다는 것은 지극히 당연한 일이다.

꿈을 해석하는 방법은 많이 있다. 그 가운데는 미신이나 비합리적인 사고에 바탕을 둔 것도 있었으나 꿈의 의의에 대해 깊이 이해한 것도 있었다. 《탈무드》에는 "해석되지 않은 꿈은 마치 뜯어보지 않은 편지와 같다"라는 말이 나오는데, 이 말만큼 꿈에 대한 이해를 명확하게 표현한 것은 없다. 이 구절은, 꿈은 우리가 자기 자신에게 보내는 전언이어서 사실을 알기 위해서는 꿈을 이해하지 않으면 안 된다는 인식을 담고 있다. 그러나 꿈 해석의 오랜 역사에도 불구하고 거기에 체계적이고 과학적인 근거를 제시한 사람은 프로이트가 처음이었다.

그는 우리에게 꿈을 이해하기 위한 도구를 마련해 주었다. 사용법만 터득하면 그 도구는 누구나 이용할 수 있다. 꿈 해석의 의의는 아무리 강조해도 지나치지 않다.

첫째로, 꿈은 우리의 내부에 존재하면서도 깨어 있을 때에는 의식되지 않는 감정과 생각을 우리에게 의식시킨다. 프로이트가 일찍이 말했듯이 꿈은 무의식의 이해에 도달하기 위한 지름길이다.

둘째로, 꿈은 하나의 창조적 행위로서 인간이라도 보통 깨어 있을 때에는 그 존재를 알아차리지 못할 만큼 창조적인 힘을 발휘한다. 더욱이 프로이트에 의하면 우리의 꿈은 단순히 무의식을 나타내는 것만이 아니라, 자고 있을 때조차 어떤 교묘한 검열이 힘을 발휘해 우리들 꿈에 나타난 사고의 참의미를 왜곡하도록 강요한다. 그래서 숨겨진 사고가 충분히 위장되어 있을 경우에는 검열자도 자칫 속아서 그 사고가 경계를 넘어가는 것을 묵인한다.

이러한 생각에서 프로이트는, 어린이의 꿈을 제외한 모든 꿈은 왜곡되어 있으며, 꿈 해석을 통해 그 참의미가 회복되어야 한다는 가정에 이르게 되었다. 그는, 인간은 밤 동안에 숱한 충동과 욕구를 품게 되며, 그 중에는 특히 성적인 성질을 갖는 것이 많다고 가정한다. 실제로 꿈 때문에 숙면에 방해를 받으면서도 꿈을 통해 평소 자기의 원망이 충족되는 것을 경험하게 된다.

프로이트에 있어서 꿈이란 성적 원망의 충족을 위장한 표현이었다. 원망 충족으로서의 꿈은 프로이트가 꿈 해석의 분야에 이룩해 놓은 근본적인 통찰이었다. 이 이론에 대한 하나의 명백한 반론은 우리가 꾸는 꿈에는 악몽도 많다는 사실이다. 이것은 때로 수면을 방해할 만큼 고통스러운 것이기 때문에 욕구의 충족으로 풀이하기는 어렵다. 그러나 프로이트는 이 이론을 교묘하게 해석하고 있다. 그는 사디슴적 혹은 매저키즘적인 원망은 커다란 불만을 낳지만, 그것 역시 원망으로 풀이하고 그것을 꿈이 충족시키는 것이라고 주장한다.

프로이트의 꿈 해석 체계의 일관성은 주목할 만하고 그의 여러 개념은 작업 가설로서 매우 유효한 것처럼 보인다. 그렇지만 성에 관한 프로이트의 기본적 가정에 찬성하지 않는다면 몇 가지 이견을 제시할 수가 있다. 즉, 꿈을 원망의 왜곡된 표현이라고 가정하지 않고 수면 중에 나타날 만큼 중요한 감정이나 원망·공포·생각 등이 꿈에 나타난다고 가설을 정립할 수도 있다.

내가 꿈을 관찰하여 찾아낸 사실은 대부분의 꿈에는 원망이 담겨 있지 않고 단지 자신이 놓여 있는 현재 위치와 타인의 성격에의 통찰을 보여준다는 사실이다. 꿈의 이러한 역할을 인식하기 위해서는 수면이라는 상태의 특수성을 고려하지 않으면 안 된다. 잠을 자고 있는 동안만은 일을 함으로써 자신의 생존을 유지해야 한다는 의무에서 해방된다. 우리를 잠에서 깨어나게 하는 것은 비상 신호뿐이다.

수면 중에는 일반적으로 사회의 '잡음' — 여기서 뜻하는 바는 타인의 의견이나 일반적인 사건이나 병리를 말한다 — 의 영향을 면할 수 있다. 아마도 수면은 우리가 진실로 자유로워질 수 있는 유일한 도피처라고 할 수 있을 것이다. 그 결과 우리는 세계를 주관적으로 보게 되며, 각성시에 우리를 객관적으로 이끄는 관점 — 말하자면 세계를 조작하기 위해 필요한 견해 — 으로 보지 않는다.

가령 꿈에 나타난 불이라는 요소는 사랑이나 파괴력을 표현한 것일 수가 있다. 그것은 케이크를 구울 수 있는 불과는 다른 불이다. 꿈은 시적이며, 모든 시대 모든 문화에 기본적으로 공통된 상징이라는 세계어라 할 수 있다. 그것은 시와 예술을 포함한 모든 것과 함께 인류가 발전시킨 세계어이다. 우리는 꿈 속에서 세계를 조작하려 할 때 필요한 관점으로 세계를 보는 것이 아니라 꿈이 우리에게 지니는 시적인 의미를 가지고 본다.

그렇지만 꿈의 성질에 대한 이러한 통찰은 프로이트의 퍼스낼리티의 특징에 의해 크게 한정된 것이다. 프로이트는 예술적 또는 시적 성향이 결여된 합리주의자였기 때문에 꿈에 나타난 것이든 시에 나타난 것이든 상징 언어에는 거의 관심을 두지 않았다. 이 경향 때문에 그는 극히 축소된 상징의 개념을 가질 수밖에 없었다.

그는 상징을 성적인 것으로 이해하거나 — 이 점에서의 가능성은 거의 희박하다. 그것은 어디에서나 흔히 볼 수 있는 직선과 원도 상징의 한 형태가 될 수 있기 때문이다 — 연상에 의해 다른 무엇과 결합되어 있는가를 찾아내는 것으로 이해했다. 비합리적이고 상징적인 것의 전문가인 프로이트 자신이 상징을 이렇게까지 이해하지 못한 것은 가장 큰 모순점이다.

상징 해석에 있어서 최고 권위자의 한 사람이며 가모장제사회의 발견자인 요한 J. 바호펜과 프로이트를 비교해 보면 이 모순은 더욱 뚜렷하게 두드러진다. 바호펜에게 있어서 상징은 단어 상징을 훨씬 초월한 풍요로움과 깊이를 갖는다. 그는 하나의 상징 — 예를 들면 알 — 에 관하여 많은 페이지에 걸쳐 쓸 수 있었지만, 프로이트라면 분명히 이 상징을 성생활의 일면에 대한 표현으로 해석했을 것이다.

프로이트에 있어서 꿈은 그 다양한 부분으로 거의 끝없이 이어져

나가는 연상을 필요로 하는 것이었다. 그리하여 이와 같은 꿈에 대한 해석 과정이 모두 끝난 뒤에도 그 꿈의 의미에 대해서 우리가 전에 알고 있었던 것보다 더 많은 의문점이 남아 있다.

2. 꿈 해석에 있어서 연상의 역할

프로이트가 사용한 연상 기법의 한 예로써 프로이트 자신이 꾼 꿈과 그 분석을 인용하기로 한다. 그것은 자기 자신의 꿈에 대한 분석이므로 자기 분석의 일종이다.

식물학 전공 논문의 꿈

나는 어떤 식물에 관한 전공 논문을 썼다. 그 책이 내 앞에 있었고, 나는 그때 접어 놓은 원색 화보를 펼치고 있었다. 한 장 한 장마다에 실려진 그 식물의 건조된 표본이 마치 표본첩에서 실물을 뽑아낸 듯 칠해져 있었다.

분석

그 전날 아침 나는 어느 서점의 진열대에 《시클라멘 과科》라는 제목이 붙은 새 책이 꽂혀 있는 것을 보았다. 그 책은 분명히 시클라멘에 관한 전공 논문이었다.

시클라멘은 아내가 좋아하는 꽃이라고 나는 생각했다. 아내가 꽃을 받는 것을 좋아하는 데도 불구하고 나는 꽃을 사가지고 들어가는 것을 생각하지 못한다는 데 대해 자책감을 느꼈다. '꽃을 사들고 들어간다'라는 것에서 나는 최근 어느 친구들과의 모임에서 이야기한 일화를 생각해 냈다. 나는 그 일화를 소개함으로써 무의식적인 목적에 의해 망각이 결정되고 항시 거기에서 당사자가 잊어버린 남모르는 의도를 추측할 수 있다는 내 견해를 입증해 보고자 한다.

어느 젊은 부인이 생일이면 언제나 남편으로부터 꽃다발을 받았었다. 그런데 어느 해인가는 남편으로부터 그 애정의 표시를 받지 못했다. 그녀는 엉엉 울기 시작했다. 남편은 아내가 왜 우는지 영문을 알지 못했다. 그러다 그날이 바로 아내의 생일이라는 사실을 알게 되었다.

그는 크게 뉘우치는 기색으로 "잘못했소. 내가 깜빡 잊었구려. 지금 당장 나가서 당신의 꽃을 사오겠소"라고 말했다. 하지만 그녀의 기분은 풀리지 않았다. 남편이 자신의 생일을 잊었다는 것은 자기가 이제는 더 이상 남편의 마음 속에 전처럼 자리잡고 있지 않음을 보여주는 증거라고 믿었기 때문이다. 이 부인은 내가 꿈을 꾸기 이틀 전에 내 아내와 만나 이제는 기분이 회복되었다고 말하면서 나의 안부를 물었다. 몇 년 전에 그녀는 내게 치료를 받으러 온 일이 있었다.

지금 나는 처음부터 다시 시작해야겠다. 나는 일찍이 실제로 나 자신이 식물에 관한 전공 논문을 썼음을 생각해 냈다. 그것은 코카나무에 관한 논문이었는데, 그것으로 칼 콜러Karl Koller : 오스트리아의 안과의로서 코카인에 의한 부분마취의 창시자는 코카인의 마취적 특성에 주목하게 된 것이다. 나는 내가 발표한 논문 가운데 알칼로이드를 이 방면에 응용할 것을 시사했지만 이 문제를 그 이상 추구할 만큼 철저하지는 못했다.

지금 생각난 일이지만 그 꿈을 꾼 다음날 아침 — 저녁때까지 나는 그것을 해석할 시간이 없었다 — 나는 비몽사몽간에 코카인의 일을 생각해 냈다. 그리고 만일 내가 녹내장이 되면 베를린으로 가리라고 생각했다. 그러고는 친구 플리쓰Fliess의 집에서 내 이름을 숨기고 그가 추천하는 의사에게 수술을 받는 것이다. 수술하는 의사는 내가 누구인지도 모르고 코카인의 도입 이래 이와 같은 수술이 얼마나 쉬워졌는지를 자랑스럽게 이야기할 것이다.

그리고 나는 내가 코카인의 발견에 한몫 했다는 사실을 입 밖에 내지 않는다. 이렇게 공상하는 동안에 나는 결국 의사가 자기 동료에게 치료를 부탁하는 것이 얼마나 기분 나쁜 일인가를 생각하기 시작했다. 베를린의 의사는 나를 모를 것이다. 그렇다면 나는 다른 사람과 마찬가지로 치료비를 지불할 수 있다. 이런 공상을 생각해 낸 뒤 비로소 어느 특별한 일의 기억이 배후에 있다는 사실을 알았다. 콜러의 발견이 있고서 얼마 후에 나의 아버지가 실제로 녹내장이 되었다.

나의 친구인 안과의 케니히슈타인 박사의 부친이 수술을 했다. 그리고 콜러 박사가 코카인 마취를 담당했다. 그리하여 이 환자의 덕분으로 코카인 도입에 공적이 있는 인물 세 사람이 모두 등장한 셈이 되었다. 그 뒤 내 생각은 달라져서 내가 최근 이 코카인의 일을 생각해 냈을 때처럼 되었다.

그것은 며칠 전에 어느 연구실에서 있었던 일인데, 나는 그때 어떤 기념 논문집을 읽고 있었다. 그 논문집에는 어느 연구실의 지도자인 스승에게 그의 제자들이 감사와 축하를 보내는 뜻이 담겨져 있었다. 나는 이 책에 손꼽힌 업적 중에 콜러가 이 연구실에서 코카인의 마취 특성을 발견한 사실이 게재되어 있는 것을 보고 있었다. 여기서 나는 갑자기 내 꿈이 그 전날 밤의 일과 결부되어 있음을 깨달았다.

나는 케니히슈타인 박사와 함께 돌아오면서 그 이야기가 나올 때마다 흥분하지 않을 수 없는 어떤 문제에 대해 이야기하고 있었다.

현관에서 그와 이야기를 하고 있는데, 게르트너 교수 부부가 우리와 자리를 함께 하게 되었다. 그리고 나는 그 부부의 건강한 모습을 칭찬하지 않을 수 없었다. 하지만 게르트너 교수는 아까 말한 기념 논문집을 낸 사람 중의 한 사람이었으므로 내가 논문집의 일을 생각해 낸 것이 틀림없었다.

게다가 앞서 남편이 자기 생일을 기억해 주지 않아서 실망했다고 말한 L부인의 이름이 케니히슈타인 박사와 대화를 나누는 중에 나왔었다. 나는 이 꿈의 내용 이외의 결정 요소의 해석도 시도해 보려고 생각한다. 그 전공 논문에는 마치 표본첩같이 건조한 식물표본이 있었다. 이것은 나에게 중학 시절의 일을 상기시켰다. 교장선생님이 언젠가 상급학년의 학생들을 불러모아 놓고 학교의 표본첩을 건네며 잘 점검하여 정리하라고 말씀하셨었다. 거기에는 작은 벌레가 ─ 책벌레 같은 ─ 붙어 있었다. 교장선생님은 내가 그다지 쓸모가 없다고 느꼈던지 표본을 두세 장밖에 건네주지 않았다. 이 가운데는 지금도 생각나지만, 몇 개의 겨자과의 식물이 포함되어 있었다. 나는 특별히 식물학을 열심히 공부하지는 않았다.

식물학의 예비 시험에서도 나는 겨자과의 식물을 받아서 붙이라는 것이었는데 실패했다. 만약 이론적인 지식의 도움이 없었더라면 내 장래는 그다지 밝지 못했을 것이다. 나는 겨자과에서 국화과로 옮아갔다. 나는 엉겅퀴가 국화과라는 생각이 떠올랐다. 그리고 그것은 실제로 내가 좋아하는 꽃이라고 부를 수 있는 것이었다. 나보다 기분을 잘 내는 아내는 곧잘 내가 좋아하는 꽃을 시장에서 사오곤 했었다.

나는 내가 쓸 전공 논문이 내 앞에 있는 것을 보았다. 이것이 내게 다시 어떤 일을 상기시켰다. 나는 그 전날 베를린의 친구^{플리쓰}에게서 온 시각화에 있어 그의 능력에 대해서 쓴 편지를 받았었다.

"나는 자네가 쓴 꿈에 대한 책을 언제나 생각하고 있네. 내게는 그것이 완성되어 눈앞에 놓여지고, 내가 그 페이지를 넘기고 있는 모습이 눈에 보이네."

그의 그 천리안과 같은 힘이 얼마나 부러웠던가! 그것이 완성되어 내 눈앞에 있는 것을 내가 볼 수만 있다면!

접어놓은 원색 화보, 의과학생 시절에 나는 무엇이든 전공 논문의 완성을 위해 공부를 하겠다는 끊임없는 충동에 사로잡혔었다. 한정된 자료였음에도 불구하고 나는 의학 관계의 학회지를 많이 입수하는 데 성공했는데, 그것은 내가 그것들의 원색 화보에 매혹된 때문이었다. 나는 내가 철저히 파고들고자 한 것을 자랑스럽게 여겼다. 내가 논문을 발표하게 되자 도해 때문에 나도 그림을 그리지 않으면 안 되었다.

그 하나가 너무 터무니없어 어느 동료가 거리낌없이 그것을 야유했던 일이 생각났다. 그리고 웬일인지 알 수 없었지만 훨씬 어린 시절이 생각났다. 언젠가 나의 아버지는 원색 화보가 있는 책페르시아 여행 이야기였다을 나와 내 큰누이동생에게 주어서 우리는 그걸 찢는 것을 즐기고 있었다. 교육적 견지에서 보면 쉽게 용납할 수 없는 일이다. 당시 나는 다섯 살이었고 누이동생은 세 살도 안 되었었다.

그리고 우리 둘이 즐겁게 그 책을 찢고'한장 한장 엉겅퀴처럼'이라고 혼잣말을 했다 있는 모습이 그 당시의 추억으로 확실히 기억에 남아 있는 유일한 것이다. 그 뒤 학생이 되고부터는 책을 모으고 소유하고 싶다는 충동을 느꼈다. 그것은 전공 논문으로 공부한다는 즐거움과 같은 '좋아하는' 취미였다'좋아하는'의 관념은 이미 시클라멘과 엉겅퀴에 관련하여 나타나 있었다.

나는 책벌레가 되었다. 나는 내 자신에 대하여 생각하기 시작한 때부터 줄곧 이 최초의 즐거움을 어린 시절의 추억으로 간직하고 있었다. 또한 오히려 나는 어린 시절의 정경이 후에 나의 서적 수집광적 경향을 위한 은폐기억Screen Memory : 억압된 기억과 환상을 덮어서 숨기기 위해 형성된 기억이라는 사실을 인정했다.[1] 그리고 나는 물론, 정열은 때때로 슬픔을 가져온다는 것을 일찍부터 발견했다.

17세 때 나는 서점의 외상 거래가 많아져서 값을 지불할 엄두도 못내고 있었다. 더구나 아버지는 나의 취미를 별로 좋아하지 않았다. 성장한 후의 추억은 친구 케니히슈타인 박사와의 대화를 기억나게 했다. 그것은, 우리는 내가 좋아하는 취미에 지나치게 열중한다고 비난받는 똑같은 문제에 대해 서로 이야기했기 때문이다. 이제 꿈의 해석은 그만두고 해석의 방향만을 제시해 보기로 하자.

분석의 작업을 하고 있는 동안 나는 몇 가지 방향에서 케니히슈타인 박사와의 대화를 몇 가지 방향에서 생각해 냈다. 이렇게 할 때 비로소 꿈의 의미가 내게 이해될 수 있게 된다. 그 꿈에서 비롯된 온갖 사고의 흐름 — 아내가 좋아하는 꽃, 내가 좋아하는 꽃, 코카인, 동업자간의 치료의 나쁜 점, 전공 논문을 연구하는 즐거움, 어느 부분의 과학가령 식물학에서의 나의 무지 — 의 모든 것은 그것을 추구하면 추구할수록 결국 케니히슈타인 박사와 나누었던 대화 중의 어딘가에 이르게 된다.

여기서도 또한 꿈은 최초에 분석한 꿈일머의 주사의 꿈과 같이 내 자신을 정당화하기 위한 변명의 성질을 띠었다는 사실을 알 수 있다. 오히려 그것은 앞에서 제기된 꿈의 주제를 한 단계 높여서 그것을 두 개의 꿈 사이의 시기에 생긴 새로운 재료에 관련시켜 문제로 삼았다.

---

1) 프로이트의 은폐기억에 관한 E. 프롬의 논문 참조.

실제로 아무 상관없는 꿈일 때조차 그 꿈은 실상 매우 중요했다는 사실을 알 수 있다. 그 꿈이 뜻하는 것은 '무어라 해도 나는 가치 있는 논문코카인에 관한을 쓴 사람이다'라는 것이다. 앞의 꿈에서 자신을 변호하여 "나는 양심적이고 부지런한 연구가이다"라고 말한 것처럼 그 두 가지 경우에 있어서 내가 주장한 것은 '나는 스스로에게 이 일을 하도록 허락했다'라는 사실이다. 그렇지만 이 꿈의 해석을 더 이상 계속할 필요는 없다. 왜냐 하면 그것을 보고하는 유일한 목적은 꿈의 내용과 그 꿈을 꾸게 한 전날의 경험과의 관계를 예로 들어 제시하는 일이었기 때문이다.

꿈의 현재내용顯在內容을 의식하는 한 그것은 꿈을 꾼 날의 단일한 일에 관련되는 것같이 보였다. 그러나 분석을 끝내고 보면 그 꿈의 제2의 원인이 같은 날의 다른 경험 속에 모습을 나타내는 것이었다. 그 꿈에 연관된 두 가지 인상 중 제1의 것은 그다지 중요성이 없는 부차적인 것이었다.

말하자면 나는 서점 창가에서 한 권의 책을 발견했고, 그 책이 한순간 나의 주의를 끌었지만 그 내용은 아무런 흥미를 끌지 않았다. 제2의 경험은 고도의 성적 중요성을 지니고 있었다. 나는 친구인 안과의와 한 시간 동안 열심히 이야기를 했다. 그때 나는 우리 두 사람에게 영향을 끼칠 것이 틀림없는 어떤 종류의 지식을 그에게 가르쳐 주었다.

그리고 몇 가지의 추억이 떠올랐고, 그것들이 내 주의를 나의 내부에 쌓여 있는 스트레스로 기울게 했다. 그런데 대화가 끝나기도 전에 아는 사람이 가담했으므로 중단되었다.

프로이트의 꿈 해석을 분석해 보면 무엇이 발견될 것인가? 그는 온갖 연상을 꿈과 연결한다.

남편이 생일에 꽃을 선물해 주는 것을 잊어버렸다고 해서 슬퍼하는 젊은 여성에 대한 연상, 칼 콜러의 주의를 코카인의 마취적 성질에 이끌어갔다는 코카나무에 대한 그의 논문의 연상, 그리고 건조한 식물은 선생으로부터 표본첩을 정리하는 일을 맡았던 학생 시절에서 연상을 가져온다. 눈앞에 전공 논문이 있는 것을 보면 그는 친구 플리쓰가 전날 보내 온 편지를 생각해 내고 접어놓은 원색 화보는 그것을 만드는 그의 능력과 책을 사는 성향과의 관련을 가져온다.

그는 다시 케니히슈타인 박사와의 대화에 대해 말한다. 그가 이 꿈의 해석에서 프로이트에 대한 어떠한 통찰을 얻을 수 있느냐고 묻는다면 거의 아무것도 얻을 수 없다는 사실을 인정하지 않을 수 없다. 그렇기는 하지만 이 꿈의 의미는 매우 분명하고 실제로 프로이트의 성격을 이해하기 위한 열쇠로는 더없이 중요하다.

꽃은 사랑·에로스·우정·기쁨의 상징이다. 프로이트는 사랑과 기쁨에 대해 무엇을 했는가? 그는 그것들을 과학적 연구의 대상으로 변모시켰다. 이미 건조되어 과학적 연구의 대상이 되어 버린 꽃에서 사랑과 기쁨은 찾아볼 수 없다. 이 이상 프로이트의 전 생애를 특징지어 줄 무엇이 있겠는가? 그는 사랑 — 그 자신의 용어에서는 리비도성애 — 을 과학적 관찰의 대상으로 변모시켰다.

그 과정에서 사랑은 메말라 버리고 인간 경험으로서의 의미를 상실하고 말았다. 이것이 프로이트가 이 꽃에서 분명하게 표현한 것이지만 연상 위에 연상을 쌓아서 거의 무의미한 것으로 만든 뒤에 그는 꿈의 의미를 은폐하는 데 성공한 것이다.

이 꿈은 다른 많은 꿈과 마찬가지로 프로이트가 꿈의 참의미를 알고 싶지 않았기 때문에 무수한 연상에 의해 그것을 숨겨 버린 것이다. 이것은 아주 흔한 예의 하나이다. 다시 말해 프로이트의 끝없는 연상의 방법은 그의 꿈의 의미를 이해하는 데 있어서 하나의 저항으로서의 표현이다.

3. 프로이트의 꿈 해석의 한계

다음의 꿈은 앞에서의 방법처럼 끝없는 연상을 쌓아 올리는 특색을 나타내지는 않는다. 여기에서의 연상법은 비교적 간단하며, 주목할 만한 것은 명백한 소재의 해석에 있어서 프로이트가 말하고 있는 저항이다. 프로이트는 이렇게 기록하고 있다.

1897년 봄, 우리 대학의 두 교수가 나를 객원교수대개 조교수에 해당한다. 오스트리아에서는 이와 같은 임명을 이미 교육부장관이 하고 있었다. 이 추천에 관한 일은 플리쓰에게 보낸 프로이트의 1897년 2월 8일부 편지로 알려져 있다로 추천한 사실을 알았다. 이 통지에 나는 한편으론 놀라고 한편으론 기뻤다. 그것은 두 사람의 훌륭한 인물로부터 인정을 받았다는 것을 의미하며, 더구나 어떤 개인적인 인연으로 돌릴 만한 것이 아니기 때문이었다. 그러나 나는 곧 이 일에 절대로 기대를 걸지 않도록 자신을 경계하였다.

지난 몇 년 동안 교육부는 이런 종류의 추천을 무시해 왔기 때문이다. 그리고 나보다도 나이가 많고 실력으로도 나와 필적할 만한 몇몇 동료가 덧없이 임명을 기다리고 있었다. 내가 그들보다 행운이라고 믿을 이유가 없었다. 그러므로 나는 체념하면서 미래에 대처하려고 결심했다. 나는 양심적인 인간은 아니었다.

나는 명예라는 이익을 받지 않아도 만족할 만한 성공을 거두면서 내 직업에 종사하고 있었다. 그러니까 포도가 달다 시다 할 만한 문제는 아니었다이솝 우화에서 여우가 손에 닿지도 않는 포도를 시다고 함으로써 자기 합리화를 했다는 뜻의 내용. 포도는 머리 위의 더 높은 곳에 있었기 때문이다.

어느 날 밤, 한 친구가 찾아왔다. 내가 나 자신을 경계하도록 만든 그런 인물 중의 한 사람이었다. 그때 그는 교수 승진 후보자였다. 교수라면 우리 사회에서는 환자들에게 거의 하느님과 같은 존재가 된다. 그런데 그는 나같이 체념을 하고 싶지 않았기 때문에 하루 빨리 임명이 나도록 교육부를 자주 인사차 방문하고 있었다. 그는 내게 오기 직전에 교육부를 방문하고 오는 길이었다고 했다.

그의 이야기에 따르면 이번 방문에는 고관에게 그의 임명이 지연되는 것은 종파적인 이유 때문이 아니냐고 정면으로 따졌다. 그 대답은 "지금 장관의 입장으로는 운운"하는 것들이었다. "적어도 지금 내 입장이 어떻다는 것을 알았네"라고 친구는 결론을 내렸다. 그것은 내 체험을 더욱 강하게 했지만 내게 있어서는 별반 새삼스러운 것이 아니었다. 이 같은 종파적 이유는 나 자신의 경우에도 해당되었기 때문이다.

이튿날 아침, 나는 다음과 같은 꿈을 꾸었다. 그것은 형태적으로 특별히 주목할 만한 것이었다. 그것은 두 가지 사고와 두 가지 영상으로 이루어졌는데, 그 각기의 사고에 하나의 영상이 이어졌다. 그렇지만 나는 여기서 꿈의 전반만을 보고하기로 한다. 후반은 내가 이 꿈을 기술하는 목적과는 관계가 없기 때문이다.

(ⅰ) 친구 R은 나의 작은아버지였다 — 나는 그를 무척 좋아했다.

(ⅱ) 나는 그의 얼굴을 보았다. 얼굴은 다소 변해 있었다. 마치 세로로 확대된 것 같았다. 얼굴 양면의 노란 수염이 유난히 돋보였다.

그리고 다시 두 부분으로 이어지지만 이것은 생략한다 — 이것도 어느 사고와 이어진 하나의 영상이다.

오전 중에 이 꿈을 생각해 냈을 때 나는 소리내어 웃으며 말했다. "이 꿈은 넌센스다." 하지만 꿈은 머리에서 사라지지 않고 하루 종일 나를 사로잡았다. 그리고 드디어 밤이 되자 나는 자신을 책망하기 시작했다.

"만약 네 환자 중의 한 사람이 꿈을 해석할 때 넌센스라고밖에 말하지 못한다면 너는 환자를 책망할 것이다. 그리고 그 꿈의 배후에는 그가 의식하고 싶지 않은 무슨 불유쾌한 이야기가 있지 않을까 하고 느낄 것이다. 나 자신에게도 똑같이 취급해야 한다. 그 꿈이 넌센스라는 너의 의견은 그것을 해석하는 일이 내적 저항을 의미하는 데 지나지 않는다. 그런 것으로 약해져서 안 된다."

이리하여 나는 해석으로 들어갔다. 이 꿈의 해석은 다음과 같다.

"R은 나의 작은아버지였다." 이것은 도대체 무엇을 의미하는가? 내게는 작은아버지가 한 분밖에 없었다. 요셉이라는 작은아버지였다. 그를 둘러싼 불행한 이야기가 있다. 일찍이 30년보다 훨씬 이전에 그는 돈을 갖고 싶은 마음에서 법에 의해 중대한 벌을 받을 만한 종류의 거래에 관계했다. 그리하여 실제로 그는 벌을 받았다. 아버지는 너무나 슬퍼서 며칠 사이에 머리털이 하얗게 변했지만 늘 작은아버지 요셉은 나쁜 사람이 아니고 바보라고 말하는 것이었다.

　그러므로 만약 친구인 R이 작은아버지 요셉이라면 내가 말하려고
한 것은 R이 바보라는 것이다. 도저히 믿을 수 없고 참으로 불쾌한
일이다. 그러나 꿈에서 본 얼굴은 길게 뻗은 노란 수염을 기르고 있
었다. 작은아버지는 실제로 그런 얼굴이었다. 길고 둘레에 멋진 금빛
구레나룻이 있는 얼굴. 그런데 친구인 R은 원래 수염이 무척 검었다.

　그러나 사람의 검은 수염이 흰 수염으로 변할 때 그들은 젊은 시절
에 훌륭한 대가를 치르지 않으면 안 된다. 한 가닥 한 가닥 그들의 검
은 수염은 불유쾌한 색의 변화를 겪는다. 먼저 붉은 빛이 도는 갈색이
되고, 다음에는 누런 빛이 도는 갈색이 되었다가, 끝내는 분명한 흰색
이 된다. 친구 R의 수염은 그 당시 이 단계를 겪는 중이었다. 당시 나
의 수염도 마찬가지여서 그것을 알아차린 나는 불쾌하게 느껴졌다.

　꿈에서 본 얼굴은 친구의 얼굴이기도 하고 작은아버지의 얼굴이기
도 했다. 그것은 골튼Francis Galton : 영국의 과학자로서 우생학의 창시자
의 합성 사진과 같았다가족들이 서로 닮았음을 확실하게 하기 위하여 골튼은
몇 장의 얼굴 사진을 원판에 구웠다. 그래서 내가 진짜로 친구 R을 바보 —
작은아버지 요셉과 같이 — 로 생각한 것은 의심할 여지가 없었다.
그런데 나는 여전히 이 유사함이 무엇 때문인지를 도무지 알 수 없어
서 더욱더 그 점에 대해 생각해 보았다.

　결국 그렇게 깊은 유사성은 없었다. 작은아버지는 범죄자인데 친구
R은 나무랄 데 없는 인격자였다. 다만 자전거로 어린이를 치어 벌금
을 문 일이 있었을 뿐이다. 내가 그 죄를 생각해 낸 것일까? 그것이
닮았다고 한다면 우스운 일일 뿐이다. 여기서 나는 다른 동료 N과
며칠 전에 나눈 대화를 생각해 냈다. 그것은 지금 생각해 보니 똑같

은 화제에 관한 것이었다.

나는 길에서 N을 만났다. 그도 역시 교수의 직분을 추천받았었다. 그는 나의 교수 추천에 관한 이야기를 듣고 내게 축하를 해 주었다. 그러나 나는 그 축하를 달갑게 여기지 않았다.

나는 말했다.

"자네가 그런 농담을 하다니. 이따위 추천에 무슨 값어치가 있는가? 자넨 자신의 경험으로 잘 알 텐데."

그가 대답했다.

"하지만 나는 몰라."

재미있는 농담이라고 느꼈다. 그는 말했다.

"나에게는 분명히 모자라는 점이 있었지. 이전에 어떤 여자가 내게 소송을 건 사실을 알고 있나? 물론 소송은 기각되었지만 그것은 나를 협박하려는 부끄러운 계획이었어. 나는 처벌받는 것을 기각시키는 데 무척 힘들었지. 하지만 아마도 교육부에서는 나를 임명하지 않는 구실로 이것을 이용할 거야. 그러나 자네는 완벽한 인격자가 아닌가."

이 일은 나에게 범죄자는 누구인가를 가르쳐 주는 동시에 그 꿈을 어떻게 해석할 것인가, 그 꿈의 목적은 무엇인가 하는 것을 가르쳐 주었다. 작은아버지 요셉은 교수로 임명받지 못한 두 사람의 동료를 나타내고 있었다 — 전자는 바보로 후자는 범죄자로, 나는 그들이 왜 이런 모습으로 나타났는가를 알 수 있었다. 만약 친구 R과 N의 임명이 '종파적인' 이유로 보류되고 나 자신의 임명 또한 불확실하다.

그러나 만약 내게 해당되지 않는 다른 것에서 두 친구가 보류된 이유를 찾을 수 있다면 나는 계속 희망이 남아 있게 되는 것이다. 이것이 내 꿈이 취한 과정이었다. 그것은 친구의 한 사람인 R을 바보로,

그리고 또 한 친구인 N을 범죄자로 나타냈지만 나는 그 이느 쪽도 아니다. 그래서 우리들에게 있어서는 전혀 그 어떤 공통점도 없다. 나는 나 자신이 교수 임명을 축하할 수 있다. 그리고 R이 전한 고관의 말이 내게도 똑같이 해당될 것이라는 슬픈 결론으로부터 면제받을 수 있었다.

그러나 나는 이 꿈의 해석을 다시 진행해야 한다고 생각했다. 나는 아직 이것을 충분히 고찰하지는 못했다. 나는 나의 교수 임명을 쉽게 하기 위해서 존경하는 두 동료를 매우 분명하게 멸시한 것 때문에 아직 기분이 가라앉지 않았다. 그렇지만 꿈에 의한 표현이 얼마만큼의 가치가 있는가를 인식하게 된 뒤부터는 나의 행위에 대한 불만은 감소되었다.

나는 사실상 R을 바보로 생각했다든지 N의 협박 사건의 설명을 믿지 않고 있었다는 사실은 어떠한 경우에서라도 인정하지 않으려 했다. 또 실제로 일머가 오토의 프로필 제제의 주사로 위험한 상태가 되었다는 것도 나는 믿지 않았다. 어떤 경우에도 나의 꿈이 표현한 것은 앞의 꿈 일머의 주사의 꿈 보다도 뒤의 꿈 쪽이 훨씬 덜 불합리한 것으로 생각되었다.

그것은 실제로 일어난 일을 교묘하게 이용하여 조립되어 있었다. 마치 사람들로 하여금 '무엇인가 있구나' 하고 느끼게끔 완벽하게 꾸민 중상모략처럼, 그것은 친구 R의 학부 교수인 한 사람이 그에게 반대표를 던졌고 친구 N은 아무것도 모른 채 나에게 비방의 재료를 제공했다. 그러나 거듭 말하지만 나는 그 꿈을 다시 해명할 필요가 있다고 느꼈다.

그리고 나는 그 꿈 속에는 아직 해석되지 않은 부분이 있다는 것을 생각해 냈다. R이 나의 작은아버지라는 생각이 떠오른 뒤부터 나는 꿈 속에서 그에게 친밀감을 느꼈다. 이 감정은 어디에 속하는 것일까? 물론 나는 작은아버지 요셉에게는 아무런 애정도 가지고 있지 않았었다.

나는 옛날부터 친구 R이 좋았고, 또 그를 존경해 왔다. 그러나 만약 내가 그에게 다가가 꿈에서의 느낌만큼의 감정을 표현한다면 그는 필시 놀랄 것이다. 그에 대한 애정은 진심이 아닌 과장된 것이라고 느껴졌다. 그의 퍼스낼리티를 작은아버지의 그것과 융합하는 것으로, 그의 지적 자질에 대한 판단을 표현한 것처럼. 단지 전자의 경우는 과장이 그 반대 방향이었긴 하지만. 그러나 서광이 비치기 시작했다. 그 꿈 속에서의 애정은 꿈의 잠재 내용, 곧 꿈의 배후에 있는 사고에 귀속하는 것은 아니었다.

그것은 오히려 그러한 사고와 모순되는 것이었고 꿈의 올바른 해석을 숨기려는 것이었다. 그리고 이것이야말로 바로 그 존재 이유였다. 나는 해석을 시작하는 일에 대한 저항을 생각했다. 얼마나 그것을 발전시켰는지, 얼마나 그 꿈이 터무니없다고 판단했었는지를 생각해 냈다.

정신분석 치료의 경험에서 나는 그런 종류의 거부를 어떻게 해석해야 하는가를 배웠다. 그것은 판단으로서는 가치가 없고 정서만을 표현하는 것이었다. 내 어린 딸은 사과를 먹으라고 하면 자기가 먹고 싶지 않을 때에는 맛도 안 보고 시다고 말했다. 그와 마찬가지로 나는 나의 환자들이 어린애처럼 굴 때에는 그들에게 억압하고 싶은 관념이 있다는 사실을 알았다. 내 꿈에 대해서도 같은 말을 할 수 있었다.

내가 그것을 해석하고 싶지 않았던 것은 그 해석 속에 내가 생각하지 않으려고 노력하는 것 — R은 바보라는 주장 — 이 포함되어 있기 때문이다. 내가 R에게서 느낀 애정은 잠재적인 꿈의 사고에서 얻어질 이유가 없었다. 그것은 나의 노력에서 유래하는 것이 분명했다. 이런 점에서 만약 내 꿈이 그 잠재 내용으로부터 왜곡되어 있다면 꿈 속에 나타난 애정은 이 왜곡의 목적에 이용되었던 것일 거다. 바꿔 말해서 이 경우의 왜곡은 고의적인 것이며 위장의 수단이라는 것이 분명해졌다. 내 꿈의 사고에는 R에 대한 중상이 포함되어 있었다.

그리고 꿈에서조차 내가 그것을 알아차리지 못하도록 한 것은 곧 그에 대한 애정이었다. 이것은 일반적인 타당성을 갖는 발견처럼 느껴졌다. 꿈이 분명히 원망의 충족인 경우도 있다. 그러나 원망 충족의 형태를 바꾸어서 그것을 인정하기 어려운 경우에는 그 원망에 대하여 방어하려는 경향이 있기 때문이다. 원망은 이 방어를 위해 스스로 왜곡된 모양으로밖에 표현할 수 없게 된 것이다.

이러한 마음 속의 일과 비슷한 것을 사회 속에서 찾아보자. 사회생활에서도 이와 같은 심적 행위의 왜곡을 찾아낼 수 있다. 그것은 두 인물이 관계하고 있으며, 그 한 사람이 어느 정도 권력을 가지고 있고 다른 한 사람이 그것을 고려하지 않으면 안 될 경우뿐이다. 이와 같은 경우에는 제2의 인물이 자기의 심적 행위를 왜곡하거나 위장하고 있다고 해도 좋다. 내가 날마다 실천하고 있는 예의는 대부분이 이런 종류의 위장이다. 그리고 독자를 위해 내가 내 꿈을 해석할 때에도 나는 부득이 똑같은 왜곡을 행한다.

프로이트는 꿈을 올바르게 해석하고 있다. 친구 R이 그의 작은아버지가 된 것은 작은아버지가 일종의 범죄자였다는 사실로 해서 R을 바보로 취급한 감정의 표현이었다. 프로이트는 이 꿈을 두 동료와의 간단한 연상을 기초로 해석했다. 그 동료란 교수로 임명될 처지였으나 한 사람은 바보이며 한 사람은 범죄자였기 때문에 이 명예를 부여받지 못했다는 것이다.

따라서 그들이 교수로 임명받지 못한 것은 유대인이라는 이유 때문이 아니라는 것이 되며, 그것으로 프로이트가 교수로 임명받고 싶은 욕구는 더욱 높아지는 것이다.

프로이트는 이 꿈의 해석에 대해 느낀 강한 저항과 예의 때문에 자기 꿈의 해석을 독자에게 왜곡해서 말했다고 하였다. 프로이트가 여기서 생략한 것은 그의 꿈에 대한 다음과 같은 의미이다.

그것은 프로이트가 교수가 되고 싶다는 원망이 강했기 때문에 두 유대인 경쟁자들이 종교적 신앙 이외의 이유로 교수가 되지 않기를 바라고 있었다는 것이다. 프로이트는 뒤에 이 꿈의 문제로 되돌아가서 어린 시절의 원망과 충동을 계속 꿈 속에서 살아나 이어진다는 그의 가설을 예증으로 삼고 있다.

그의 친구를 멸시한 것은 교수로 임명받고 싶다는 자기의 원망 때문임을 부인하면서 그는 《일상생활의 정신병리》에서 이렇게 쓰고 있다.

꿈 속에서 친구 R에게 느낀 애정은 꿈의 사고에 포함된 두 동료에의 모략에 대한 반론과 반항의 산물이었다.

그러나 그는 계속해서 이렇게 말했다.

꿈은 내가 꾼 것이었다. 그러니까 나는 지금까지의 해석으로는 결코 만족할 수 없고 그 분석을 계속할 것이다. 나는 꿈의 사고에 있어서 그렇게 곤란을 겪은 동료들에게 대한 각성시의 판단이 매우 잘못된 것이라는 사실을 알고 있었다.

그리고 이 임명 문제에 있어서 그들과 운명을 같이하지 않겠다는 강한 원망만으로는 각성시와 꿈 속에서의 그들의 평가 사이의 모순된 설명은 불충분하다고 생각되었다. 만약 다른 신분으로 불리고 싶다는 나의 욕구가 정말 그렇게까지 강한 것이었다면 그것은 병적인 야심을 가리키는 것이 된다. 그리고 나 스스로는 그것을 인정하지 않았고, 또한 나에게는 무관하다고 믿을 수 있는 것이었다.

나는 이 점에 있어서 나를 안다고 믿고 있는 다른 사람들이 나를 어떻게 판단할 것인가는 알 수 없다. 나는 사실 야심가였는지도 모른다. 그러나 비록 그럴지라도 훨씬 전에 나의 야심은 객원교수의 칭호나 지위와는 전혀 다른 것으로 옮겨져 있었다.

이 마지막 구절은 매우 강한 인상을 보여준다. 그것은 '있지 않아야만 하는 것은 있을 수 없다'라는 논리에 따르고 있다. 프로이트는 자신이 특별히 야심적이진 않다고 믿고 있다. 결정적인 부분의 표현은 대단히 흥미롭다. 그는 '다른 신분으로 불리고 싶은 욕구'라는 말에서 모든 문제를 위장하고 있다.

그가 앞서 말한 바와 같이 교수는 환자에게 있어서 거의 하느님과 같다. 교수 임명은 프로이트의 사회적 위신으로나 그의 수입으로 보아 가장 중요한 문제였다. 그런데 지금은 그것이 거의 무의미하다는 듯이 "다른 신분으로 불린다"라는 단순한 표현을 함으로써 교수로 임명받고 싶다는 그의 원망을 더욱 강하게 부정하고 있다. 게다가 그는 병적인 야심이 그와는 전혀 무관하다고 주장하고 있다. 그것을 병적이라 부르는 것으로 그는 다시 사태를 숨겨 버렸다. 교수가 되고 싶다는 야심의 어디에 병적인 구석이 있는 것일까?

이것은 그에게 있어서 매우 중요한 목적이었다. 그리고 오히려 이와 같은 야심은 극히 정상이다. 그는 이 점에 관해서는 다른 사람에게 판단을 맡기고 있지만 '나를 알고 있는 사람'이라 하지 않고 "나를 안다고 믿는 사람들"이라는 한정을 붙였다. 또 자기가 야심가라고 해도 "훨씬 전에 야심은 객원교수의 칭호나 지위와는 전혀 다른 것으로 옮겨져 있었다"라고 말해 궁극적으로는 문제의 모든 것을 축소시키고 있다.

그렇지만 다음에 프로이트는 말을 바꾸어 그 꿈을 낳은 야심에 관해 얘기하고 그 야심의 기원은 무엇일까 하는 물음을 제기했다. 이 물음에 답해 그는 어느 점술가가 자기에게 장차 장관이 될 것이라고 예언했다는 어린 시절의 일을 말하고 있다당시는 평민내각의 시대로서 장관 중에도 유대인이 있었다. 다시 말하면 똑똑한 유대인 소년에게는 장관이 될 기회가 있었다.

프로이트는 계속해서 이렇게 말했다.

"대학에 들어가기 얼마 전까지 나는 법률을 공부할 작정이었는데 거기에는 어린 시절의 여러 가지 일들이 깊이 관련되어 있었다. 최후의 순간에야 나는 생각을 바꾸었다."

이것은 확실히 명성에 대한 그의 야심이 대단히 강했다는 증거이지만, 만약 그가 법률가가 되려고 결심했다면 세계는 이 천재의 은혜를 받지 못했을 것이다.

프로이트는 다시 말을 이어서 그 꿈은 사실 장관이 되고 싶다는 그자신의 원망 충족이라고 한다.

"학식이 풍부하고 훌륭한 두 동료를 유대인이라는 이유로 골탕을 먹이고 한 사람을 바보로, 다른 한 사람을 범죄자로 취급하는 것으로써 나는 내가 장관이 된 것같이 으스대고 있었다. 나는 스스로를 장관의 지위에 두었다. 장관에 대한 가혹한 역습이었다. 그는 나를 객원교수로 임명하기를 거부했다. 그래서 나는 그것에 대신하는 것으로써 꿈에서 그에게 보복한 것이었다."

성인이 된 후에 자기의 야심을 그토록 강하게 부인한 프로이트는 이 야심이 실은 어린애의 것이지 어른의 것이 아니라고 주장한다. 여기서 우리는 프로이트 사고의 전제 중의 하나를 찾아볼 수 있다. 프로이트와 같이 훌륭한 전문가에게 어울리지 않는다고 생각되는 특징적인 문제는 어린 시절로 쫓겨나고 만다. 거기에는 그것들이 어린 시절의 경험인 이상 어른의 경험을 나타낸 것은 아니라는 뜻이 함축되어 있다. 모든 정신적인 경향이 어린 시절에 싹튼다고 하는 가정은 실은 어른의 신경증을 해명해 주는 것이다.

프로이트 자신이 실제로 신경증적이었지만 그에게 있어서는 스스로 그렇다는 것을 느끼면서 그와 동시에 자신의 직업이 정상적이고 훌륭한 것이라고 느끼기는 어려웠다. 그리하여 정상적인 인간형에게 적합하지 않는 것은 모두 어린 시절로부터 기인된 것이라고 생각했다.

그리고 어린 시절의 소재는 어른 속에서 완전한 생명을 가지고 존재한다고는 생각할 수 없었다이것은 물론 지난 50년 동안에 전혀 달라지고 말았다. 그 이유는 이제 신경증을 수치스럽게 느끼지 않게 되었고, 합리적이고 건강한 정상적인 어른의 부르주아적인 모델은 문화의 영역에서 추방되어 버렸기 때문이다. 또한 프로이트에게 있어 이 모델은 강한 힘을 지니고 있었다. 이것을 이해해야만 모든 비합리적인 것을 어른으로서의 자기의 생활에서 배제하려고 한 프로이트의 경향을 완전히 이해할 수 있게 된다. 그리고 이 경향이 바로 그가 자기 분석에 실패한 이유의 하나이다. 왜냐 하면 그는 보고 싶지 않은 것, 곧 합리적이고 훌륭한 부르주아 상像에 적합하지 않은 것은 늘 보지 않았기 때문이다.

프로이트의 꿈 해석에 있어서의 중심적 요소는 검열의 개념이다. 프로이트가 발견한 것은 많은 꿈이 진정한 의미를 숨기는 경향이 있고 그것들이 실제로 나타날 때의 모양은 독재 체재하에서 참여적 작가가 자신의 사상을 교묘히 숨겨서 표현하거나 현대의 일인데도 고대 그리스의 일인 것처럼 이야기하는 것과 다를 바가 없다는 사실이다. 그래서 프로이트에게 있어서 꿈은 결코 분명한 의사 전달이 아니라 이해를 위해 해독하지 않으면 안 될 암호와 같은 것이다.

그런 암호화는 현실 사회의 사고 유형이 적합하지 않은 관념을 꿈으로 표현할 때 그 꿈을 꾸고 있는 당사자도 안심할 수 있는 방법으로 하지 않으면 안 된다. 즉, 검열은 프로이트의 가정 이상으로 사회적 성격이 강하다는 것을 강조한 말이다. 그러나 중요한 것은 그것이 아니라 꿈이 반드시 해석되어야 한다는 프로이트의 통찰이다.

그렇지만 이 통찰은 단순한 독단적 정식화에 의해 종종 그릇된 결과를 파생시켰다. 모든 꿈이 해독될 필요가 있는 것은 아니다. 게다가 암호화를 할 때에도 꿈에 따라 매우 다른 양상을 띤다. 암호화가 어느 정도까지 필요한가 하는 문제는 품어서는 안 될 생각을 수면 중에 품는 사람들에 대한 사회의 제재에 의해 가늠되기도 한다.

또한 개인적인 요인, 가령 그가 얼마나 온순하고 두려워하고 있는지에 따라 달라진다. 여기서 말하는 위험이란 위험한 생각을 품는 사람들에 대한 사회의 외적인 제재를 말하는 것이 아니다. 실제로 그러한 일이 일어나 잠의 사고 — 꿈 — 또한 결국은 비밀이니까 아무도 모르지 않으냐고 반박해도 사정은 달라지지 않는다. 위험한 생각을 피하는 것이 중요하다면 꿈 속에서조차 그 생각을 하지 말아야 한다. 왜냐 하면 그것은 깊이 억눌러 두지 않으면 안 되기 때문이다.

위험한 생각이란, 만일 알려지면 그 때문에 벌을 받거나 일상생활에서 괴로워하지 않으면 안 될 생각을 말한다. 그와 같은 생각이 있다는 것은 누구나 알고 있으며, 또 불이익을 받고 싶지 않으면 무엇을 말하지 않는 것이 좋고, 무엇을 생각하지 않는 것이 좋은가를 사람들은 잘 알고 있다.

그렇지만 내가 여기서 말하고 있는 견해는 제재를 받을 만한 어떤 특정한 것을 말하기 때문에 위험한 것이 아니라 상식의 틀에서 벗어나니까 위험한 것이다. 그와 같은 생각을 갖고 있는 사람은 따로 없다. 비록 그와 같은 생각을 갖고 있는 사람이 있다고 해도 극히 적은 집단이므로 그런 사람은 고립감과 고독감과 소외감을 맛보지 않으면 안 된다. 이 경험이야말로 사람이 다른 사람과의 만남을 완전히 끊었을 때 생기는 광포한 성질의 핵심이 내포되어 있다.

검열 작업에 관한 프로이트의 발견은 매우 뜻깊은 것이다. 그러나 그것이 독단적으로 적용되거나 모든 단일한 꿈에 대해 일괄적으로 적용될 때에는 꿈에 대한 우리의 이해를 손상시키는 일도 될 것이다.

4. 꿈의 상징적 언어

모든 꿈이 프로이트의 가정과 마찬가지로 왜곡되어 있느냐 아니냐의 논의를 계속하기 전에 두 종류의 상징, 곧 보편적 상징과 우연적 상징을 구별해 두는 게 좋겠다.

우연적 상징은 그것이 상징하는 것과 아무런 고유의 관계를 갖지 않는다. 어떤 사람이 어느 도시에서 슬픈 경험을 했다고 가정하자. 그 사람이 그 도시의 이름을 듣게 되면 그 이름은 이내 슬픈 기분으로 연결될 것이다. 그리고 만약 그 경험이 행복한 것이라면 그 이름은 즐거운 기분과 이어질 것이다. 그러나 물론 그 도시의 본성에는 슬픈 것도 기쁜 것도 없다는 것은 확실하다. 그 도시를 하나의 기분의 상징으로 만드는 것은 그것과 이어진 개인의 경험이다.

일단 특정한 기분과 맺어지면 집·거리·의복, 어떤 경치, 그 외에 어떤 것이라도 그와 같은 반작용이 일어날 수 있다. 꿈 속의 영상은 이 기분을 나타낸다. 도시는 거기서 이미 경험한 기분을 '표상한다'. 꿈에서 상징과 그것을 상징하는 경험과의 연관은 완전히 우연적이다. 그 결과 우연적인 상징이 의미하는 바를 이해하기 위해서는 꿈을 꾼 사람의 연상을 필요로 하게 된다. 꿈에서 본 도시에서의 경험에 대해 혹은 꿈에서 본 인물과 그 인물에 대한 그의 경험과의 관련에 대해 본인이 말하지 않는다면 이들 상징이 무엇을 의미하는가를 알아내기는 불가능할 것이다.

한편, 보편적 상징이란 그것이 나타내는 것과의 사이에 고유한 관계가 있다. 예컨대 불의 상징을 생각해 보자. 우리들은 난로 속의 어떤 종류의 불의 특질에 매료된다. 불의 특질은 첫째로 그 생생한 모양에서이다. 불은 끊임없이 변화하고 그 속에는 불변성이 있다. 불은 똑같지 않으면서도 똑같이 지속된다. 또한 에너지와 언제나 움직이면서도 우아함과 경쾌한 인상을 준다.

불은 춤추면서도 지치지 않는 정력을 지니고 있다. 불을 상징으로 사용할 때 우리는 불이 주는 감각적 경험 속에서 확인하는 것과 같은 요소를 특징으로 하는 내적 경험을 기술한다. 에너지·경쾌성·동작성·우아함·왕성함 — 어느 때에는 어떤 요소가, 또 어느 때에는 다른 어떤 요소가 그 감정 속에서 지배적이 된다.

그러나 불은 또한 파괴적이기도 하여 모든 것을 태워 버릴 만큼 강력해질 수도 있다. 만약 불타는 집의 꿈을 꾸면 불은 아름다움이 아니라 파괴성을 상징한다.

불과 어떤 점에서는 매우 비슷하지만 어떤 점에서는 전혀 다른 것이 물 — 대양 혹은 강 — 의 상징이다. 물에서도 또한 끊임없는 동작성과 연속성의 혼합을 볼 수 있다.

그리고 생생한 모양, 연속성, 에너지의 특질도 느낄 수 있다. 그러나 다른 점도 있다. 불이 모험적이고 빠르고 마음을 산란하게 하는 데 대해, 물은 강과 호수에서는 고요히 그리고 천천히 움직이는 침착한 상태이다. 그렇지만 대양은 불과 같이 파괴적이며 때로 예측할 수 없는 상황을 야기시킬 수도 있다. 보편적 상징은 단지 상징과 그것이 상징하는 것과의 관계가 우연의 일치가 아니라 고유하고 유일한 것임을 말한다.

그것은 한편으로는 정서 또는 사고, 다른 한편으로는 감각적 경험이라는 이 양자 사이의 친밀성의 경험에 근거하고 있다. 그것을 보편적으로 부를 수 있는 것은 모든 인간에게 공유되고 있기 때문이다. 이런 점에서 본질적으로 매우 개인적인 우연적 상징과 대조적일 뿐 아니라 관습적 상징 — 가령 교통신호 — 다시 말해서 똑같은 관습을 공유하는 사람들의 집단에 한한 상징과도 대조적이다.

보편적 상징은 모든 인간에게 공통되는 육체적·감각적·정신적 특성에 근거하고 있기 때문에 개인 또는 특정한 집단에 한정되지 않는다. 보편적 상징의 언어는 인류가 발달시킨 유일한 공통어이다. 프로이트에게 있어서 거의 모든 상징은 우연적 상징이었지만 성적 상징만은 예외였다. 높은 탑이나 막대기는 남성의 상징이며, 집이나 대양은 여성의 상징으로 고정되어 있다.

그리하여 융은, 모든 꿈은 명확하여 암호화될 수 없다고 생각한 반면, 그와는 대조적으로 프로이트는 거의 모든 꿈이 해독 없이는 이해가 불가능하다고 생각했다. 나 자신의 꿈을 포함하여 많은 다른 사람들의 꿈을 해석한 경험을 통해 내가 믿고 있는 바로 프로이트는 꿈 속에서 작용하는 검열에 관한 그의 발견 의의를 독단적인 일반화에 의해 한정시키고 말았다.

많은 꿈에 있어서 검열이란 그 내용을 나타내고 있는 시적이며 상징적인 언어에서 이룩되는 데 지나지 않지만, 이는 시적 상상력을 거의 갖지 못한 사람들에게서만 '검열'이라고 말할 수 있다. 생득적인 시적 감각을 가지고 있는 사람들에게는 꿈의 언어의 상징적인 성질은 검열이라는 것으로 설명할 수 없다.

다음 꿈의 예는 연상도 없이 이해할 수 있고 검열의 요소도 없다. 또 한편으로는 꿈을 꾼 본인의 연상이 이 꿈의 이해를 확실하게 해 준다는 사실을 알 수 있다.

28세의 변호사가 다음과 같은 꿈을 분석자에게 보고했다.

"나는 흰 군마를 타고 많은 병사들을 열병하고 있는 꿈을 꾸었습니다. 병사들은 모두 나에게 열렬한 갈채를 보냈습니다."

분석자가 이 환자에게 물은 최초의 질문은 아주 일반적인 것이었다. "마음에 무엇이 떠오릅니까?"

"아무것도 떠오르지 않습니다."

라고 그는 대답한다.

"이 꿈은 터무니없습니다. 저는 전쟁이나 군대를 싫어하고, 적어도 장군이 되고 싶지는 않습니다."

그리고 다시 덧붙여 말한다.

"게다가 주목의 대상이 되는 것도 싫어하고, 갈채 같은 것과 관계없이 몇 천 명이라는 병사들의 눈총을 받는 것도 싫습니다. 모든 사람의 응시를 받으면서 법정에 서서 변론하는 일까지도 내게는 얼마나 힘겨운가 하는 내 직업상의 문제에 관해 말씀드린 것으로 알 수 있을 것입니다."

분석자는 대답한다.

"네. 하지만 이것이 당신의 꿈이며 당신이 쓴 내용이고, 거기서 당신이 자신에게 어떤 역할을 맡겼다는 사실은 변하지 않습니다. 여러 가지 모순이 있긴 하지만 이 꿈에는 반드시 무슨 뜻이 내포되어 있을 것이고, 또한 당신이 필시 알고 있는 것입니다. 꿈의 내용에 관한 당신의 연상에서부터 시작합시다. 꿈의 영상에 초점을 맞추어 주십시오. 당신과 흰 군마와 갈채하는 군대에게. 그리고 그 영상을 보았을 때 무슨 일이 마음에 떠오르는지 말씀해 주십시오."

"이상하군요. 열너덧 살 때 무척 좋아했던 그림이 보이기 시작합니다. 나폴레옹의 그림입니다. 그래요, 정말입니다. 흰 군마를 타고 그가 군대 앞을 지나고 있어요. 내가 꾼 꿈에서 본 것과 똑같아요. 다만 그 그림에서는 병사들이 갈채를 보내지 않는군요."

"그 기억은 확실히 흥미로운 것입니다. 그 그림이 좋았다는 것과 나폴레옹에 대한 관심에 대해 좀더 이야기를 해 보십시오."

"이야기할 수 있는 것은 무척 많지만 어쩐지 부끄럽습니다. 열너덧 살 때의 나는 내성적인 편이었지요. 운동도 잘 못했고 개구쟁이들을 무서워했습니다. 아아, 그래요. 지금 그 당시의 일들이 떠오르는군요. 지금까지 까맣게 잊고 있었습니다. 어떤 개구쟁이가 무척 좋아져서 그 아이와 친구가 되고 싶었습니다. 한마디도 이야기해 보지 못했지만 잘 사귀어 보면 그 아이도 나를 좋아하게 되지 않을까 생각한 거지요. 어느 날 나는 그 아이 곁으로 가서 — 그러기에는 상당한 용기가 필요했지만 — 우리 집으로 놀러 오지 않겠느냐고 말을 건넸습니다. 현미경도 있고 여러 가지 재미있는 것을 보여주겠다고 했습니다.

그 아이는 잠시 동안 내 얼굴을 쳐다보고 있다가 갑자기 피식 웃더니 배를 쥐고 웃어대는 것이었어요.

"이 겁쟁이야, 누이동생의 친구라도 부르는 게 어떻겠니?"

나는 그 아이에게서 돌아섰지만 눈물로 목이 메일 지경이었습니다. 그때부터 나는 나폴레옹에 관한 책을 읽었습니다. 나폴레옹의 그림을 모으고 그와 같은 이름난 장군이 되어 온 세계에서 숭배받는 사람이 되는 공상에 빠졌던 것입니다.

'그도 키가 작지 않았는가? 그도 나처럼 내성적인 소년이 아니었던가? 나라고 해서 그같이 되지 말라는 법은 없다.' 나는 몇 시간이고 공상 속에 잠겼습니다. 구체적으로 이 목표를 달성하기 위한 방법에 대해서가 아닌 거의 언제나 목표 달성에 대한 것이었습니다. 나는 나폴레옹이었습니다. 찬미와 존경을 받고, 게다가 너무도 관대해서 나에 대해 험담을 하는 사람들까지도 용서해 주었어요.

그러다 대학에 들어갈 무렵에는 그 영웅 숭배와 나폴레옹의 공상을 극복했습니다. 사실 나는 수년간 이 시기를 생각한 일이 없고, 결코 그 누구에게도 이야기한 적도 없습니다. 지금도 그 일을 이야기하는 것이 조금은 부끄럽군요."

"당신은 그 일을 잊고 있었습니다. 그러나 또 하나의 당신, 곧 당신의 행동과 감정의 많은 부분을 좌우하는 낮 동안의 의식에는 전혀 나타나지 않지만 당신은 아직도 찬미와 권력을 동경하고 있습니다. 또 하나의 당신이 어젯밤에 그 꿈에서 자신을 주장한 것이지요. 그렇지만 어째서 하필 어젯밤에 그 꿈이 나타났는지 조사해 보기로 합시다. 어제 일어난 중요한 것을 이야기해 주십시오."

"아무 일도 일어나지 않았습니다. 언제나와 똑같은 하루였습니다. 사무소로 가고 재판소에 제출할 변론 요지의 자료를 모으고 돌아와서 식사했습니다. 그리고 영화를 보러 갔다 온 뒤에 잤습니다. 이뿐입니다."

"그것으로는 당신이 왜 어젯밤에 군마를 탔는지에 대한 설명은 안 될 것 같군요. 사무소에서 있었던 일을 좀더 상세하게 이야기해 주십시오."

"아! 지금 생각났습니다…… 하지만 이것은 꿈과는 전혀 무관할 겁니다…… 아무튼 얘기해 보지요. 나에게 법률상의 자료를 모으도록 말한 상관 — 이곳의 소장 — 앞으로 불려갔는데, 상관은 나의 잘못을 책망했습니다. 그는 나를 보고 나무라듯 말했습니다. '이거 놀랍군. 자네는 훨씬 잘 할 수 있으리라고 생각했네만.' 그때 나는 큰 충격을 받았습니다. 그 순간, 이래 가지고서는 후에 그곳의 소장이 되리라는 희망이 깨질지도 모른다고 생각했었기 때문입니다.

하지만 나는 내 자신을 타일렀습니다. '바보같이, 누구에게나 잘못은 있다. 그가 지금 기분이 언짢은 것뿐이다. 이것은 나의 장래와는 아무런 상관이 없다.' 오후 동안에 나는 그 일을 잊어버렸습니다."

"그때의 당신 기분이 어땠습니까? 떨렸다든가, 왠지 우울했다든가 하지 않았나요?"

"아뇨, 오히려 그 반대로 나는 피곤해서 자고 싶었을 뿐이었죠. 도무지 일이 손에 잡히지 않았어요. 퇴근할 시간이 되자 나는 안도의 숨을 내쉬었습니다."

"그리고 그날의 마지막 중요한 일은 영화를 보러 간 것이로군요. 무슨 영화인지 말해 주시겠습니까?"

"네. 〈줄레스〉란 제목이었습니다. 무척 재미있었어요. 사실 나는 마구 울어 버렸습니다."

"그건 어떤 대목 때문이었나요?"

"처음은 줄레스1806~1870년. 인디언 출신의 멕시코 정치가의 가난과 괴로움을 묘사한 장면이고, 그 다음에는 그가 승리를 거둔 대목이었습니다. 그토록 감동을 받은 영화는 여태껏 별로 없었습니다."

"그리고 당신은 침대에 들어가 자고 흰 군마를 타고 군사들로부터 갈채를 받는 꿈을 꾸었군요. 이것으로 당신이 이 꿈을 꾼 이유가 조금 분명해지지 않았습니까? 어린 시절의 당신은 내성적이었고, 그래서 남들이 싫어한다고 생각했습니다. 지금까지의 작업을 통해 볼 때 그것은 당신의 아버지에게 원인이 크다는 것을 알 수 있습니다. 아버지는 자신의 성공에 대단한 긍지를 가지고 있었지만 당신과 가까이 지내는 것도 애정을 느끼는 것도 — 물론 나타내는 것도 — 격려하는 것도 좀처럼 할 수 없는 사람이었습니다."

당신이 오늘 말한 일, 다시 말해서 개구쟁이로부터 미움을 받은 일이 당신에게 있어서 최후의 정지선이 된 것입니다. 당신의 자존심은 심한 상처를 받고 있었습니다. 그리고 이 일이 하나의 공통된 요소에 덧붙여진 지금 당신은 자신이 결코 아버지와 어깨를 겨룰 수 없다, 결코 뛰어난 인물은 될 수 없다, 당신을 숭배하는 사람들에 의해 언제나 거부당하고 있다고 확신하게 된 것입니다.

당신에게 무슨 일이 가능했겠습니까? 당신은 공상 속에 도피하여 현실생활에서는 달성되지 않는다고 생각한 바로 그것을 공상 속에서 달성한 것입니다. 아무도 들어갈 수 없고 아무도 당신의 의견을 꺾을 수 없는 공상의 세계에서 당신은 나폴레옹인 동시에 위대한 영웅이고, 몇 백 만이라는 사람들로부터 찬미받고, 그리고 — 이것이 아마도 더욱 중요한 것이겠지만 — 당신은 혼자였습니다.

이러한 공상이 있는 한 당신은 외부 세계와 접촉할 때 겪게 되는 열등감으로부터 발생되는 극심한 고통에서 보호되고 있었던 것입니다. 그리고 당신은 대학에 진학했습니다. 당신은 전보다는 아버지에게 덜 의존하게 되었고, 자신의 공부에도 비교적 만족을 느끼고, 보다 새롭고 좋은 출발을 할 수 있다고 기대했습니다.

더욱이 당신은 자신의 '어린애 같은' 공상을 부끄러워하며 그것을 버렸습니다. 당신은 자신이 진짜 어른이 되어 가고 있다고 느끼고 있었던 것입니다…… 그러나 이미 본 것과 같이 이 새롭게 얻은 자신감은 아무래도 불완전한 것이었습니다. 당신은 시험이 임박하면 언제나 두려워했습니다. 당신의 곁에 젊은 남자가 하나라도 있다면 어떤 여성도 당신을 진심으로 상대해 주지 않을 것이라고 생각했습니다.

상관으로부터 꾸중을 듣는 것을 항시 두려워했습니다. 이리하여 마침내 꿈을 꾼 날의 일이 됩니다. 당신이 그토록 열심히 피하려고 하던 일이 일어났습니다. 상관이 당신을 꾸짖은 것입니다. 당신은 다시 옛날의 무력감을 품기 시작했습니다. 그러나 당신은 그것을 밀쳐 버렸습니다. 불안과 슬픔 대신 당신은 피곤을 느꼈습니다.

그러고는 옛날의 공상과 비슷한 영화를 보았습니다. 그 영화는 사람들이 업신여기던 무력한 젊은이가 온 국민의 구원자로 찬양을 받게 되는 것이었습니다. 당신은 다시 사춘기 때처럼 자신을 찬미받고 갈채받는 영웅으로 그린 것입니다. 이제 아시겠습니까? 당신은 그 영광의 공상 속으로의 도피를 실제로는 버리지 않았습니다. 당신을 그 공상의 나라로 되돌아가게 하는 다리를 버리지 않고, 현실에 실망하거나 두려움을 느낄 때에는 언제나 그 나라로 돌아가려고 했던 것입니다.

그렇지만 이런 사실이 당신이 그렇게도 무서워하는 바로 그 위험을 야기시키는 것을 도왔고, 성인이 되지 못한 채 어린애 같고, 다른 사람들과는 전혀 상대가 되지 못하고, 그리고 당신 혼자라는 위험을 야기시켰다는 것을 알지 못하시겠습니까?

5. 잠의 기능과 꿈의 활동과의 관계

프로이트는 모든 꿈은 본질적으로 원망 충족으로서, 말하자면 환각 속의 충족에 의해 우리의 수면을 유지하는 기능을 갖는다고 가정했다. 50년 동안 꿈을 해석해 온 결과 나는 프로이트의 이 원리는 제한된 타당성만을 가지고 있는 것이라는 느낌을 고백하지 않을 수 없다.

대다수의 꿈이 원망의 상징적 충족이라는 사실을 인정했을 때 그는 두말할 나위 없이 위대한 발견을 했다. 그러나 이 원리가 모든 꿈에 반드시 적용된다는 독단적인 가정 때문에 그는 이 발견의 의의를 저하시키고 말았다. 꿈은 원망 충족일 수도 있고 단순한 불안을 표현할 수도 있다. 그러나 꿈은 또한 — 이것이 중요한 점이지만 — 자기 자신과 타인에 대한 깊은 통찰까지도 표현할 수 있다. 꿈이 갖는 이러한 기능을 인식하기 위해 수면 중일 때와 각성시의 생물학적·심리학적 기능의 차이에 대하여 고찰해 보자.

각성시의 상태에서 사고와 감정은 우선적으로 스스로에게 부과된 요청, 즉 환경을 지배하고 변혁하고 우리 자신을 지킨다는 과제에 대해 반응한다. 각성시 인간의 과제는 생존이다. 그는 현실을 지배하는 법칙에 종속되어 있다. 이것은 그가 시간과 공간의 관점에서 생각하지 않으면 안 된다는 것을 의미한다.

수면 중에 우리는 외부세계를 우리의 목적에 맞도록 왜곡하려 들지는 않는다. 우리는 무력하다. 따라서 잠을 '죽음의 형제'라 일컬어 온 것도 그럴 듯하다. 그러나 우리는 아직 자유롭고 깨어 있을 때보다 더 자유스럽다. 업무의 중압감에서도 공격과 방어의 과제에서도 현실을 관조하고 지배하는 일에서도 자유스럽다. 외부세계를 볼 필요도 없다. 우리는 자기의 내부세계를 보고, 자기 자신의 일에만 관계한다.

수면 중의 우리는 태아나 시체와 같다. 또한 '현실의 법칙'에는 종속되지 않는 천사와 같을지도 모른다. 잠 속에서는 필연의 영역이 물러나고 자유의 영역으로 바뀐다. 거기에서는 '내가 존재한다'라는 관념이 유일한 체제가 되어 사고도 감정도 그것만으로 관계 지어진다. 수면 중의 정신 활동은 각성시의 그것과는 전혀 다른 논리를 지니고 있다.

앞서 지적한 바와 같이 잠 속에서의 경험은 현실에 대처할 때에만 문제가 되는 모든 특질에는 주의를 기울일 필요가 없다. 예컨대 만약 어떤 인물이 겁쟁이라고 느꼈다면 그는 인간이 아닌 닭으로 변하는 꿈을 꿀지도 모른다. 이 변화는 내가 그 사람을 어떻게 느끼고 있느냐의 관점에서는 의미가 있지만, 외적 현실에 대한 나의 방향을 잡는 관점에서는 아무 의미가 없다. 수면 중의 생활과 각성시의 생활은 인간 존재의 양극이다. 각성시의 생활은 행동의 기능과는 관계가 있지만 잠은 거기서 독립되어 있다.

잠은 자기 경험의 기능과 관계가 있다. 잠에서 깨어나면 우리는 곧바로 행동의 영역으로 이동한다. 그리하여 우리는 이 체제로 방향이 결정되며 기억은 그 속에서 작용한다. 우리는 공간 — 시간의 개념에 의해 상기할 수 있는 것만을 생각한다. 잠의 세계는 사라졌다. 꿈의 세계에서 경험한 것을 생각해 내는 일은 매우 어렵다.[2] 이런 상황은 많은 민담에 상징적으로 표현되어 있다. 밤이 되면 선악의 온갖 유령이나 영혼들이 활동하지만 새벽이 되면 그들은 사라진다.

그리하여 모든 강렬한 경험의 흔적조차 남지 않는다. 의식이란 외적 현실에 전념하는 상태 — 행동하는 일 — 의 정신적 활동이다의식의 특질은 행동의 특질에 의해서, 또 각성시의 존재 상태의 생존 기능에 의해 결정된다. 무의식이란 우리와 외부세계와의 전달이 끊어진 상태이며, 이미 행동이 아니라 자기 경험에 전념하고 있는 존재 상태의 정신적 경험이다.

무의식은 어느 특별한 존재 양식에 관계되는 경험이다. 그리고 무의식의 여러 가지 특징은 이 존재 양식의 성질에서 생긴다. '무의식'이

---

2) E. Schachtel의 논문 〈Memory & Childhood Amnecia〉1947년 참조.

무의식일 수 있는 것은 단지 '정상적인' 상태의 활동에 관련하여 일컬어질 때이다. 우리가 '무의식'이라고 말할 때 그 참의미는 행동하는 동안에 존재하는 정신 상태에 의해 어떤 경험이 다른 성질의 것이라는 뜻에 불과하다.

그때 그것은 외부에서 침입하는 환상처럼 포착하기 어렵고 기억하기 어려운 요소와 같이 느껴진다. 그러나 각성시의 경험에서 밤의 세계가 무의식인 것처럼 낮의 세계도 수면 중의 경험에서는 무의식이다. '무의식'이라는 용어는 낮의 경험에 있어서만 관습적으로 사용되고 있을 것이다. 그러므로 그것은 의식이나 무의식이 단지 다른 경험 상태와 관련되는 어떤 다른 정신 상태임을 의미하는 것은 아니다.

다음과 같이 논의를 하는 사람도 있을 것이다. 즉, '각성시의 존재 상태에 있어서의 사고와 감정은 결코 시간과 공간에 의해 제한받는 것이 아니며, 우리의 창조적인 상상력에 의해 과거나 미래의 물체를 현재화시켜 생각할 수가 있고, 멀리 있는 물체도 눈앞에 있는 것처럼 생각할 수 있다. 또 각성시의 감정은 물체의 물리적·시간적 존재와 대비한 수면 중의 존재의 특질이 아닌 행동과 대비한 때의 사고 감정의 특질이다'라고.

이와 같은 바람직한 반론에 의해서 나의 논의의 본질적인 점을 밝히는 일이 가능해진다. 여기서 우리는 사고 과정의 내용과 사고에 사용되는 범주를 구별해야만 한다. 가령 나는 아버지의 일을 생각하고 어떤 특정한 상황에서의 그의 태도는 나의 태도와 일치될 수도 있다. 이 지론은 합리적이다. 한편, 만약 내가 '나는 나의 아버지이다'라고 말한다면 이 논리는 물리적 세계와의 연관성을 토대로 생각한 것이 아니기 때문에 불합리하다. 그렇지만 이 말은 순수한 경험적인 영역에서는 합리적이다.

그것은 아버지와의 동일성의 경험을 표현하기 때문이다. 각성시의 상태에서 합리적인 사고 과정은 어느 특별한 존재 형식 ― 우리가 행동에 의해서 현실에 구애받는 형식 ― 에 근거한 범주에 속한다. 수면 중의 존재는 잠재적인 행동까지도 하지 않는다는 것을 특징으로 하지만, 거기에는 자기 경험에만 관련된 범주가 사용된다. 감정에 대해서도 마찬가지이다.

각성시의 상태에서는 20년간 만나보지 못한 사람에 대해서 무엇을 생각한다거나 그 사람이 거기에 있는 것처럼 생각한다. 그러나 '거기에 있는 것처럼'이라고 한 것은 그 감정을 '각성시의 생활'의 개념으로 표현한 것이다. 수면 중의 존재에서는 '것처럼'이란 것은 없다. 인물은 거기에 있다.

지금까지 잠의 상태를 기술해 오면서 꿈의 활동의 특질에 대해 어떤 결론을 도출해 내려고 시도해 보았다. 꿈은 원망 충족이 아니면 잠 속에까지 표현될 만큼 강한 감정의 표현으로서 이해하는 것이 꿈에 관한 충분한 설명이 되는 것일까? 나는 거기에 일반적으로 무시되고 있는 또 하나의 설명이 있다고 말하고 싶다. 그것은 모든 인간은 자기가 왜 무엇인가를 하거나 느끼는지에 대해 자기 자신에게 설명하고 싶어하는 절실한 욕구가 있다는 사실과 관련되어 있다.

이는 일반적으로 관찰되고 인정받은 사실이며 대개 '합리화'라고 불린다. 가령 어떤 사람에 대한 미움을 느끼면 우리는 이 감정을 지속하는 일에 만족하지 않고 그것을 어떤 사실의 정당한 결과로 나타내려 한다. 그리하여 우리는 실제로 혹은 거짓된 성질을 이 싫어하는 인물에게 덮어씌움으로써 자신의 혐오감을 정당화시키려 한다. 물론 어떤 인물을 좋아한다거나 찬미할 때에도 같은 말을 할 수 있다.

이는 어떤 지도자에 대한 집단적 열광이라든가, 어떤 계급과 인종의 구성원에 대한 집단적 혐오에서 가장 분명한 형태를 찾아볼 수 있다. 다음과 같은 최면 현상의 예가 적당할 것이다.

어떤 사람이 최면 상태에서 5시간 뒤, 가령 오후 4시에 웃옷을 벗으라는 암시를 받고, 그 후 이 명령을 받은 사실을 잊어버렸다고 하자. 4시에는 무슨 일이 일어날까? 비록 추운 경우에도 그는 웃옷을 벗을 것이다. 그러나 그러기 전에 혹은 그렇게 하면서 그는 이렇게 말할 것이다. '오늘은 너무나 덥군. 계절을 무시했단 말야.'

그는 자기가 왜 그런 행동을 하는가를 자기 자신에게 설명할 필요를 느낀다. 그리고 그 이유를 설명하지 못하고 행동할 때에는 공포감마저 느낀다.

이러한 원리를 꿈에 응용해 보면 다음과 같은 가설을 내릴 수 있다. 즉, 우리는 잠 속에서도 가성시이 생활과 같은 감정을 가지지만 각성시의 생활의 경우에서처럼 설명되지 않는 감정을 갖기에는 말할 수 없는 두려움을 갖는다. 이리하여 우리는 왜 공포와 기쁨과 미움 따위를 느끼는가를 설명하기에 필요한 이야기를 만들어 낸다. 바꿔 말하면 꿈은 우리가 수면 중에 경험하는 감정을 합리화하는 기능을 갖는다.

만약 그렇다면 이것이 나타내고 있는 바는, 수면 중에서조차 우리는 각성시의 생활에서 이토록 분명하게 가지고 있는 것과 같은, 어떤 감정을 정당한 것으로 보이려는 똑같은 경향을 지니고 있다는 사실이다. 이리하여 꿈은 감정을 정당화시키려는 요청에 부합되도록 왜곡하려는 생리적인 경향의 결과로 볼 수가 있다.

이제 우리는 꿈의 여러 조건 중에서 꿈의 과정을 이해하는 데 중요한 의의를 부여해 주는 하나의 요소에 대해 연구를 집중시켜야 한다. 수면 중일 때는 외적 현실을 지각하지 않으며 거기에 영향을 끼치지도 않는다. 또한 외부세계가 미치는 영향을 받지도 않는다. 그래서 현실에서의 이 분리가 어떠한 효과를 가져다 주는지는 현실 자체의 성질에 따라 좌우된다.

만일 외부에서의 영향이 근본적으로 유익한 것이라면 수면 중에 이 영향이 사라지는 것은 꿈의 활동 가치를 저하시키는 것이며, 그 결과 꿈의 활동은 외적 현실의 유익한 영향을 받는 각성시의 정신 활동보다 떨어지는 셈이 된다. 그러나 과연 현실이 끼치는 영향이 대부분 유익한 것이라고 가정해도 좋을 것일까? 그리고 그것이 유익한 것이기 때문에 그 영향이 없어질 경우는 각성시보다 훨씬 뛰어난 성질의 것이 파생될 수도 있는 것이 아닐까?

외부세계의 현실이라고 해도 자연계를 우선적으로 꼽는 것은 아니다. 자연 그 자체는 선도 아니고 악도 아니다. 자연은 우리에게 유익하기도 하나 또한 위험할지도 모른다. 확실히 우리는 자연에 대한 인식이 없어지는 것으로 해서 자연을 지배하거나 자연으로부터 신상을 보호해야 하는 과제를 면할 수도 있다. 그러나 자연은 우리를 어리석게도 현명하게도 하지 않으며, 또한 보다 좋게도 보다 나쁘게도 하지 않는다.

자연은 우리 주변의 인공적 세계, 즉 우리가 생활하는 문화와는 판이하다. 우리는 자연을 매우 유익한 것이라고 가정하지만 자연이 주는 효과는 극히 모호한 것이다. 그러나 문화가 끼치는 영향은 실제로 우리에게 매우 유익하다는 증거는 거의 압도적이다. 우리를 동물의 세계와 구별하는 것은 문화를 창조하는 우리의 능력이다.

그렇다면 우리 내부에 있는 최장점을 발달시키기 위한 가장 중요한 요인은 외부의 인공세계가 아닐까? 그리고 외부와의 접촉을 빼앗겼을 때 원시적이고 동물적이고 비이성적인 정신 상태에 일시적으로 후퇴하게 되는 상황을 예기해야만 하지 않을까? 이러한 가정을 뒷받침해 주는 논거는 많이 있으며, 플라톤으로부터 프로이트에 이르기까지 많은 꿈의 연구자가 이와 같은 후퇴가 잠의 상태, 나아가서는 꿈의 활동의 본질적인 특색이라는 견해를 품어 왔다.

이런 견지에서 꿈은 우리 내부의 비합리적이고 원시적인 욕구의 표현이며, 또한 우리가 꿈을 너무나 간단히 잊어버린다는 사실은 사회의 통제가 없어진 때 표현되는 비합리적이고 범죄적인 충동을 부끄러워했다는 것으로 충분히 설명된다. 어느 정도까지는 확실히 이런 꿈의 해석이 옳지만 문제는 그것이 전적으로 옳으냐 아니면 사회의 영향 속에 있는 부정적인 요소가, 우리가 꿈속에서는 비록 이성과 정신이 뒤떨어진다고 해도 한편으로는 각성시보다도 수면 중일 때가 보다 지성적이고 현명하고 보다 뛰어난 판단을 할 수 있다는 역설을 설명하는 것일지도 모른다는 사실이다.

우리의 꿈은 비합리적인 욕구뿐만 아니라 깊은 통찰도 표현한다. 따라서 꿈의 해석에 있어서의 중요한 과제는 전자와 후자가 어떤 경우에 있어서의 진상인가를 결정하는 일이다.

제**3**장

프로이트의
본능이론과 그 비판

1. 본능이론의 발전

프로이트의 마지막 위대한 발견은 삶과 죽음의 본능에 대한 이론이다. 1920년에 간행된 《쾌락원리의 피안》이라는 저서에서 프로이트는 그의 본능이론에 대해 근본적인 수정을 시작했다. 이 저서에서 프로이트는 본능의 특징을 '반복강박'으로 규정지었다. 또 여기서 처음으로 그는 에로스와 죽음의 본능과의 새로운 이분법二分法을 가정했는데, 그 성질에 대해서는 《자아와 이드》1932년 또는 그 이후의 저서에서 보다 상세하게 논하고 있다.

이 삶의 본능에로스과 죽음의 본능의 새로운 이분법이 자아와 성의 본능에 대한 처음의 이분법을 대신한 것이다. 프로이트는 에로스를 리비도와 동일화시키려고 했으며, 이 새로운 분극성은 동인動因의 개념에 있어서 낡은 분극성과 전혀 다른 것이었다.

프로이트가 《쾌락원리의 피안》이라는 책을 썼을 때 그는 새로운 가설이 옳다고 확신하고 있었던 것은 아니었다. 그는 다음과 같이 썼다.

혹은 이렇게 물을지도 모른다. '이 책에 기술한 가설이 반드시 옳다고 확신하고 있는가?' 또는 '그것을 얼마만큼 믿고 있는가?'라고. 거기에 대해서 나는 내 자신에게도 확신이 없고, 그것을 믿도록 타인을 설득할 생각도 없다고 대답할 것이다. 아니 좀더 정확히 말하면 사실 내가 얼마만큼 그것을 믿고 있는지 나 자신도 모른다.

지금까지의 많은 개념의 타당성을 위협하는 듯한 새로운 이론 체계를 세우려고 한 것, 게다가 엉뚱한 지적 노력까지 지불한 것을 생각하면 프로이트의 성실함은 그의 업적을 빛내고 있기는 하지만 이 경우는 특히 인상적이다. 그는 그 이후 18년 동안 이 새로운 이론의 연구에 몰두하여 초기에는 가지고 있지 못했던 확신을 차츰 강하게 품게 되었다.

그가 이 가설에 전혀 새로운 측면을 덧붙인 것은 아니다. 그가 행한 것은 오히려 지적인 '음미'였고, 그 결과 그는 확신을 갖게 되었지만, 그의 제자들 가운데서 그의 견해를 진실로 이해하고 찬성하는 자가 그리 많지 않았다는 사실에 대해 더 한층 서운함을 느꼈을 것이다. 새로운 이론이 처음으로 완전한 형태를 띤 것은 《자아와 이드》에서였다. 특히 중요한 것은 다음과 같은 가정이다.

그것구성작용과 붕괴작용은 특별한 생리적 과정에 관해서인데, 이 과정이 두 종류의 본능과 각각 연결된다. 이 두 종류의 본능은 함께 생명체의 온갖 미분자 속에서 활동하고 있지만, 그 역할이 서로 상이하기 때문에 어느 하나의 생명체가 주로 에로스를 대표하는 경우도 있다. 이 가설은 두 종류의 본능이 서로 융합하고 혼합하는 양식에 관해서는 아무런 해명도 하고 있지 않다.

그러나 이 일이 매우 광역적이고 규칙적으로 일어난다는 사실은 우리의 개념에서 없어서는 안 될 가정이다. 모름지기 단세포의 유기체가 결합하여 다세포의 생명 형태가 되면 그 결과 단세포의 죽음의 본능은 적당히 중화되어 파괴적 충동은 특별한 기관의 매개에 의해 외부로 벗어날 수 있다. 이 특별한 기관은 근육 장치인 것 같다. 그리하여 부분적이기는 하지만 죽음의 본능은 외부세계 및 다른 유기체로 향해진 파괴본능으로 스스로를 표현하는 것같이 생각된다.[1]

이러한 이론을 프로이트는 그의 《쾌락원리의 피안》에서 보다 분명히 나타내고 있다. 과거의 이론은 기계론적인 생물학적 접근 방법으로서 그것은 화학적으로 생긴 긴장과 그 긴장을 정상적인 역치閾値 : 생물체가 자극에 대한 반응을 일으키는 데 필요한 최소 한도의 자극의 강도를 표시하는 수치로까지 줄이려는 욕구의 모델 위에 세워져 있었지만, 이에 반해 새로운 이론의 접근 방법은 생물학적이고 거기서는 이미 태어난 세포가 생명체의 두 기본적 성질 — 에로스와 죽음의 지향을 갖는다고 생각한 것이다.

그렇지만 긴장 감소의 원리는 훨씬 급진적인 형태, 즉 흥분을 무無로까지 감소시킨다는 원칙으로 남아 있다. 프로이트는 1년 뒤에 발표한 《매저키즘의 경제적 문제》라는 저서에서 진일보한 두 본능의 관계를 밝히고 있다. 그는 다음과 같이 썼다.

---

1) 《나르시시즘 입문》, p.42

리비도는 파괴본능을 해롭지 않게 하는 역할을 한다. 그것은 파괴
본능의 대부분이 특별한 유기체적 조직, 즉 근육 장치의 도움을 얻어
외부로 발산되게 하고 외부의 대상으로 향하게 하는 역할을 한다.

그리하여 이 본능은 파괴본능·지배본능·권력에의 의지 등으로 일
컬어지고 있다. 이 본능의 일부는 직접 성기능에 작용하며 거기에서
중요한 역할을 한다. 이것이 본래의 사디즘이다. 나머지는 외부세계
의 전환에도 불구하고 유기체 속에 남아서 성적 흥분의 도움에 의해
리비도로 전환된다. 이 부분에서 우리는 본래의 성감적인 매저키즘
을 인정하지 않으면 안 된다.[2]

《신정신분석 입문》1933년에서는 앞의 입장이 유지되고 있다. 프로이
트는 '생명체를 끊임없이 보다 큰 통일체로 결합시키는 에로스적 본
능과 이 노력에 반항하여 생물체를 무기물의 상태로 변화시키는 죽
음의 본능에 대해 말했다. 그리고 같은 저서에서 프로이트는 본래의
파괴본능'에 관하여 썼다.

우리는 그것을 두 가지 조건에 의해서 지각할 수 있다. 즉, 에로스적
본능과 결합하여 매저키즘이 되는 경우와 그것이 공격적으로 변하여
외부세계로 발산되는 경우이다. 그리고 바야흐로 우리는 이 공격성이
현실의 장애에 부딪혔기 때문에 외부세계에서 만족을 발견할 수 없다
는 사실을 알 수 있다. 만약 이렇게 되면 공격성은 내부로 잠입하여 유
기체의 내부를 지배하고 있는 자기파괴성의 중량을 증가시킬 것이다.

이것은 실제로 가능한 일이며, 또 매우 중요한 과정이라는 것은 뒤

---

2) op. cit., p.163

에 알게 될 것이다. 현실의 장애에 부딪친 공격성은 막대한 저해 요인이 된다. 사실 우리가 스스로를 파괴하지 않고 자기파괴의 충동에서 몸을 지키려면 타인이나 기타 다른 것을 파괴하지 않으면 안 된다고 생각한다. 이것은 도덕가에게는 참으로 슬픈 발견이다.[3]

프로이트의 마지막 두 논문은 그가 죽기 1년 전과 2년 전에 씌어졌지만 그는 그때까지 자신의 개념에 수정을 가하지 않고 있었다. 《끝이 있는 분석과 끝이 없는 분석》1937년에서 그는 죽음의 본능의 위력을 더욱 강조했다. 영어판 프로이트 전집의 편자인 제임스 스트레이치는 "모든 것 중에서 가장 강력한 저해 요인은 죽음의 본능이다"[4]라고 주를 쓰고 있다.

《정신분석학 개론》1940년에서 프로이트는 지금까지의 가정을 체계적으로 다시 단언했는데, 여기에서도 그는 아무런 중요한 수정을 가하지 않았다.

2. 본능주의적 가정에 대한 분석

프로이트의 새로운 이론, 즉 에로스와 죽음의 본능에 대한 이론에 관해 앞서 언급한 간단한 서술만 가지고는 기존의 이론에서 새로운 이론으로의 변화가 급진적이었다는 사실도, 프로이트 자신이 이 변화의 급진적인 성격을 몰랐고, 그래서 결국 많은 이론적 불일치와 내

---

3) Ibid., p.105
4) Ibid., p.212

적 모순에 빠지고 말았다는 것도 충분히 밝힐 수가 없다.

다음에서 나는 이 변화의 의의를 서술하는 한편, 기존의 이론과 새로운 이론 사이의 갈등을 분석하기로 한다.

프로이트는 제1차 세계 대전 후에 두 가지의 새로운 직관을 얻었다. 첫째는, 인간의 내부에 있는 성본능이란 아무것도 연결되지 않은 공격적이고 파괴적인 지향이란 것이다. 이것이 과연 새로운 직관이었는가는 정확하지 않다. 내가 이미 밝힌 바와 같이 그는 성애性愛라는 별개의 공격적 충동의 존재를 전혀 몰랐던 것은 아니다. 그러나 이 통찰은 단속적으로 표명된 것뿐이며, 그것이 성본능과 자아본능의 기본적 분극성에 관한 주된 가설을 바꾸어 놓지는 않았다.

더욱이 이 이론은 뒤에 나르시시즘의 개념 도입에 의해 수정되기는 했지만 죽음의 본능이론에서 인간의 파괴성의 인식은 갑자기 그 완전한 모습을 나타내어 파괴성의 존재의 한 쪽 극이 되고, 그것이 다른 쪽 극의 에로스와 다투며 생명의 본질 그 자체를 구성하게 된다. 파괴성은 생명의 1차적 현상이 된다. 프로이트의 신이론을 규정짓는 두 번째 직관은 그의 지금까지의 이론에 선례가 없을 뿐 아니라, 게다가 그것에 정면으로 대립하고 있다.

즉, 에로스는 생명체의 모든 세포에 존재하고 있으며, 모든 세포의 통일과 통합을 목적으로 하고 그 위에 문명의 공헌, 즉 보다 작은 단위의 인류 통일체로의 통합을 목적으로 한다는 직관이다. 프로이트는 성적인 경향을 띠지 않는 사랑을 발견했다. 그는 삶의 본능을 사랑의 본능이라고 일컫는다. 사랑은 생명 및 성장과 동일시되고 죽음과 싸우면서 인간의 존재를 규정한다.

프로이트의 기존 이론에 의하면 인간은 두 가지 충동에 의해서 좌우되는 고립된 체제이다. 그 충동의 하나는 생명의 충동이며, 다른 하나는 긴장을 극복하는 것으로써 쾌감을 얻으려고 하는 것인데, 그 긴장은 육체 내부에서 화학적으로 생겨나고 생식기를 포함한 성감대에 집중된 것이었다. 이러한 인간상에서는 인간은 본래 고립된 존재였으나 쾌락의 만족을 위해서 이성과의 관계를 맺는 것이었다. 양성간의 관계는 시장에서 물건을 사고파는 인간 관계와 비슷한 양상을 띤다.

각각 자신의 욕구를 만족시키는 일에만 관심을 두고 있지만, 진정으로 이 만족을 얻기 위해서만 자신이 욕구하는 것을 받을 수 있으며, 또한 자기가 주는 것을 받을 수 있는 타인과 관계를 맺어야만 한다. 그런데 에로스의 이론은 이와는 아주 다르다.

여기서는 인간이 고립된 자기 중심적 존재로서 파악되지 않고, 본래 타인과 관계를 가지고 있어서 그로 하여금 타인과의 결합을 요구하게 되는 삶의 본능에 의해서 움직이는 존재로 포착되고 있다. 사랑·생명·성장은 모두 같은 것이며, 성애와 쾌락보다 깊은 뿌리를 가지고 있다. 프로이트의 직관의 변화는 "네 이웃을 네 몸과 같이 사랑하라"는 성서의 규범에 대한 그의 새로운 평가에 분명히 나타나 있다.《무엇을 위한 전쟁인가》1933년에서 그는 이렇게 썼다.

인간 사이의 정서적인 유대를 강화하는 데 필요한 것이라면 무엇이나 전쟁을 방지하는 역할을 할 것이 틀림없다. 그 첫 번째 유대는 비록 성적 목표는 아니더라도 사랑하는 상대와의 관계가 아닐까? 이런 식으로 사랑을 얘기해도 정신분석의 수치는 아니다. 그것인 종교에서도 같은 말을 사용하고 있기 때문이다. "이웃을 네 몸과 같이 사랑하라"고.

그러나 단지 말로만 하는 것은 행하는 것보다 쉬운 일이다. 두 번째 정서적인 유대는 동일화에 의한다. 인간에게 중대한 이해 관계를 공유하게 하는 것은 모두 감정의 동일화를 낳는다. 그리고 인간 사회의 구조는 대부분 이것들을 기초로 하고 있다.

프로이트는 이 글을 쓰기 3년 전에도 이 같은 성서의 규범에 대하여 논평하고, 끝부분에서 이렇게 말하고 있다.

"엄숙한 교훈이 누구에게나 실행을 권할 수 있을 만한 합리적인 것이 아니라면 과연 무슨 소용이 있을까?"

이것은 참으로 급진적인 시각의 변화였다. 프로이트는 종교를 인간이 성숙과 독립에 도달하는 것을 방해하는 환상이라고 생각했지만 이제는 가장 인간적인 종교에서 찾아볼 수 있는 기본적인 규범의 하나를 인용하여 그것을 그의 심리학적 가정의 바탕으로 삼고 있다.

그는 "이런 식으로 사랑을 얘기해도 정신분석의 수치는 아니다" 하고 강조했는데, 사실 그는 형제애의 개념에 관해 이 같은 뜻밖의 전향에 공연히 부끄러움을 느낀 것이 분명하며, 그것을 극복하기 위해 그렇게 주장하지 않을 수 없었다. 프로이트는 그의 접근 방법의 변화가 얼마나 뜻밖의 것이었는가를 과연 알아차렸을까? 그렇지 않았다는 것이 거의 확실하다. 《자아와 이드》에서 그는 에로스 — 삶의 본능 또는 사랑의 본능 — 를 성본능과 동일시하였다.

이 견해에 의해 우리는 두 종류의 본능을 구별하지 않으면 안 되는데, 그 중 성본능 또는 에로스가 훨씬 현저하게 나타나 연구하기에 쉽다. 여기에는 억제되지 않은 본래의 성본능과 목표를 저지당한 본능적 충동뿐 아니라 자기보존본능도 포함된다. 이 자기보존본능은 자아에게 귀속되어야 하는 것으로서 정신분석 작업의 초기에는 충분한 이유를 가지고 성적인 대상본능과 대립시켰다.

그는 이러한 모순을 알아차리지 못했기 때문에 낡은 이론과 새 이론을 조화시켜 그것들이 아무 단절 없이 연속되고 있는 것처럼 시도했다. 이 시도에 의해 새 이론에 많은 내적 모순과 부조화가 생겼으므로 프로이트는 거듭해서 거기에 다리를 놓고 조정 혹은 부정을 하려했지만 성공하지 못했다. 다음에서 나는 새 이론의 변천을 서술하려고 하는데, 그 변천은 그가 '새 술을 낡은 부대에 담을 수 없다'라는 사실을 깨닫지 못했기 때문에 발생된 것이다.

이 분석을 시작하기 전에 다른 변화에 손을 대지 않으면 안 되는데, 이것 또한 프로이트가 몰라서 일을 한층 복잡하게 만들었던 것이다. 프로이트의 낡은 이론의 기초가 된 과학적 모델은 그의 스승이었던 폰 브뤼케와 기계론 — 유물론자들의 집단, 즉 헬름홀츠·뷔히너를 포함한 사람들이 과학상의 이론으로 하던 기계론 — 유물론적 모델이었다프로이트의 이론 형성이 그의 스승들의 생각에 의존하고 있다는 것은 1962년 피터 아마처Peter Ammacher에 의해 기술되고 있다.

그들은 인간을 화학적 과정에 의해 움직이는 기계로 보았다. 감각이나 감정은 특정하게 확정되는 생리적 관정에 의해 생긴다고 했다. 이들은 최근 수십년 동안의 홀몬학 분야나 신경생리학적 발견의 대부분을 몰랐던 것인데, 그들은 대담함과 창의성으로 자신의 접근 방법의 정당성을 주장했다. 그들은 육체적인 기원을 찾을 수 없는 욕구나 관심을 무시했으며, 무시되지 않는 것은 기계론적 사고의 원리를 따랐다.

브뤼케의 생리학적 모델과 프로이트의 인간 모델은 오늘날에 와서는 곧잘 프로그램을 지닌 컴퓨터로 재현된다. 그는 어느 정도까지 긴장을 높이지만, 그것은 어느 수준에 달하면 완화하여 감소할 필요가 있다. 그렇지만 그 실현은 자아에 의해 억제되는 것으로서 자아는 현실을 관찰하고 긴장의 완화를 억제한다. 프로이트의 이러한 로봇은 아이작 아시모프러시아 태생의 SF 및 과학 도서 작가의 SF 로봇을 닮았지만 프로그래밍이 다를 것이다. 그 제1의 법칙은 인간을 상하게 만들 것이 아니라 자기의 손상이나 파괴를 피하는 일이다.

새 이론은 이처럼 기계론적이어서 생리학적인 모델을 따르지 않는다. 그것은 삶 — 그리고 그 반대인 죽음 — 의 근저적인 힘이 인간을 움직이는 근원적인 힘이 된다는 생물학적 방향을 중심으로 한다. 세포, 즉 모든 생물체가 갖는 성질이 동기를 유발시키는 이론적 근거가 되는 것이지 생리적 과정은 아니라는 활력설생물 현상은 기계적 현상을 초월한 자율적 과정이라는 이론 이론에 근접해 있었다.

그러나 이미 말한 바와 같이 프로이트는 이 변화를 분명히 인식하지 못했다. 따라서 그는 그의 생리학적 방법을 새 이론에 도입하는 불가능한 시도에 실패하지 않을 수 없었다. 그렇지만 어떤 중요한 점에서 양쪽 이론에는 공통된 전제가 있고 그것이 프로이트에게 있어서 불변의 사고 원리였다. 다시 말해서 심적 장치를 지배하는 원칙은 긴장을 낮은 수준 혹은 영점까지 끌어내리려는 경향이라고 하는 개념이다.

이제 우리는 프로이트의 두 가지 새로운 직관, 즉 죽음의 본능과 삶의 본능의 보다 상세한 분석으로 돌아가야만 한다프로이트의 용어법은 반드시 일관성이 있는 것은 아니다. 그는 때로는 삶의 여러 본능과 죽음의 여러 본능이라고 말하고, 또 때로는 단수로서의 삶의 본능과 죽음의 본능이라고도 말했다. 프로이트는 어떤 이유가 동기가 되어 죽음의 본능을 가정했는가?

한 가지 이유는 내가 이미 언급한 것과 같이 제1차 세계 대전의 충격이었다. 그는 같은 시대 같은 나이의 다른 사람들처럼 유럽 중류 계급에 그토록 특징적이었던 낙관주의적 견해를 가지고 있었다. 그러한 그가 갑자기 1914년 8월 1일 이전에는 거의 믿을 수 없었던 증오와 파괴의 광란에 직면하게 된 것이다.

이러한 역사적 요인에 개인적 요인이 가해져 있다는 추측이 성립될 수 있다. E. 존스의 전기에서 우리가 알고 있는 것처럼 프로이트는 죽음에 밀착된 인간이었다. 그는 40이 넘어서부터는 매일 죽음을 생각했으며, 죽음에 대한 공포를 곧잘 느꼈고, 때론 "안녕히"라고 말한 뒤에 "다시는 만나지 못할지도 모른다"라고 덧붙였다. 사람들은 프로이트의 중병이 그의 죽음의 공포에서 비롯된 것이라는 느낌을 그에게 말해 주었고, 그 결과 그가 죽음의 본능을 정식화하는 데 하나의 역할을 한 것이라고 추측할지도 모른다.

그러나 이러한 단순화된 형태의 추측은 찬성할 수 없다. 왜냐 하면 그의 병의 첫 징후가 그가 죽음의 본능에 대한 개념을 얻은 몇 해 뒤인 1923년 2월까지는 나타나지 않았기 때문이다. 그러나 다음과 같이 상상하는 것도 억지라고는 할 수 없다. 즉, 그의 죽음에 대한 개념은 그가 병에 걸림으로써 더 강해졌고, 성욕과 자아의 갈등보다도 삶과 죽음의 갈등이 인간 존재의 중심에 있다는 개념으로 그를 인도했다는 사실이다.

죽음이 인간의 삶에 있어서 숨어 있는 목표이기 때문에 인간은 죽기를 바란다는 가정은 그의 죽음에 대한 공포를 경감시켜 주는 일종의 위안이라고도 볼 수 있다. 이러한 역사적·개인적인 요인이 죽음에 대한 본능의 개념을 구축하는 동기가 되는 한편, 그에게 이러한 본능이론을 갖게 한 것이 분명하다. 프로이트에게는 또 한 가지의 동기가 있었다. 그는 항시 이원론의 입장에 있었다.

그는 상반하는 두 힘이 서로 싸우는 것을 보았고 생명의 과정을 싸움의 결과로 보았다. 성과 자기보존의 동인이라는 것이 이원론을 취한 최초의 모습이었다. 그러나 나르시시즘의 이론은 모든 본능이 리비도적이라는 일원론적인 이론을 바탕으로 하고 있지는 않았을까? 그리고 불행하게도 그것은 융의 이단설의 하나, 즉 리비도가 모든 정신적 에너지를 나타낸다고 하는 개념을 정당화하는 것은 아니었을까?

실제로 프로이트는 이 어려운 딜레마에서 빠져나오지 않으면 안 되었다. 그는 리비도와 대립하는 새로운 본능을 이원론적인 접근 방법에 근거를 두고 찾아내지 않으면 안 되었던 것이다. 그리고 존재의 근본을 서로 대립하는 본능, 즉 에로스와 죽음의 본능의 싸움터로 보는 것이 다시 가능해졌다.

뒤에 다시 언급하겠지만, 이 새로운 이원론의 경우에 있어서 프로이트는 어떤 사고의 유형을 따랐다. 그리하여 두 가지 넓은 개념을 구축하고 거기에 모든 현상이 해당되게 했다.

그는 성애의 개념을 확대하여 모든 것이 자아본능이 아닌 성본능에 귀속되게 하였다. 그는 죽음의 본능의 경우에도 같은 방법을 택했다. 또한 그는 그것을 매우 넓게 생각하여 그 결과 에로스에 포함되지 않는 모든 지향은 죽음의 본능에 속하고 그 반대도 역시 그렇다고 보았다. 이리하여 공격성·파괴성·사디슴, 그리고 억제와 지배의 동기는 그것들이 질적으로 다름에도 불구하고 같은 힘 — 죽음의 본능 — 의 표현이 되었다.

또 다른 측면에서도 프로이트는 그의 이론 체계의 초기 단계에서 그를 꽉 붙잡고 있었던 사고 유형을 따랐다. 죽음의 본능에 관하여 그가 한 말에 따르면 그것은 원래 모두 내부에 머무른다.

그러나 외부로 향한 부분이 극복할 수 없는 큰 장애를 만나면 죽음의 본능은 다시 내부로 향하고 2차적 매저키즘이 되어 나타난다. 이러한 논법은 나르시시즘의 논의에서 프로이트가 사용한 것과 똑같다. 모든 리비도는 처음에는 자아 속에 있고1차적 나르시시즘 이어 그것은 외부 대상으로 확대대상 리비도되지만, 종종 다시 내부로 향해져 이른바 2차적 나르시시즘을 형성한다. 죽음의 본능은 몇 번이나 '파괴본능' 및 '공격본능'과 동의어로 사용된다.

그러나 동시에 프로이트는 이들 언어 사이에 약간의 구별을 하고 있다. J. 스트레이지James Strachey가 프로이트의 《문명과 그의 불만》의 서문에서 지적한 바와 같이 프로이트의 후기 저작 ─ 《문화의 불안》《자아와 이드》《신정신분석 입문》《정신분석학 개론》 등 ─ 에서 보면 공격본능은 제1차적인 자기파괴에서 얻어진 어떤 2차적인 것이라고 되어 있다.

여기서 죽음의 본능과 공격성과의 관계를 몇 가지 인용해 보기로 하자. 《문명과 그의 불만》에서 프로이트는 죽음의 본능이 "외부로 발산된 공격성과 파괴성의 본능으로 나타난다"라고 했으며, 《신정신분석 입문》에서는 "자기파괴성은 모든 생명 과정에 반드시 존재하는 죽음의 본능의 하나의 양상이다"라고 말했다. 같은 저서에서 프로이트는 이 견해를 한층 분명히 했다.

우리는 매저키즘은 사디슴보다 낡고 사디슴은 파괴본능이 외부로 발산되어 공격성의 특징을 획득한 것이라고 생각하고 있다. 내부에

남아 있는 파괴본능은 에로스적 본능과 연결되어 매저키즘이 되거나
— 많든 적든 에로스적 첨가물을 동반하여 — 공격성이 되어 외부로
발산되든지 한다. 그러나 만약 외부로 발산된 공격성이 강력한 장애
를 만나게 되면 그것은 되돌아가서 내부를 지배하고 있는 자기파괴
의 중량을 증가시킨다.

　이론적으로 다소 모순된 발전에 이르는 것은 프로이트의 마지막
저술서에서이다. 그는 《정신분석학 개론》에서 이렇게 말했다.
　"이드의 내부에서 유기체적인 본능이 작용하지만, 그 본능 자체가
두 개의 근원적인 힘에로스와 파괴본능의 여러 가지 역할의 융합에서
성립되어 있다."
　《끝이 있는 분석과 끝이 없는 분석》에서도 프로이트는 죽음의 본
능과 에로스를 두 개의 "근원적인 본능"이라고 말하고 있다. 프로이
트가 극복하려고 노력한 커다란 이론적 어려움에도 불구하고 그가
얼마나 강하게 죽음의 본능의 개념을 고집했는가 하는 것은 놀랄 만
하고 또 인상적이기도 하다. 가장 극심한 이론적 어려움은 다음의
두 경향이었을 것이다. 즉, 반복강박의 결과로 인해 본래의 무기물로
되돌아가려고 하는 육체의 경향과 자신이나 타인을 파괴하려고 하
는 본능의 경향이 동일하다는 가정 말이다.
　첫째 경향에 대해서는 죽음을 가리키는 '타나토스'라는 말이 적당
할는지도 모른다. 아니면 정력적인 욕구가 모두 없어지는 지점까지
긴장과 에너지를 없애려는 경향을 의미하는 '열반원리'"열반원리'라는
어휘는 불교의 열반으로서 오해하기 쉽기 때문에 걸맞지 않는지도 모른다. 여기에
서의 뜻은 정확히 말해서 열반은 자연이 가져오는 생명이 없는 상태가 아니라 인간

의 정신적 노력이 가져오는 것으로서, 인간은 모든 탐욕과 이기심을 극복하는 데 성공하고 감각을 갖는 온갖 것들에 대한 공감으로 충만해 있을 때 구원과 생명의 완성을 발견하게 된다는 것임라는 것이 적당할지도 모른다. 그러나 이러한 완만한 생명력의 감퇴가 파괴성과 같은 것일까? 물론 논리적으로는 다음과 같은 이론 ― 그리고 프로이트는 암암리에 그것을 행하고 있지만 ― 즉, 만약 죽음의 경향이 유기체에 내재하고 있다면 파괴 경향을 가진 능동적인 힘도 틀림없이 있을 것이라는 사실이다^{이것은 온} 갖 종류의 행동 배후에 특별한 본능이 있다고 가정하는 본능주의자들 사이에서 찾아볼 수 있는 것과 같은 그런 류의 사고방식이다.

흥분을 억제하려는 의지와 파괴의 충동을 동일시하는 일에 무슨 확증이나 이유가 있는 것일까? 도저히 그렇게 생각되지는 않는다. 만일 반복강박에 기반을 둔 프로이트의 논법에 따른 죽음에 이르는 내재적인 경향이 있다 하더라도 생물학적 생태 경향은 능동적 파괴 충동과는 전혀 다를 것이다. 만일 죽음의 경향이 권력욕과 지배본능의 기원 및 사디슴과 매저키즘의 근원이 된다면 이 이론적인 기발한 행동은 실패로 끝날 것임에 틀림없다.

'열반원리'와 파괴의 충동은 두 개의 서로 다른 존재이며, 죽음의 본능이라는 동일한 범주에 속할 수는 없다. 죽음의 본능은 프로이트의 일반적인 본능의 개념과는 다르다. 첫째, 그것은 기존의 이론에서 말하는 본능처럼 몸 안의 특별한 부분에서 발생하는 것이 아닌 생물학적 힘이다. 이 점을 오토 페니켈Otto Fenichel은 다음과 같이 주장하고 있다.

세포 내의 이화작용異化作用은 ― 대상의 파괴 ― 성감대의 자극에 의해 중심 기관이 화학적으로 결정되어 예민하게 되는 것이 성본능의 기원이라는 것과 같은 의미로는 파괴본능의 기원이 될 수 없다. 그것은 정의에 따르면 본능은 우리가 본능의 기원이라고 부르는 육체적인 변화를 없애는 것을 목적으로 하기 때문이다. 그러나 죽음의 본능은 이화작용의 제거를 목적으로 하지 않는다. 이러한 이유로 나는 죽음의 본능을 한 가지 종류의 본능으로 설정할 수 없다고 생각한다.

여기에서 페니켈이 지적한 것은 프로이트가 그것을 의식하는 것을 억압하긴 했지만 그 스스로 만든 이론적 난점 중의 하나이기도 하다. 나중에 밝히겠지만 프로이트도 에로스로 본능의 이론적 조건을 확립하지 못했기 때문에 이 난점은 더욱 중대한 것이 된다. 확실히 프로이트에게 강한 개인적 동기가 없었다면 그는 '본능'이라는 말을 원래의 의미와 전연 다른 의미로 사용하면서 그 차이를 스스로 지적하지 않을 리가 없다^{이 난점은 용어에서도 느낄 수 있다. 에로스는 '본능'과 같이 사용할 수 없기 때문에 프로이트는 결코 '에로스 본능'이라고 말하지 않았다. 그러나 그는 '삶의 본능'이라는 용어를 에로스와 바꿔 쓰는 것으로 '본능'이라는 용어를 쓸 여지를 남겼다.} 사실 죽음의 본능은 욕구의 감소와는 일반적 원리를 제외하고는 프로이트의 초기 이론과 아무런 관계가 없다.

이미 본 바와 같이 프로이트의 초기 이론에서는 공격이 전성기애적 시기의 성애의 구성 요인이거나 아니면 외부로부터의 자극에 대한 자아동인의 역할을 했다. 죽음의 본능이론에서는 지금까지의 공격성의 기원과 아무런 관련이 없고, 있다면 죽음의 본능이 성애와 결합했을 때의 사디슴을 설명하기 위해 사용된다는 것뿐이었다. 죽음본능의 개념은 두 가지 필요에 의해 제시되었는데, 그 첫째는 인간의 공격성에 대한 그의 새로운 신념이며, 둘째는 본능에 대한 이원론적 개념에 의해 생긴 개념이다. 자아본능도 리비도적이라고 생각한 뒤부터 프로이트는 새로운 이분법을 찾지 않을 수 없었고, 거기에 에로스와 죽음의 본능이 가장 알맞은 이분법으로 나타났다. 그러나 어려운 문제에 대한 즉각적 해결이라는 관점에서는 알맞았지만 본능에 의한 동기에 관한 그의 이론 전체의 발전이라는 관점에서 맞지 않았다. 죽음의 본능은 '잡낭雜囊'적인 개념으로 그것을 사용하여 모든 모순을 해소할 노력을 하기 위한 것이었다.

프로이트는 그의 나이와 지병 때문에 이 문제에 대해 진정한 측면의 접근 방법을 택하지 않고 모순을 일시적으로 막는 데 그쳤다. 그의 에로스와 죽음의 본능 개념을 받아들이지 않았던 정신분석 학자들은 그 속에서 안이한 점을 발견해 낼 수 있었다. 그들은 죽음의 본능을 성본능에 대립되는 '파괴본능'으로 변모시켰다.

프로이트의 새 이론은 그러한 여러 가지 난점을 고려에 넣고도 커다란 업적을 쌓았다. 즉, 인간의 기본적 갈등으로서 삶과 죽음 사이의 선택을 인정하며, 낡은 생리학적 욕구 개념을 버리고 보다 깊은 생물학적 추론을 하였다. 프로이트는 해결을 찾은 만족감을 맛보지 못하고 그의 본능이론을 미완성인 채로 방치해야만 했다.

그의 이론을 반전시키기 위해서는 이 문제에 직면해서 새로운 해결책을 모색하면서 진정한 의미에서 모든 난점과 부딪쳐야 한다. 프로이트의 삶의 본능과 에로스의 이론적 논의의 난점은 죽음의 본능의 개념에 연관된 것보다 더 심각하다는 사실이다. 이러한 난점의 이유는 분명하며, 리비도 이론에서 흥분은 온갖 성감대의 자극에 의해 화학적으로 결정된 예민화에 따른다. 삶의 본능의 경우 우리는 모든 생명체의 특징적 경향을 취급하는 것으로 거기에는 생리학적 기관이나 기원을 가지고 있지 않다.

낡은 성의 본능과 새로운 삶의 본능이 동일할 수 있겠는가? 프로이트는 《신정신분석 입문》에서 새 이론을 리비도 이론과 "달리 취급했다"고 썼으나, 그 이외의 이곳 저곳에서는 성의 본능과 에로스가 같다고 썼다.

"우리의 가설은 본질적으로 다른 두 가지 종류의 본능이 있다. 이를테면 가장 포괄적으로 이해되는 성의 본능과 파괴를 목적으로 하는 공격본능이 그것이다."

또는 《정신분석학 개론》에서는 "이용할 수 있는 모든 한도 내의 에로스 에너지…… 앞으로 우리는 이를 '리비도'라고 부르기로 하자"라고 썼다.

이따금 프로이트는 에로스를 성본능 및 자기보존본능과 동일시하지만, 그것은 그가 처음의 이론을 수정하여 자기보존본능과 성본능을 합쳐 리비도라고 한 뒤였기 때문에 극히 논리적인 것이었다. 그는 때로 에로스와 리비도를 동일시했으나 마지막 저서인 《정신분석학 개론》에서는 조금 다른 관점을 표명했다.

"우리가 에로스에 대해 알고 있는 대부분은 성적 기능의 연구에서 비롯된 견해로는 에로스와 일치한다고 되어 있다."

이 말에 따르면 앞서의 인용과는 달리 에로스와 성애는 일치하지 않는다. 프로이트가 여기에서 생각하고 있는 것은 에로스는 '근원적인 본능'죽음의 본능은 제외하고이며, 성본능은 그 중 '하나의 대표자'인 것 같다. 사실 그는 《쾌락원리의 피안》에서 이미 표명한 견해로 되돌아가 있다. 그는 각주에 이렇게 쓰고 있다.

우리들에게 있어 성본능은 에로스로 변모했다. 에로스는 생명체의 여러 부분을 종합하고 집합시키려 노력한다. 일반적으로 우리는 성본능이라고 불리어지는 것을 에로스의 일부가 대상을 향해 변모한 것이라고 보고 있다.

프로이트는 성애에 관한 그의 본래 개념이 '결코 남녀의 결합이나 생식기로 쾌감을 얻으려는 충동과 동일하지는 않았다. 그것은 플라톤의 《향연》에서 말하고 있는 모든 것을 포함하고 있으며, 모든 것을 보존하는 에로스를 많이 닮아 있다'는 것을 나타내려고까지 시도했다. 이 말의 처음 부분이 진실임이 분명한 것 같다. 그는 항상 성애를 성기적 성애보다 포괄적인 의미로 정의했는데, 그가 어떤 조건에 기반을 두고 그의 낡은 성애의 개념을 플라톤적 개념과 동일시했는지는 이해하기가 어렵다.

그의 낡은 성이론은 플라톤의 이론과 정반대였음에도 불구하고 낡은 리비도 이론을 플라톤의 에로스의 관점에 입각해서 해석하려고 한 이유는, 그의 낡은 이론을 왜곡하면서까지 두 단계의 비연속성을 부정하고 싶어했기 때문임에 틀림없다. 죽음의 본능의 경우에서처럼 프로이트는 삶의 본능적 성질에 관해서도 난해한 문제에 부딪쳤다. 페니켈리 지적한 것처럼 죽음의 본능은 《쾌락원리의 피안》에서 처음으로 전개되었고, 《정신분석학 개론》을 포함한 그의 후기 저서를 통해 유지된 개념에 있어서는 '본능'이라고 말할 수 없다.

프로이트는 이렇게 말했다.

그것은 활동의 궁극적인 원인이 되기도 하지만 보수적 성질을 지니고 있다. 유기체가 도달한 상태가 어떻든지 간에 그 상태가 방치되자 마자 곧 다시 회복하려는 경향을 낳는다.

에로스와 삶의 본능은 다른 모든 본능과 마찬가지로 보수적인 성질을 지니고 있기 때문에 본능이라고 부르는 것이 알맞다고 프로이트는 생각했다. 그는 생식세포에 관해서 "그것은 생명체의 죽음을 방지하고 우리가 잠재적 부도덕이라고밖에 할 수 없는 것을 그 생명체를 위해 획득하는 데 성공한다"라고 말했다. 그는 다음과 같이 서술하고 있다.

개체의 사후에도 살아 남는 유기체의 운명을 지켜보고 외부의 자극에 대해 무방비일 때 안전한 피난처를 제공하고 다른 생식세포와 결합하도록 작용하는 여러 본능들이 한 무리의 성본능을 구성하고 있다. 그것들은 생명체의 상태를 훨씬 더 오래 유지하는 똑같은 또 다른 본능의 목적에 반대하는 작용을 한다. 이 사실은 그것들과 그 밖의 본능 사이에는 대립이 있다는 것을 가리키며, 신경증의 이론에 의해 그 중요성이 인정되었다.

본능의 한 무리가 삶의 궁극 목표에 가능한 한 빨리 도달하기 위해 돌진하여 어느 특정 단계에 이르게 되면 또 다른 한 무리는 급히 뒤로 후퇴하여 새로운 출발을 하게 된다. 그리고 성애와 양성의 차이는 생명이 시작한 때는 존재하지 않았으나 성본능이라고 하는 것이 처음부터 작용했으리라는 가능성은 배제할 수 없다. 그리고 그것이 자아본능의 활동에 반대하는 역할을 한 것은 훨씬 뒤였다는 사실은 진실이 아닐지도 모른다.

그는 생식세포의 운명을 지켜본다는 입장에서 성본능을 파악했는데, 이것은 지금까지 작업에서의 본능에 대한 개념과는 다른 정의였다. 그 뒤 《자아와 이드》에서 프로이트는 성본능이 에로스보다 보수적인 성질을 지니게 함으로써 참다운 본능의 자격을 주려는 시도를 했다. 그는 또 이렇게 쓰고 있다.

생물학적 이론에 기반을 두어, 우리는 유기체의 생명을 생명 없는 상태로 돌리는 것을 그 역할로 하는 죽음의 본능의 가설을 제창한다. 한편 우리는, 에로스는 생명체를 지니고 산재해 있는 분자를 점점 넓은 범위에 걸쳐 결합시키면서 생명을 복잡한 것으로 만들고, 그와 동시에 생명을 유지하는 일을 목적으로 한다고 가정한다.
그래서 이 두 본능은 둘 다 보수적일 수밖에 없다. 그 이유는 양자가 다 생명의 출현에 의해 어지럽혀진 처음 상태를 회복하려고 노력할 것이기 때문이다. 그렇기 때문에 생명의 출현은 생명의 지속의 원인이 되는 동시에 죽음의 지향의 원인도 된다. 그리고 생명 자체가 이들 두 경향의 갈등도 되고 타협도 된다. 생명의 기원에 관한 문제는 우주론적인 문제이고, 생명의 목표와 문제에 대한 해답은 이원론적인 것이 된다.

에로스는 생명을 유지하고 보존하는 일을 목표로 하기 때문에 보수적일 수밖에 없다. 그것은 생명의 출현과 함께 그것을 보존하는 본능이 생기기 마련이기 때문이다. 그러나 만약 본능의 본성이 존재의 최초의 상태, 즉 무기물의 상태를 회복하는 일이라면 어떻게 그것이 훨씬 뒤의 존재 형식, 다시 말해서 삶을 회복할 수 있는 경향을 지닐 수 있는가?

삶의 본능의 보수적인 성격을 잃지 않기 위한 이러한 공허한 시도 뒤에 프로이트는 《정신분석학 개론》에서 최종적으로 부정적인 해결을 내렸다.

우리는 에로스를 이 공식 — 본능의 보수적인 성격의 공식 — 에 적용시킬 수 없다. 왜냐 하면 생명체는 본래 하나의 동일체였으나 그것이 분열되어 지금 재결합을 향해 노력한다는 것을 전제로 삼게 되기 때문이다.

그리고 각주를 이렇게 덧붙였다.
"이와 같은 것은 생명체의 현실 역사에서는 알려지지 않았다."
프로이트가 여기서 플라톤의 에로스 신화에 대해 언급하고 있는 것은 사실이지만, 그는 그것을 시적 상상의 산물이라는 이유로 반론하고 있다.

이 반론은 참으로 이상하다. 에로스의 보수적인 성격의 이론적인 필요조건을 만족시키기 위해서는 플라톤적 해답의 방법으로 충분했을 것이다. 만약 남녀가 처음에는 결합되어 있다가 갈라진 후에 재결합을 원하고 있다면 본능은 과거의 상태를 회복하는 경향을 지니고 있다는 공식에 이 이상 잘 적용되는 것이 있을까?

프로이트는 왜 이 해석 방법을 받아들이는 것으로 에로스가 참 본능은 아니라는 이론적 난점에서 피하지 못한 것일까? 《정신분석학 개론》의 각주에서 그는 플라톤이 《향연》에서 한 말을 인용했는데, 그것은 인간은 원해 한 몸이었던 것이 제우스 신에 의해 둘로 갈라져서 각기 자신의 반쪽을 요구하여 양자가 만나게 되면 한 몸이 되기를 열망한다고 했다. 그는 이렇게 썼다.

우리는 이 시인 — 철학자가 준 힌트에 따라 굳이 다음과 같은 가설을 채용할 것인가? 즉, 생명체는 태어날 때 작은 분자로 찢어지고, 그때부터 계속 성본능을 통해서 재결합하려고 노력해 왔다는 것, 또 이들 본능은 그 속에 생명이 없는 물질이 갖는 화학적 친화력을 아직 보존하고 있기 때문에 원생생물原生生物의 세계에서 발달해 가는 동안에 위험한 자극 — 보호적인 피부층을 형성하지 않을 수 없도록 된 자극 — 에 가득 찬 환경이 본능의 노력을 방해하기 위해 놓아 둔 난관을 극복하는 일에 서서히 성공했다는 가설과, 그리하여 이들 생명체가 분열한 파편은 다세포 상태에 도달하고 종국에 재결합의 본능은 훨씬 고도로 집중된 형태로서 생식세포로 옮겨졌다는 가설을 말이다.

두 논술의 차이는 쉽게 알 수 있다. 프로이트는 전자의 《쾌락원리의 피안》에서는 해답을 미해결인 채로 두었지만, 후자의 《정신분석학개론》에서는 부정적인 해답을 분명히 했다. 그러나 보다 중요한 점은 이 양자의 논술에 공통된 특정한 논술이다. 양쪽 경우에서 그는 공통적으로 '생명체'가 분열되었다고 했다. 그러나 플라톤의 신화는 '생명체'가 분열된 것이 아니라 남성과 여성이 분열되어 재결합을 원한다고 말했다. 왜 프로이트는 '생명체'를 주요 요인으로 주장했을까?
나는 그 해답이 주관적인 요인에 있다고 생각한다. 프로이트는, 남성은 여성과 결코 평등하지 않다는 가부장적 감정을 갖고 있었다. 그래서 남성 — 여성의 분극성 이론 — 은 받아들일 수 없었다.

프로이트는 감정적 남성 편향 때문에 모든 여성은 불구의 남성이며 거세 콤플렉스와 남근 선망에 지배되어 있고, 게다가 여성들의 초자아는 남성보다 약하고 나르시시즘은 남성보다 강하다는 사실로도, 또한 남성보다 열등하다는 이론을 주장한 것이다. 그의 이러한 논리의 구축에 감탄할 수도 있지만 인류의 절반이 다른 절반의 불완전한 형상이라는 가정은 아무래도 불합리하며, 다만 뿌리 깊은 편견 — 인류적 편견 혹은 종교적 편견과 같이 — 에 의한 것이라고 설명할 수밖에 없다.

이런 점에서 프로이트가 플라톤의 신화에 따라 남성과 여성의 평등성을 가정할 것을 강요당했을 때 좌절한 것은 과연 놀랄 만한 일인가? 사실 프로이트는 이 한 걸음을 내딛지 못했다. 결국 그는 남성과 여성의 결합을 '생명체'의 결합으로 바꾸어 에로스가 본능의 보수적인 성질을 갖지 않는다고 하는 난점에서 탈출하기 위해 논리적인 방법을 거부했던 것이다.

3. 본능이론의 비판

프로이트는 그가 뛰어넘지 못한 사회의 감정과 사고방식에서 벗어나지 못했던 사람이었다. 일반적으로 어떤 직관이 느껴졌을 때는 그 일부만이 의식되고 나머지는 그의 콤플렉스와 이제까지의 의식적 사고가 서로 받아들이지 않기 때문에 무의식 그대로였다. 그의 의식적 사고는 그럴 듯하게 의식적 사고 과정을 만족시키기 위해 모순과 부조화의 부정에 노력해야 했다.

프로이트는 에로스를 자신의 본능의 정의에 적용시키지 않았다. 그리고 그렇게 할 수도 없었다. 그런 그에게 달리 이론적 선택의 여지가 있었을까? 나는 있었다고 생각한다. 그는 사랑과 파괴성의 주요한 역할을 연출한다는 새로운 직관을 그의 낡고 전통적인 리비도 이론 속에 포함시킨다는 색다른 해결책을 모색할 수도 있었을 것이다. 그는 파괴성의 기원으로서의 성기애적 성애와 사랑의 기원으로서의 성애와의 분극성을 수립할 수도 있었을 것이다.

그러나 물론 프로이트에게는 이 해결도 받아들이기 어려운 것이었다. 그것은 프로이트는 이미 항문애 — 사디슴적 리비도의 파괴적인 부분은 죽음의 본능이라는 결론에 도달한 것으로 파괴성과 전성기애적 성애를 연결시키는 기초를 만들고 있었다. 만약 그렇다면 항문애 리비도 자체가 죽음의 본능과 깊은 친밀성을 지니고 있는 것이 확실하다. 그러나 프로이트는 이러한 결론에까지는 이르지 못했다. 그 첫째 이유는 항문애 리비도에 대한 너무 편협한 해석 때문이다.

프로이트와 그의 제자들에게 있어서 항문애의 본질적인 면은 제어하여 소유하는 경향이 있다. 그런데 제어와 소유에는 분명 사랑·조장·해방과 반대되는 경향이 있으면 그것만으로 하나의 증후군을 형성하고 있다. 그러나 소유와 제어는 파괴성의 본질 그 자체인 파괴의 원망이나 삶에의 적의를 내포하고 있지 않다. 항문애적 성격은 무생물에 관한 그들의 일반적 친밀감으로 배설물에 대한 깊은 관심과 애착을 지니고 있다. 배설물은 이미 쓸모없는 것으로 육체에서 최종적으로 배출된 산물이다. 항문애적 성격은 먼지·죽음·부패와 같이 삶에 쓸모없는 모든 것이 이끌리는 것과 마찬가지로 배설물에 이끌린다. 제어하고 소유하려는 경향은 항문애적 성격의 한 단면에 불과한 것으로서 삶에의 증오보다 온화하고 악성이 덜하다.

프로이트가 배설물과 죽음 사이의 직접적인 관계를 깨달았다면 그는 주된 분극성을 에로스와 죽음의 본능에 상당하는 성기애적 지향형과 항문애적 지향형 사이의 것이라는 결론에 도달했을는지 모른다. 만약 그렇게 했다면 에로스와 죽음의 본능은 생물학적으로 동등한 강함을 갖는 두 가지의 경향으로 보지 않고 에로스는 생물학적으로 비정상적인 발달을 한 것이라는 의미에서 마치 병적인 지향같이 느껴졌을 것이다.

만약 생물학적인 추론을 원한다면 항문애를 다음의 사실, 즉 후각에 의한 지향형은 모든 네 발 달린 포유동물의 특징이며, 직립 자세는 후각에 의한 지향형에서 시각에 의한 지향형에로의 변화를 의미한다는 사실에 관련시키면 된다. 낡은 후뇌嗅腦의 기능 변화는 이 지향형의 변모에 대응할 것이다. 이렇게 생각해 보면 항문애적 성격은 생물학적 발달의 퇴행적 단계로서 체질적·유전적인 근거를 가지고 있을 것 같다. 어린아이의 항문애는 완전히 발달한 인간적 기능으로의 이행 과정이며, 생물학적 초기 단계의 진화론적 의미에 있어서의 반복을 나타내는 것이라고 생각할 수 있다프로이트의 용어로는 항문애 — 파괴성은 본능의 보수적인 성질, 즉 성기애 — 사랑 — 시각적 지향형에서, 항문애 — 파괴 — 후각적 지향형으로의 복귀라는 성질을 지닌다.

프로이트 발달 도식에서는 죽음의 본능과 삶의 본능과의 관계가 전성기애적 리비도와 성기애적 리비도와의 관계와 본질적으로 동일하다. 리비도가 항문애 단계에 고착하는 것은 심적·성적 구조 속에 깊이 뿌리를 내리고 있는 병적 현상인 데 비해 성기애의 단계는 건강한 인간의 특징이다. 이렇게 볼 때 항문애적 단계는 두 가지 사뭇 다른 측면을 가지고 있다. 그 하나는 제어하는 추진력이며, 다른 하나는 파괴하는 추진력이다. 이것은 사디슴과 네크로필리아Necrophilia의 차이와 같은 것이다.

지금까지 내가 지적한 것은 프로이트가 리비도 이론에서 에로스와 죽음의 본능이론으로 전향했을 때 그가 빠질 수밖에 없었던 내재적 모순이었다. 에로스, 즉 죽음의 본능이론에는 다른 종류의 갈등이 내재해 있다. 그것은 바로 이론가로서의 프로이트와 휴머니스트로서의 프로이트 사이의 갈등이다. 이론가들은 자기파괴냐 아니면 타자파괴냐로 결론을 짓는 데 반해, 휴머니스트는 이 비극적 택일을 끝까지 거부한다.

그러나 프로이트는 이 비극적 택일에 전혀 거리낌이 없었다. 아니 오히려 초기 이론에선 이러한 비극적 택일을 이론의 중심으로 구축했다. 즉, 본능적 요구 — 특히 전성기애기의 요구 — 를 억압하는 일은 문명 발달의 기초라고 생각되었다. 그리고 억압된 본능적 동인은 가치 있는 문화적인 분야로 ‘승화’되지만, 역시 완전한 인간적 행복은 희생하지 않을 수 없었다.

한편 억압은 문명의 발달을 가져올 뿐 아니라 억압의 과정이 원만히 되지 않는 사람들의 경우에는 신경증의 발달을 가져왔다. 결여된 문명과 완전한 행복의 결합이냐, 신경증의 문명과 불완전한 행복과의 결합이냐 하는 것이 유일한 양자 택일인 것처럼 되었다. 죽음의 본능과 에로스와의 모순에 의해 인간은 현실적이고 비극적인 양자 택일에 직면하게 된다.

진정한 양자 택일이란 사람은 병적이 되는 것보다 이로운 쪽을 선택하기 때문에 습격하고 전쟁을 하고 공격적이 되고 적대감을 표현하는 결정을 한다. 양자 택일이 비극적이라는 것은 적어도 프로이트와 그 밖의 휴머니스트에게는 거의 증명도 필요 없는 일이다. 프로이트는 갈등의 예리함을 잃어서 그 논점을 모호하게 하지 않는다. 《신정신분석 입문》에서 그는 다음과 같이 쓰고 있다.

그리하여 지금 우리는 이 공격성이 현실의 장애에 부딪치기 때문에 외부에서 만족을 찾을 수 없을지도 모른다는 가능성의 의미에 직면하게 된다. 이렇게 되면 아마도 공격성은 내공內攻하여 내부를 지배하고 있는 자기파괴성의 양을 더하게 될 것이다. 실제는 이것이 일어난다는 것, 그리고 이것이 얼마나 중대한 과정이라는 것은 뒤에 알게 될 것이다.

《정신분석학 개론》에서 그는 또 이렇게 기술하고 있다.
"공격성을 억제한다는 것은 일반적으로 유해하여 병을 일으킨다."
이러한 명확한 선을 긋고 어떻게 그가 인간 문제를 절망적으로 보지 않으려는 충동과 인류 최상의 약으로 전쟁을 옹호하는 사람들의 편에 들지 않으려는 충동에 응했을까? 실제로 프로이트는 이론가와 휴머니스트 사이의 갈등에서 탈출하기 위해 몇 가지 이론적인 시도를 했다. 그 하나의 시도로써 그는 파괴본능을 양심으로 변모시킬 수 없다고 생각했다.
《문명과 그의 불만》에서 그는 "공격욕을 해로운 것이 되게 하지 않기 위해 그 공격자에게 어떤 일이 일어나는가?"라고 묻고 있다. 그리고 스스로 다음과 같이 대답하고 있다.

우리가 꿈에서조차 생각하지 않았던 아주 놀랄 만한 사태가 일어난다는 것은 매우 명백하다. 그의 공격성은 내부로 투사되고 내면화된다. 그것은 사실상 그것이 태어난 곳으로 되돌려진다. 다시 말해서 그 자신의 자아로 향해진다. 그리하여 그것은 자아의 일부이면서도 초자아로서 자아의 다른 부분에 대립하는 부분으로 넣어져서 그 부분이 바야흐로 '양심'이라는 형태를 취하여 자아가 다른 외부 인간에 대해 발휘하는 것을 바라던 엄격한 공격성을 자아에게 가할 태세를 갖추는 것이다.

엄격한 초자아와 거기에 종속하는 자아 사이의 긴장을 우리는 죄의식이라 부른다. 그것은 처벌에의 요구가 되어 스스로를 표현한다. 그래서 문명은 개인이 갖는 위험한 공격욕을 약하게 하고 무장 해제하고 정복된 도시의 주둔 군대처럼 그의 안에 그것을 감시하는 힘을 두는 것으로 그 공격욕을 지배하에 두는 것이다.

파괴성이 자기를 벌하는 양심으로 변모한다는 것은 프로이트가 시사할 만큼 적합한 일은 아닌 듯하다. 그의 이론에 따르면 양심은 죽음의 본능이 갖는 에너지를 받기 때문에 그만큼 잔혹한 것이 되어야만 한다. 더구나 왜 죽음의 본능이 약해지고 '무장 해제'되는 것일까? 그 이유 역시 나타나 있지 않다. 그러나 다음과 같은 유추는 가능하다.

'적의 통치를 받던 도시가 어느 독재자의 도움으로 적을 타파한다. 그러나 독재자가 다시 가혹한 체제를 수립한다면 그렇게 해서 얻어내는 것이 무엇인가? 그렇지만 엄격한 양심이 죽음의 본능의 발현이라는 이 이론은 프로이트가 비극적인 양자 택일의 개념을 완화하기 위해 행한 유일한 시도는 아니다'.

이 밖에 다른 언급이 또 있다.

'파괴 본능이 온화해지고 약해지고 그 목표가 억제되어 외부로 발산되는 경우, 그것은 자아의 생존에 관계되는 요구를 만족시키고, 또한 자아로 하여금 자연을 제어시킬 것이 틀림없다.'

이는 승화의 좋은 보기이다. 본능의 목표는 약화될 수는 없지만 사회적으로 가치 있는 다른 목표로 전향될 수 있다. 이 경우는 '자연의 제어'이다. 이것은 얼핏 완전한 해결같이 생각된다. 파괴본능의 에너지가 자연의 제어를 위해 사용되기 때문에 인간은 타인이 자기의 무언가를 파괴한다고 하는 비극적인 선택으로부터 해방된다. 그러나 우리는 되묻지 않을 수 없다. 이것이 진실인가? 파괴성이 건설적인 성질의 것으로 변할 수 있을까? '자연의 제어'란 도대체 무엇인가?

그것은 동물을 길들이고 사육하는 일, 식물 채집과 재배, 베짜는 일, 오두막을 짓는 일, 도자기류를 만드는 일이며, 또한 기계·철도·비행기·마천루를 만드는 일을 포함한 활동이다. 이 모든 것은 건설하고 건축하고 통일하고 종합하는 행위로서 사실상 그것들을 기본적인 본능의 하나로 간주하려고 한다면 죽음의 본능보다는 에로스에 의해 동기화된 것이라는 생각이 훨씬 타당하다. 프로이트는 〈무엇을 위한 전쟁인가?〉라는 화제로 A. 아인슈타인이 보내온 편지에 대한 답변에서도 자신의 양자 택일의 가혹함을 완화하기 위해 또 다른 시도를 하고 있다.

이때 그는 이 금세기 최대의 과학자이며 휴머니스트의 한 사람에 의해 전쟁의 심리적 원인을 추궁해 왔는데, 그때에도 프로이트는 그의 과거의 양자 택일의 가혹함을 숨기려고도 완화하려고도 하지 않았다. 그는 이렇게 쓰고 있다.

전쟁은 우리가 반대하고 있는 모든 추악하고 위험한 행동을 생물학적으로 정당화하는 역할을 할 것입니다. 인간의 자연스러운 충동이 오히려 그것들에 대한 우리들의 저항보다 자연에 가깝다는 것을 인정하지 않으면 안 됩니다.

프로이트는 덧붙여 이렇게 썼다.

잠깐 고찰한 결과로써 우리는 이 본능은 모든 생물 속에서 작용하고 그것을 파멸시키고 생명을 갖지 않는 본래 상태로 생명을 환원시키려고 노력하고 있다고 상상하게 되었습니다. 그래서 이것은 아주 엄숙한 의미에서 죽음의 본능이라고 부를 만한 가치가 있는 것입니다. 한편, 에로스적인 본능은 살려고 하는 노력을 대표하고 있습니다. 죽음의 본능은 특별한 기관의 도움을 받아 외부의 대상으로 향해지면 파괴본능으로 변합니다. 유기체는 외부의 유기체를 파괴하는 것으로 자기의 생명을 보존하는 것입니다.

그런데 죽음의 본능에 있어서 어떤 부분은 유기체의 내부에서 계속적으로 작용을 합니다. 그리고 우리들은 이 파괴본능의 내면화 작용을 그치게 하기 위해 정상이거나 병적인 경우를 막론하고 매우 많은 현상을 조사했습니다. 우리는 양심의 기원은 이와 같이 파괴성이 안으로 향해지는 데 있다는 이단의 죄까지 범했습니다. 만약 이 내면화의 과정이 도를 벗어나면 결코 작은 문제로 남지는 않게 될 것이라는 사실을 알게 될 것입니다. 그것은 매우 해로운 것입니다. 한편, 이들 힘이 외부의 경험으로 향해진다면 유기체는 구원받고 그 결과는 틀림없이 유해한 것이 될 것입니다.

이는 우리가 반대하여 싸우고 있는 모든 추악하고 위험한 충동을 생물학적으로 정당화하는 역할을 할 것입니다. 이들 충동 쪽이 그것들에 대한 우리의 저항보다도 — 그 저항에 관해서도 설명이 필요하지만 — 자연에 가깝다는 것을 인정해야만 합니다.

프로이트는 이 매우 분명한 언급으로써 죽음의 본능에 대한 그때까지의 견해를 요약하고 다시 "압제도 공격도 모르는 민족이 있다는 행복한 세계의 이야기는 도저히 믿어지지 않는다"라고 말한 뒤에 이 편지의 끝부분에서 처음보다는 덜 비관적인 해결을 보려고 노력했다. 그의 기대는 몇 개의 가능성에 기반을 두고 있었다. 그는 다음과 같이 썼다.

만약 전쟁을 하려는 의지가 파괴본능의 결과로 이루어진다면 가장 명백한 방법은 그 반대물인 에로스로 하여금 거기에 대적케 하는 일입니다. 인간끼리의 정서적인 인연을 강하게 하는 데 이로운 것이라면 무엇이나 전쟁을 방지하는 작용을 할 것이 분명합니다.

휴머니스트로서 '평화주의자'로서의 프로이트가 여기서는 거의 이성을 잃어 자기 자신의 전제의 논리적 귀결을 피하려고 노력하는 모습은 감동적이고 또 놀랄 만하다. 만일 죽음의 본능이 프로이트가 시종일관 주장하고 있는 것처럼 강력하고도 근원적인 것이라면 어떻게 에로스를 작용시키는 것으로 그것을 약화시킬 수 있단 말인가.
양자가 다같이 모든 세포에 포함되어 있고 생명체의 궁극적 성질을 구성하고 있는 것은 아닐까? 프로이트의 평화를 위한 두 번째 논법은 더 한층 근원적이다. 아인슈타인에게 보낸 편지 끝머리에 그는 이렇게 썼다.

그런데 전쟁은 문명의 과정에서 우리에게 부과된 심적 태도에 대한 가장 어리석은 반항입니다. 그래서 우리는 전쟁에 반대하지 않으면 안 됩니다. 더 이상 도저히 참을 수 없습니다. 이는 단지 지적·정서적인 거부가 아닙니다. 우리들 평화주의자는 체질적으로 전쟁에 대해 참을 수 없습니다. 그것은 마치 하나의 성벽性癖이 최고도로 과장된 것과 같습니다.

사실 전쟁의 잔혹함도 잔혹함이려니와 우리를 반항하게 하는 것은 전쟁에 의한 미적 수준의 저하도 그에 못지않은 역할을 하고 있는 것 같습니다. 그리고 인류의 나머지 부분도 평화주의자가 되기까지 우리는 얼마나 더 기다려야 할까요? 그것은 알 수 없는 일입니다.

이 편지의 마지막 부분에 이르면 그의 저서에서 흔히 볼 수 있는 사고방식에 접하게 된다. 그것은 문명의 발전 과정이 본능에 대한 영속적이고 체질적이고 유전적인 억압을 가져오는 요인이라는 사고방식이다. 프로이트는 이런 견해를 훨씬 전에 이미 《성욕론》에서 본능과 문명과의 날카로운 갈등에 관해 서술하면서 표명했었다.

문명사회의 아이들에게서 느껴지는 것은 그들의 여유 — 성충동을 저지하는 여유 — 는 교육의 산물로 만들어진 것이며, 거기에는 의심할 바 없이 교육이 커다란 관계가 있다는 사실이다. 그러나 실제로 이 발달은 유기체적으로 결정되고 유전에 의해 고정되는 것으로, 때로는 교육에서 전혀 아무런 도움 없이도 일어날 수 있는 것이다.

《문명과 그의 불만》에서 프로이트는 이 경향의 사고방식을 계속하여, 예컨대 월경이나 항문성욕에 관한 터부의 경우와 같은 문명으로 발정하는 길을 제시해 주는 "유기체적인 억압"에 관해 말하고 있다. 1897년에 프로이트는 플리쓰에게 보내는 편지에서 "어떤 유기체적인 것이 다시 억압에 한몫 했다"라고 썼다. 여기에 인용한 온갖 지론에서 다음과 같은 사실을 명백히 알 수 있다. 즉, 프로이트가 전쟁을 '체질적'으로 참지 못한다고 하는 감정에 기대를 건 것은 그의 죽음의 본능의 개념이 비극적인 전망을 초월하기 위해 아인슈타인과의 토론에서 특별히 행한 시도였을 뿐 아니라, 1897년 이래 결코 주류가 되지는 못했지만 항시 그의 사상의 배경이었던 사고 경향에 일치하는 것이었다.

문명이 '체질적'이고 유전적인 억압을 낳는다는 프로이트의 견해가 옳다면 그때야말로 그는 딜레마에서 빠져나올 길을 찾아낸 것이다. 그때에 문명인은 문명에 반대하는 어떤 종류의 요구에 원시인만큼 재촉받는 일이 없을 것이다. 파괴 충동은 문명인에게는 원시인만큼의 강함도 힘도 갖지 못할 것이다. 이런 경향의 사고방식에서는 살해에 대한 어떤 종류의 억제가 문명의 과정에서 만들어지고 유전적으로 고정된 것이 아닐까 하는 추론도 생길 것이다.

그렇지만 일반론으로 이와 같은 유전적 요인을 발견하는 일이 가능하다 해도 죽음의 본능의 경우에는 그것들이 의존한다고 가정하는 것은 매우 곤란하다. 프로이트의 개념에 의하면 죽음의 본능은 모든 생명체의 생득적인 경향이다.

이 근원적이고 생물학적인 힘을 문명의 과정에서 약하게 할 수 있다고 가정할 수 있다면 에로스도 체질적으로 약하게 할 수 있다고 가정할 수 있고, 이 같은 과정은 일반적 가정, 즉 생명체의 본성 그 자체도 문명의 과정에 의해 유기체적 억압으로 바꿀 수 있다는 가정을 붙일 수 있다.

오늘날에는 이 점에 관한 사실을 분명하게 하기 위해 노력하는 것이 가장 중요한 연구 과제의 하나가 된다. 아마도 죽음의 본능의 타당성에 대한 프로이트 자신의 수수께끼를 풀기 위해서는 다른 요소가 필요할 것이다. 프로이트의 저서에 주의를 기울인 독자들은 모두 그가 새로운 이론적 구축을 처음 세상에 내놓았을 때 얼마나 망설이고 신중히 그것을 취급했는가를 알아차릴 수 있었을 것이다.

그는 그것들의 타당성을 주장하지 않았으며, 간혹 그것들의 가치를 하락시키는 발언까지 했다. 그러나 시간이 흐름에 따라 보다 많은 가설적 구성 개념은 뚜렷한 이론으로 자리잡게 되었고, 그 위에 새로운 이론이 쌓이게 되었다.

이론가로서의 포로이트는 그의 많은 구성 개념의 타당성이 의심스럽다는 것을 충분히 인지하고 있다. 하지만 왜 그는 원래의 이런 의구심을 잊어버렸을까? 이 물음에 대답하기는 어렵지만 정신분석 운동의 지도자로서의 그의 역할에서 그 하나의 대답이 발견될지도 모른다. 그의 제자들 중에서 그의 이론의 근본적인 면을 비판한 사람들은 이론적 능력의 관점에서 볼 때 대체로 평범한 무리들이어서 프로이트의 근본적인 이론의 변화를 따라가기는 불가능했을 것이다.

그들은 자신들이 믿을 수 있는, 그것을 중심으로 하여 운동을 조직할 수 있는 교의를 필요로 했다. 그리하여 과학자로서의 프로이트는 어느 정도 운동의 지도자로서의 프로이트의 수인囚人이 되었다. 다시 말해서 교사로서의 프로이트는 충실하기는 했으나 창의성이 부족한 제자들의 수인이 되었다.

S. 프로이트 연보
Sigmund Freud

- 1856년 5월 6일, 지그문트 프로이트Sigmund Freud는 체코슬로바키아당시는 오스트리아 령의 작은 마을 프라이베르크에서 태어났다. 아버지 야콥 프로이트1815~1930는 주로 모직물을 취급한 상인이었다. 어머니 아말리1835~1930의 친정은 나탄존 가이며, 양친 모두가 유대계, 형제는 이복형이 둘, 친동생이 둘, 여동생이 다섯이었다.

- 1859년 라이프니치로 이사. 이사하는 도중에 기차 안에서 가스등의 빛을 보고 사람의 영혼을 연상하여 공포증으로 생각되는 노이로제가 시작되었다이 노이로제는 후에 자신이 자가 분석을 통하여 치료할 때까지 계속되었다.

- 1860년 비인으로 이사이후로 일생을 거의 이 도시에서 보냈다.

- 1866년 비인의 김나지움에 입학하여 대부분 수석으로 과정을 거쳤다.

- 1873년 수석이라는 영예로 김나지움을 졸업하였다. 오래 전부터

다윈의 《진화론》에 심취했으나, 졸업 직전 괴테의 논문 〈자연에 대하여〉에 관해 행한 칼 브릴의 강연을 듣고 의학을 전공하기로 결심하고 비인대학 의학부에 진학하였다. 대학에서는 의학생을 위한 〈동물학〉과 동물학자 클라스의 〈생물학 진화론〉의 강의와 생물학자 브뤼케, 철학자 브렌타노의 강의를 열심히 들었으나 반유대주의 때문에 고통을 겪었다.

● 1876년 브뤼케 교수의 생리학 연구실의 연구생이 되었다. 여기서 그는 안정감과 학문상의 충족감을 맛보았으며, 브로이어와 알게 되었고, 지그문트 에크스너, 에른스트 폰 프라이슈르, 마르코프와 친하게 되었다.

● 1877년 〈뱀장어의 생식선의 형태와 구조에 관한 논문〉을 발표하였다.

● 1878년 칠성장어의 척추신경절세포에 대한 발견을 학회에 발표하였다. 또 가재의 신경세포에 관하여 오늘날의 뉴런설에 가까운 구상을 발표하였다.

● 1880년 J. S. 밀의 사회 문제와 플라톤의 논문을 독일어로 번역했는데, 그 번역문은 잘 소화된 훌륭한 것이었다.
12월, 브로이어와 함께 저술한 《히스테리 연구》에 O. 안나의 증례로서 소개된 환자의 치료를 시작하였다.

● 1881년 3년 늦게 받은 의학부의 최종 시험이었는데, '우수'라는 성적으로 합격하여 학위를 얻었다.

● 1882년 4월 유대인의 딸 마르타 베르나이스와 만나서 6월에 약혼하였다그들이 결혼하기까지는 4년 3개월이 걸렸으며, 그 사이에 그는 7백 통 이상의 편지를 약혼자에게 보냈다. 7월 경제적 이유로 해서

연구 생활을 그만두고, 비인 종합병원에 외과의로 근무하다 내과로 옮겼다.

10월에 연구생으로 채용되어 첫 월급을 탔으며, 이 해에 〈가재의 신경섬유 및 신경세포의 구조에 대하여〉, 그리고 〈신경계의 제요소의 구조〉를 발표하였다.

● 1883년 5월 마르네르트의 정신의학교실에 근무하여 2급 의사가 되었다. 10월 피부과로 옮겼고, 이비인후과의 특별 코스에 출석하였다.

● 1884년 1월 신경과로 옮기고, 7월엔 수석 의사가 되었다. 이 해에 코카인의 마취 작용에 대한 논문 〈코카인에 대하여〉를 발표, 코카인의 우수한 작용을 보고하였다.

● 1885년 3월 안과로, 그리고 6월엔 피부과로 옮겼다. 9월 비인대학 의학부 신경병리학사 강사가 되었다. 그 해 가을 브뤼케 교수의 추천으로 파리에 유학 당시 정신의학자의 성지라고 일컬은 정신병원 사르페트리에에 들어가 샤르코에게 사사받고 그의 《히스테리 연구》에 크게 감명을 받았다. 6월에서 이듬해 9월에 걸쳐 청신경근에 관한 세 가지 논문을 발표하였다.

● 1886년 2월 파리에서 돌아오는 길에 베를린에 들러 버긴스키에서 소아과를 전공했다. 4월 비인에서 병원을 차리고 개업하였다. 9월 13일 결혼계를 제출했고, 그 해 여름부터 이듬해 연말까지 군의관으로 복무하였다. 샤르코의 논문 〈신경계질환, 특히 히스테리에 대한 신강의〉를 독일어로 번역하였다.

● 1887년 장녀 마틸드가 태어났다. 이 해부터 베를린의 내과·이비인후과 의사 플리쓰와의 교제가 시작되어 2, 3년 사이에

'가장 친한 친구'라고 부르게 되었다.

● 1889년 치료법으로서의 최면술을 완성시키려고 낭시로 가서 수주 간 체류하는 동안, 벨네임과 리에보가 하는 일에 강한 인 상을 받았다. 도라라는 소녀를 분석치료 중에 꿈을 분석하 여 마음의 비밀을 푸는 열쇠가 됨을 깨달았다. 12월에 장 남 마르틴이 태어났다.

● 1891년 2월 차남 올리버가 태어났으며, 이 해에 최초의 저술 《실어 증의 이해를 위하여Zur Auffassung der Aphasien》를 출판하 였다.

● 1893년 14세나 연장인 공동 연구자 브로이어와 더불어 《히스테리 현상의 심적 메커니즘에 대해서》를 발표하였다. 또 〈소아 야뇨증에 때로 병발되는 한 증후에 대하여〉를 발표하여 상 지上肢의 과도한 긴장 현상에 대하여 언급하였다.

● 1894년 여름, 브로이어와의 공동 연구가 끝났으며, 2년 후에는 그 들의 사이가 아주 나빠졌다. 《방어에 의한 노이로제와 정 신이상》을 저술하여 노이로제와 어떤 종류의 정신병에 관 하여 고찰했다. 심장병으로 고생했다.   ·

● 1895년 브로이어와 공저 《히스테리 연구Studien Über Hysterie》를 발 표했으며, 〈불안 노이로제에 관한 논문〉을 발표하였다. 7 월, 최초로 꿈의 완전한 분석을 행하였다.

● 1896년 '정신분석'이란 말을 비로소 사용하기 시작하였으며, 비인 에서 〈히스테리의 원인에 대하여〉라는 제목으로 강연했으 나 반응은 냉담했다. 하베로크 엘리스는 이 무렵에 프로이 트의 저작을 알고 있었다.

- 1897년 〈뇌성소아마비〉라는 포괄적인 논문을 발표하여 대가의 손에 의한 '철저한 연구'라는 평을 들었다. 이 해에 자신의 정신분석에 착수하였다.

- 1898년 유아의 성욕에 대하여 최초로 발언하였으며, 《노이로제의 원인에 있어서의 성》을 발표하였다.

- 1900년 《꿈의 해석Die Traumdeutung》을 출판했으나 6백부 학계로부터 묵살되어 버렸다.
  〈꿈에 대하여〉라는 제목으로 대학에서 강의를 시작했으나 청강자는 겨우 세 명이었다.

- 1901년 《일상생활의 정신병리》를 발표하여 우발적 행위의 의미를 명백히 하였다.

- 1905년 《성의 이론에 관한 세 개의 논고》와 《위트와 무의식과의 관계》를 집필하였다.

- 1906년 융과의 정기적인 교류가 시작되었다.

- 1907년 융과 만났고, 칼 에이브러햄과의 교제가 시작되었다.

- 1908년 부활제를 맞이하여 브로이어와 융과 같은 유럽의 정신분석학자가 프로이트를 중심으로 하여 잘츠부르크에 모여 '국제정신분석학대회'를 열고 기관지 《정신분석학·정신병리학·연구연보》 발간을 결정하였다. 4월 심리학 수요회를 '비인 정신분석학협회'로 개명하였으며, 후에 전기작가로 된 존스와 1천 통 이상의 편지를 교환한 페렌치와 교제가 시작되었다.

- 1909년 비인대학 의학부 신경생리학의 조교수가 되었다. 9월 미국 심리학자 스텐리 홀의 초청을 받고 융과 미국으로 건너가서 홀 총장의 클라아크 대학에 〈정신분석학 5강〉을 연속 강연하였다. 미국 체류 중에 윌리엄 제임스·피스터 목사와 알게 되어 일생을 절친하게 지냈다. 《노이로제 환자의 가족 이야기》《히스테리 발작 개론》《다섯 살짜리 사내아이 포비아의 분석》《강박 노이로제의 한 증례에 대한 메모》 등을 발표하였다.

- 1910년 3월, 제2회 대회가 뉘른베르크에서 열리고, '국제 정신학회'가 정식으로 발족하여 초대 회장에 융이 피선되었으며, 월간지 《정신분석학 중앙잡지》를 창간하였다. 프로이트는 대회석상에서 〈정신분석요법에 대한 금후의 가능성〉이란 제목으로 강연했다.

- 1912년 정신분석학을 다른 정신과학에 이용할 것을 지향하고 《이마고Imago》를 창간하여 프로이트는 《토템과 터부》를 출판하였다.

- 1914년 제1차 세계 대전으로 드렌스텐의 대회는 중지되었으며, 융은 협회를 탈퇴하였다. 《정신분석학 운동사》를 집필하고 그 내용 중에서 융에 대하여 신랄하게 공격하였다. 《미켈란젤로의 모세》를 발표하였다.

- 1915년 R. M. 릴케의 방문을 받았으며, 비인대학에서 〈정신분석학 입문〉의 강의를 시작하였다.

- 1917년 《정신분석학 입문》을 출판하였으며, 《정신분석학의 한 난점》을 발표하였다.

● 1918년 부다페스트에서 제5회 대회가 열리고 페렌치가 회장이 되었다.《처녀성과 터부》를 발표하였다.

● 1922년 4월 구강암의 수술을 받다 이후 사망할 때까지 33번의 수술을 받았다. '베를린 대회'가 열리고, 딸 안나가 회원에 추천되었으며, 10월 11월 잇따른 구강 수술로 발음이 불완전하게 되었고, 청각도 약화되었다.〈꿈의 텔레파시〉외 수편의 논문을 발표하였다.

● 1923년 로망 롤랑과 서신 교류가 시작되었다.《자아와 이드》를 저술하여 이드와 자아이상의 개념을 제창하였다.

● 1924년 찰츠부르크에서 대회를 개최하였으며, 이 해에 로망 롤랑이 O. 츠바이크와 함께 방문했다. 비인판《프로이트 전집》이 발간되었다.

● 1925년 구강 내의 수술을 수차례 받았다. 홀부르크에서 대회가 열렸으며, 딸 안나가 아버지의 원고를 대독하였다.《자전》을 발표하였다.

● 1929년 옥스퍼드에서 대회를 열었으며, 토마스 만이《근대정신사에 있어서의 프로이트의 지위》에서 프로이트 학설의 정신사적 의의를 높이 평가하였다.

● 1930년 괴테 문학상을 받았다.《문화에 있어서의 불안》을 발표하였다.

● 1932년 토마스 만이 방문했다.《속 정신분석학 입문》을 발표하였다.

● 1933년 히틀러의 정권이 수립됨과 동시에 정신분석에 관한 서점이

금지 서적의 대상이 되었다.

● 1936년 게슈타포가 '국제정신분석 출판사'의 전재산을 압수하였다. 80회 탄생일에 토마스 만·줄 로만·롤망 롤랑·H. G. 윌츠·츠바이크·버지니아 울프 등 191명의 작가와 예술가들의 사인이 든 인사장을 토마스 만으로부터 받았다. 9월 13일 금혼식을 거행했다.

● 1938년 3월, 나치군이 오스트리아에 침입하여 '국제 정신분석 출판사'를 몰수, 6월 나치의 유대인 학살을 피해 런던으로 망명, H. G. 웰즈·츠바이크 밀리노프스키와 만났다.

● 1939년 2월 암이 재발하여 수술 불능이란 진단이 내려졌다. 9월 12일, 런던의 메이어즈필드 가든즈 20번지에서 별세. 《정신분석학 개론》을 집필 중이었으나 완성치 못하고 사망하여 미완성품이 되고 말았다.

| 옮긴이 오태환 |

● 동경신학대학, 링컨대학 신학부, 프린스턴 신학교 대학원,
  임페리얼 대학교와 동대학원 졸업.
● 한남신학교 교장, 부산신학교 교수 역임. 현재 부산산업대학교 교수.
● 저서로는 《철학 개론》을 비롯하여 다수가 있으며,
  주요 역서로 《정신분석입문》 등 다수가 있다.

프로이트 심리학 비판

1판 1쇄 인쇄 / 1987년 05월 10일
1판 1쇄 발행 / 1987년 05월 20일
2판 9쇄 발행 / 2015년 05월 20일
3판 2쇄 발행 / 2019년 01월 20일

지은이 / H. 마르쿠제, E. 프롬
옮긴이 / 오태환
책임편집 / 김원석
디자인 / 정은영

펴낸이 / 김영길
펴낸곳 / 도서출판 선영사
주   소 / 서울시 마포구 서교동 485-14 영진상가 지층
TEL / (02)338-8231~2 FAX / (02)338-8233
E-mail / sunyoungsa@hanmail.net

등 록 / 1983년 6월 29일 (제02-01-51호)

ISBN 978-89-7558-250-9 03180

ⓒ Korea Sun-Young Publishing. co., 1987